图式理论与中学数学教学

Tushi Lilun Yu Zhongxue Shuxue Jiaoxue

马力仲◎著

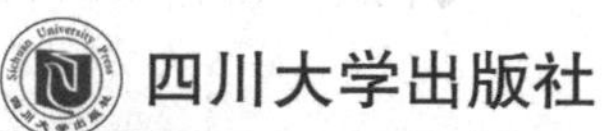

特约编辑:韩　昊
责任编辑:蒋姗姗
责任校对:唐　飞
封面设计:北京凤凰树文化艺术发展有限公司
责任印制:王　炜

图书在版编目(CIP)数据

图式理论与中学数学教学 / 马力仲著. —成都:
四川大学出版社, 2015.1(2025.7重印)
ISBN 978-7-5614-8348-0

Ⅰ.①图… Ⅱ.①马… Ⅲ.①中学数学课-教学研究
Ⅳ.①G633.602

中国版本图书馆 CIP 数据核字(2015)第 027450 号

书名　**图式理论与中学数学教学**

著　者　马力仲
出　版　四川大学出版社
地　址　成都市一环路南一段 24 号 (610065)
发　行　四川大学出版社
书　号　ISBN 978-7-5614-8348-0
印　刷　三河市天润建兴印务有限公司
成品尺寸　170 mm×240 mm
印　张　13.5
字　数　279 千字
版　次　2015 年 11 月第 1 版
印　次　2025年7月第3次印刷
定　价　40.00 元

◆读者邮购本书,请与本社发行科联系。
电话:(028)85408408/(028)85401670/
(028)85408023　邮政编码:610065
◆本社图书如有印装质量问题,请
寄回出版社调换。
◆网址:http://www.scup.cn

前　言

屈指一算，本人从教已经二十余年了，已从当时的“懵懂少年”步入所谓“经验丰富”的中年，本人的称呼也从“那个数学教师”过渡到“老马”“masir”。在岭南冬天凉风习习的夜晚，静下心来回味自己走过的路程，虽无甚夜不能寐的心潮，但也有些难忘的情怀。高中时由于喜欢钻研数学而又经常逃避体育课，所以被教师和同学们戏称“某某中学陈景润”。高考填报志愿，鬼使神差在第一批录取院校最后一栏填写了某师范学院，于是乎祖国浩荡的教师队伍又多了一员。大学期间经常流连学校图书馆，什么期刊、小说、传记频繁借阅，竟然比上专业课还积极。现在回想起来，还真要得益于那段时间的知识积累，后来才能够在课堂上信手拈来一些典故或者一些“牵强附会”的文学字眼，吸引得讲台下“嗷嗷待哺”的小家伙们个个面红耳赤。大学毕业来到地处草原深处的一所自治区（省）重点中学，教过短暂的初中课程，大多数时间都是在高中或者是补习班游弋。当地学校师资比较缺乏，很多人都是超负荷工作，“不幸”的我有十年时间同时担任两个班级的班主任，每学期担任 5 个班级的数学授课任务。如此高强度的工作，依然造就了我天真快乐的心理。现在回想起来，不禁有些思索，莫非我天生就是教书的材料？尽管成绩平平。

由于就读的那所师范学院有一位研究中国数学史很有成就的学者，近水楼台、顺其自然地也就对这方面渐生一些兴趣。登上讲台不久，就喜欢用一些数学史料来引入新知，或者是激发学生的求知欲望，这个习惯一直延续到今天，似乎有愈演愈烈的倾向。不过，这似乎也成了自己上课的一种特色，前几年有届学生还戏称我为“山寨版本的数学史家”。

本人平时也喜欢翻阅一些数学教育书籍或杂志，一直想改变自己的教学风格，也进行过很多教学方法的实践。例如现在卷土重来的“学案教学法”，自己在 20 世纪 90 年代初期也曾经刻意使用过，不过现在想起来，当年限于水平，只停留在模仿的阶段，所以后来就不了了之了。本人对黎世法先生的《八环节教学法》、卢仲衡研究员的《中学数学自学辅导教学》等也都有过摸索，后来朋友从上海带回一本厚厚的《如何教学》，我挤时间看完，又对顾冷沅先生以及青浦经验产生浓厚兴趣。我自己也开始琢磨一些教学模式，2000 年我在北京师范大学参加骨干教师培训，结业论文的题目就是《数学实验课的模式以及应用》，这篇十分粗浅的论文算是自己在这个方面的处女作。

调来广东后，我积极参与教研室组织的中学数学课堂教学模式研究工作，确实那段时间是各种模式漫天飞舞，后来也有一些思考，这些模式究竟如何？应用到实际中能否改善教与学的现状？对我们追求的有效教学有多大的帮助？相信很多人也有这样的想法：屠夫界的大佬当属庖丁，解牛时那把利刃上下翻飞，只见手起刀落，牛筋牛腩各分两边。旁观者瞠目结舌，问庖丁所用屠法，他腼腆一笑：无甚章法，一切皆在心中。慢慢的，我也想通了，作为教师，是不应沉迷于各种名目响亮的教学法则的，就如庖丁，一切都应顺理成章。武林高手的最高境界是“无招胜有招”，教师更应该如此，要把更多的精力投入到如何去“讲”的研究中。

一次华南师范大学数学学院的何小亚教授来学校培训教师，针对当前的数学课堂教学，何教授谈到了“对数”概念的讲解。“图式”一词再次进入我的脑海，以前曾经泛泛接触过，但这次却引起较大的共鸣。他认为，当前中学数学教学主要存在的问题依然是关于数学概念的教学，虽然数学教师比较重视概念的形成，但是在讲解上缺少一些数学层面的认识。尽管学生能够亲历过程，可是依然觉得数学是那么苦涩，所以主要问题是教师没有“教图式”。在当前各种教学模式比较成熟的情况下，教师应该多思考一些关于图式及其应用的问题。

反思自己的教学经历，以前在组织高三学生进行总复习时，一个惯用的办法就是：在每一小块内容开始时，都要帮学生归纳一些与之相关联的重要知识以及典型方法或题目，学生反映较好。只是最近几年由于强调把时间还给学生，这样的策略就逐渐用得少了。

前段时间，在 QQ 上遇到 10 年前的一位学生，谈到当年的学校生活，聊到上数学课的情景，有下面一段对话：

生：教师，当时的很多数学知识已经记不得了，只记得您当时讲的那些非常有意思的事情。

师：真是，我教给你们的数学不记得，只记得一些八卦啊？

生：呵呵，记得呢，有一个鳖淖几何体，那两个字我写得可能不正确。

师：这个还记得啊？

生：记得呢，就是后悔那时候没好好学习。真的很经典的。到现在我也没有遇到过能把那个图形讲得那么好的教师。

对话中的鳖臑（这个字很难写，难怪学生会写错）是四个三角形均为直角三角形的三棱锥，当年给他们上立体几何时，学习完空间垂直关系以后，就利用鳖臑来进行总结。这个几何体非常好，里面囊括了所有的垂直关系以及二面角平面角的做法。十年了，那些有关线面垂直、面面垂直的定理学生早已经忘得一干二净，但是遗留在他们头脑中的，却是一个很难消失的模型。

曾经在天涯论坛上看到一位高一女生家长发的贴子：

（作者：浪起东湖　发表日期：2011-3-22 13：49：00）

女儿今年高一，品学兼优，可是数学这一科是她永远的痛。她的学习方法也对、学习态度也端正、做题也是海量，可是，每次大考小考都是数学拖了后腿。最近也被迫培优，可是培优后，前几天的月考数学成绩差到了历史最低点。昨晚她哭泣着写了一篇日志，看了后我心里特别难受，可是我除了能理解和安慰她以外，什么也帮不了她。我也在思考，这数学特别是高级一点的数学，如果你不是立志要当科学家的，我们普通大众学了到底有什么用呢？

转发她的日志，听听一个高一女生的呐喊吧。

每个数学考试不及格的女生你都伤不起啊!!!

拼死拼活地搞数学题还是不及格啊!!!

以为自己很认真地听讲!!!

很认真地做作业!!!

可是数学还是不及格啊!!!

有木有!!! 有木有啊!!!

正弦定理!!! 余弦定理!!! 诱导公式!!!

谁记得清楚啊!!!

就算你记得那么多公式不一定会用啊!!!

有木有!!! 有木有啊!!!

就算你公式用对了!!! 但是你计算出错了!!! 还是白做了啊!!!

有木有!!! 有木有啊!!!

每次看着那题特别熟悉可是你就是做不出来!!!

三角函数就算了!!! 你还搞出来一个反函数啊!!!

正的都搞不清楚你还反着来啊!!!

有木有!!! 有木有啊!!!

数学君这辈子就毁前程啊!!!

别的每科都能考前三!!!

结果一门数学被别人拖了50分!!!

有木有!!! 有木有啊!!!

语文好歹能增长你的文学知识!!!

英语能让你与外国人交流!!!

化学能让你知道这世界主要有什么构成的啊!!!

物理能让你处理一些日常问题啊!!!

生物能让你知道自己体内有什么啊!!!

可是数学除了毁掉前程还有什么作用啊!!!
历史能让你不背叛啊!!!
地理能让你知道这世界上有哪些地方不至于迷路啊!!!
政治能让你知道怎样维权啊!!!
可是数学除了毁掉整个人生前程还能做什么啊!!!
有木有!!! 有木有啊!!!
泥马啊!!!
你去买菜用函数的啊!!!
你去黄鹤楼还去算长江里的船距离你多远啊!!!
你看到一排电话号码未必要想想它们之间有木有通项公式啊!!!
有木有!!! 有木有啊!!!
明明你要死要活地抓着数学不放!!! 可是它理都不理你!!!
有木有!!! 有木有啊!!!
特么说神马都是浮云!!! 这样的数学巨石压在你身上你浮得起来么!!!
特么说神马考试都毫无压力啊!!! 特么都一门被人拖了 50 分还无压力啊!!!
数学已经让人无数次无勇气了!!!
有木有!!! 有木有啊!!!
每次看着数学卷子都让人欲哭无泪啊!!!
有木有!!! 有木有啊!!!
每一个数学不及格的女生上辈子都是穿红色秋衣的天使啊!!!
每一个数学不及格的女生你都伤不起啊!!!

读完这帖子，作为数学教师，看到有学生对数学是这样的无助，我真的无法形容自己的心情！有些东西是我们无法改变的，诸如课程设置以及高考指挥棒的指向，或者是千军万马挤过独木桥。但是，有一点，我们应该思考，那就是能不能改善一下学生学习数学的方式？或者是说能否为学生提供一些科学习得数学的办法？让学生不至于花费太多的时间，就能够取得相应的效果。

鉴于此，笔者逐渐对图式产生一些兴趣，一些问题浮出水面。高中数学图式有什么特点？在学生的知识结构中，图式是如何发挥其作用的？前面所谈到鳖臑是否与图式有关？图式理论如何应用到中学数学教学中？能不能用图式来指导学生的数学学习？基于图式的数学学习应该怎样进行才是最有效的？这就是写作渊源，本书试图回答这些问题，同时这也是番禺区十二五规划课题“基于电子书包的高中数学专题网站建设与应用的研究”的初步成果之一。2011 年 10 月到现在，在番禺以及广州市的高中数学教师教研会议上，本人六次受邀介绍图式理论与高中数学教学方面的内容，听众近 1500 人次，很多教师对此感兴趣，通过与他们交流使得以前比较模糊的一些问题越发显得清晰起来。

这是笔者的第一部专著，算是对自己从教近三十年的一个总结。感谢老校长崇古拉·扎布先生，这是一位德高望重的蒙古族教育家，也是我的教育生涯领路人，刚刚参加工作就有幸遇见这样一位良师益友，使自己少走了很多弯路，并逐渐成长起来。感谢李振辉先生，他是我调来广东后遇见的第一位校长，对我的生活和工作无微不至的关怀让我永远难忘。感谢冯润盛先生，他多年来一直支持我的研究工作，作为教育行政官员亲自听我教授高中数学课程，并提出很多建设性意见，对我帮助颇大。感谢古殷校长，他鼓励我完成本书的写作，为我创造了很多有利条件。感谢严运华副校长，我们是同行，从他那里我学到了严谨治学的态度。感谢广东教育研究院和广州教研室的徐勇、谭国华、曾辛金、陈镇民、肖凌戆、向庆余、唐榜全等专家，是他们给我提供了与一线教师进行交流的平台，支持我进行深入研究。感谢广州大学廖运章先生，每一次与其交流都会有新的灵感。感谢曾经与我共事过的朋友们，从漠北到岭南能够与你们共同奋斗是我最大的喜悦。感谢我曾经教过的学生，是你们渴望知识的眼睛激励我不断进取。

感谢曾经在图式理论方面有着深入思考的学者们，在写作过程中参考了他们的文献资料，直接引用了一些研究成果，可以说没有他们的工作就不会有本书的诞生。

特别感谢华南师范大学教授何小亚先生，他的一次讲座激起了我创作本书的想法，写作中借鉴了这位学者的很多观点，贯穿本书的“数学教学一定要讲图式”就是源自他的理念。

马力仲
2015 年 3 月

目　录

第 1 章　高中数学学与教的现状分析

1.1　关于高中数学学习方式的现状分析

1.1.1　案例：新课标实验初高中数学学习知识与能力衔接的调查分析

2007 年，广州市教学研究室教研员许世红教师针对初高中数学衔接进行了十分细致的调查研究，设计了《关于新课程初高中数学知识与能力衔接的调查问卷》（学生用、教师用），分别设置了 21 和 18 个问题。本次调查采集了学生样本 1 414 人、教师样本 132 人，学生样本分散比较科学，老城区名校、老城区一般校、乡镇中学、农村中学所占的比例依次为 21.6%，30.3%，37.5%，10.6%。分析结果显示，绝大多数学生对初中数学教师与数学学习持肯定态度，喜欢的原因主要是“初中数学教师讲问题讲题清晰透彻”。关于初高中数学学习的不同之处，选择“课堂知识容量”“教学方法”“进度”“学习方法”的比例分别是 39.6%，23.2%，33.4%，3.8%。此外，学生写出的答案还有“初中数学容易理解，高中数学比较深奥，学起来困难”“初中数学教师有目标抓住重点讲，高中教师条理不清晰”“高中知识容量大，难度提高，要花好长时间来吸收”等。在教师的问卷中，有近一半的数学教师认为，学生的各方面能力相对于以往任教过的学生有明显下降的趋势。

1.1.2　案例：高中生数学学习方式现状调查

专业问卷调查网站《问卷星》曾经做过一次关于高中生数学学习方式的在线调查，共设置了 17 个问题。

在具体的选项中，有 41.67%的学生每天用在数学课上的时间为 1～1.5 小时；有 66.67%的学生喜欢上课时听教师讲解；认为“课堂小结非常有必要，应以教师总结为主”的学生比例为 41.67%；只有 8.33%的学生能够“定期自我复习”；在课堂笔记环节，33.33%的学生“偶尔记笔记”；在回答“你认为影响数学学习成绩的主要因素是学习基础、智力、教师、自身努力”的问题时，有 66.67%的学生选择了“自身努力”，如图 1-1 所示。

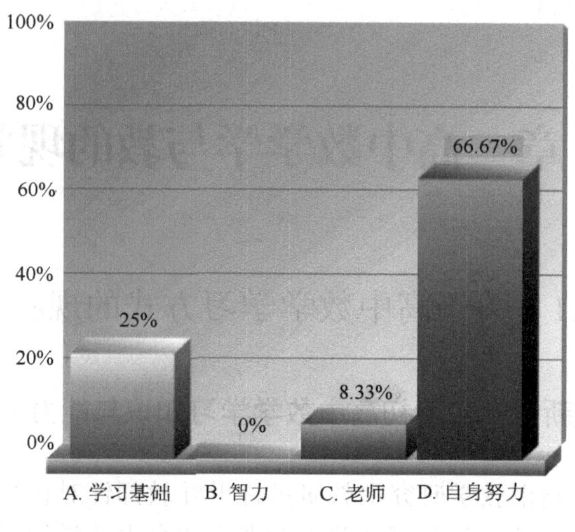

图 1-1

1.1.3 案例：关于高中学生数学学习的调查

中国中小学教育教学网（http：//www.k12.com.cn）有一篇帖子“关于高中学生学习数学的调查”，这是 ID 为 1800510 的论坛版主在自己学校所做的一次问卷调查，样本容量为 400 人，问卷主要情况如下：

有 58.5%的学生对数学学科无兴趣；在回答“课后你及时对所学的知识进行复习吗”时，选择“没有、偶尔有、一定会复习”的学生比例分别为 23%，35.7%，41.3%；在回答“考试成绩不理想，你会怎么样”时，竟然有 41.7%的学生表示“不理睬”，只有 26.7%的学生能够“重新再来”。

1.1.4 案例分析

通过以上三个案例，我们可以发现现在高中学生的数学学习确实存在很大的问题，概括起来，主要体现在以下几个方面。

1. 高中数学教师被学生的认可度明显低于初中数学教师

可能与学生心智方面的因素有一定的关系，初中学生的年龄一般是从十一二岁到十四五岁。这个年龄阶段在儿童心理学上称之为少年期，它在个体心理发展史上是一个从童年期向青年期过渡的时期。这个时期学生心理发展总的特点是处在一种半幼稚半成熟的状态，充满着独立性和依赖性、自觉性和冲动性、成熟性和幼稚性三类错综复杂的矛盾。由于脱离了小学教师“看护”性的教育方式，对待数学教师的心理也逐渐由“敬畏”转变为“崇拜”，虽然这种“崇拜”是比较低层次的，但是依然在其心中留下难以磨灭的印记。此外，初中数学相对于高中数学来讲，知识容量偏少，教材设计比较适合学生特点，数学思想方法也处在比较“低档”的层次。刚进入高中的学生，往往对前景有非常美好的憧憬，无奈抽象的函数概念迎面扑来，大的课堂容量让学生措手不及，测验成绩又令其很难淡定，美好的憧憬与残酷的现实无法对接，自然而然就会对高中数学教师产生一些想法。如果我们的关心不够，或者是教学方式不能贴近学生的实际，就会加剧这种看法。

2. 高中数学教师的课堂教学方式加重了学生厌学的情绪

从几个案例可以看到，高中学生学习数学的积极性相对于初中来说大打折扣。这非常值得我们深思，不能把责任推给教材的编写者，更不应该把矛盾扔回学生。当前有一种潮流，就是要求高中数学教师课堂上要少讲，把更多的时间还给学生，个别地方甚至动用行政手段，明确要求教师在课堂上讲解的时间不超过 10 分钟。这种一刀切的做法是否科学？案例中有 66.67%的学生喜欢上课时听教师讲解，这表明并不是学生要放弃主动探索的机会，而是他们的知识结构可能还没有达到自己独立完成的水平。“高中知识容量大，难度高，要花好长时间来吸收”，这是学生发自肺腑的需求，作为教师，理应是学生学习道路上的“助行器”，我们有没有采取措施来帮助学生“吸收”？再例如，“初中数学教师有目标抓住重点讲，高中教师条理不清晰”，初中数学教师讲课有的是什么目标？抓住的又是什么重点？高中数学教师讲课“条理不清晰”，这里肯定不是指知识层面的，应该是我们的授课缺乏对学生解题有效的指导策略。及时复习是数学学习不可或缺的一个重要环节，由于赶进度，许多教师或者忽略，或者放手由学生自己独立完成。学生受能力所限制，本应该系统进行的工作一带而过。因此，形成今天的高中数学学习现状，既有学生自身的原因，也有我们数学教师的责任。

1.2　关于高中数学教学方式的现状分析

应该承认，绝大多数高中数学教师是关注学生发展的，特别是现在，各级教育部门十分重视教师的专业化发展，为他们的成长搭建各种平台。先进的教育理念、系统的教育教学理论、扎实的专业基本功保证了课堂教学的有序进行。但是，我们也不无忧虑地看到，在盲目追求升学率的误导下，高中数学课堂教学也确实存在很多问题。

1.2.1　案例：高中数学课堂教学基本特点的调查分析

曹新（赣南师范学院）、曾建国（华东师范大学）于 2008 年调查了部分中学数学教师（149 位），有效问卷 100 份。问卷统计结果显示，同意“教学多以教师讲授为主”的比例较高，达到21%（远高于第二项9%）；有16%的教师认为高中数学课堂教学存在“过度练习”的现象。正面赞同问卷的观点主要集中在五个方面：①强调讲授为主，注意讲练结合；②讲究以旧引新，重视复习环节；③力求循序渐进，注重举一反三；④关注双基目标，形成有效模式；⑤突出考试功能，造成为考而教。

1.2.2 案例：高中新课程实施中的双重矛盾

2007年苏红雨（华南师范大学）在《数学教学研究》上撰文《高中新课程实施中的双重矛盾——关于一线数学教学案例分析的思考》，文中所提供的案例是《关于补集的教学》。其中一位教师是这样组织课堂教学的：首先安排学生自学教材，随后给出全集的定义；再直接让学生阅读教材，然后是补集定义。概念学习过程不到8分钟，接下来就是例题练习，大约给出了10道题目。

无独有偶，2011年12月在某知名学校组织的“同课异构”活动中，三位资深教师讲授《线性规划》(第一课时)，其中一位教师的教学过程与前述如出一辙。首先简单介绍了二元一次不等式组与平面区域的关系，接下来就是铺天盖地的训练，事实上这样的教学案例比比皆是。

1.2.3 案例：高中数学新课程实施一年来的调查与思考

2005年金立村（山东临沂市教学研究室）为了解新课程实施的情况，对34所高中的315名高一数学教师进行了调研，部分数据见表1-1和1-2。

表1-1 新增内容的教学目标

能把握好		一般		把握不了		不知道	
人数	比例	人数	比例	人数	比例	人数	比例
86	27.3%	211	67%	14	4.4%	4	1.3%

表1-2 讲授与自主探究相结合

经常用		偶尔用		未用	
人数	比例	人数	比例	人数	比例
227	72.1%	80	25.4%	8	2.5%

此外案例还显示在具体的教学环节中，一些教师完全脱离新课程的设置顺序。例如在必修3古典概率的学习中补充相关的记数原理知识，在集合之前花费大量时间进行不等式内容的学习等。这样的现象在新课程实施初始阶段很普遍，就是在已经进行了几轮试验的地区也不乏其人。

1.2.4 案例：第五届全国高中数学青年教师观摩与评比活动获奖课例之一

课题：直线与平面垂直的判定（一）

教材：人教版《普通高中课程标准实验教科书·数学》必修②

【教学目标】

知识与技能目标：通过本节课的学习，使学生理解直线与平面垂直的定义和判定定理，并能对它们进行简单的应用；

过程与方法目标：通过对定义的总结和对判定定理的探究，不断提高学生的抽象概括和逻辑思维能力；

情感态度与价值观目标：通过学习，使学生在认识到数学源于生活的同时，体会到数学中的严谨细致之美、简洁朴实之美、和谐自然之美，从而使学生更加热爱数学，热爱生活。

【教学重点及难点】

教学重点：直线与平面垂直的定义、判定定理以及它们的初步应用。

教学难点：对直线与平面垂直的定义的理解和对判定定理的探究。

【教学方法】

教法：启发诱导式

学法：合作交流、动手试验

【教具准备】

计算机、多媒体课件、三角形卡片

【教学过程】

一、直线与平面垂直定义的构建

1. 联系生活——提出问题

在复习了直线与平面的三种位置关系后，给出几幅现实生活中常见的图片，让学生思考其中旗杆与地面、竖直的墙角线与地面、大桥的桥柱与水面之间的位置关系属于这三种情况中的哪一种，它们还给我们留下了什么印象。进而提出问题：什么是直线与平面垂直？

设计意图：使学生意识到直线与平面垂直是直线与平面相交中的一种特殊情况，并引出本节课的课题。这样设计既吸引了学生的注意力，也激发了学生的好奇心，使其主动参与到本节课的学习中来。

2. 创设情境——分析感知

播放动画，引导学生观察旗杆和它在地面上影子的位置关系，使其发现：旗杆所在直线 l 与地面所在平面 α 内经过点 B 的直线都是垂直的。进而提出问题：

直线 l 与平面 α 内不经过点 B 的直线垂直吗？

设计意图：在具体的情境中，让学生去体会和感知直线与平面垂直的定义。

3. 总结定义——形成概念

由学生总结出直线与平面垂直的定义，即如果直线 l 与平面 α 内的任意一条直线都垂直，我们就说直线 l 与平面 α 互相垂直。引导学生用符号语言将它表示出来，然后提出问题：如果将定义中的“任意一条直线”改成“无数条直线”，结论还成立吗？

设计意图：让学生通过思考和操作（用三角板和笔在桌面上比试），加深对定义的认识。

二、直线与平面垂直判定定理的构建

1. 类比猜想——提出问题

根据线面平行的判定定理进行类比，通过不断的猜想和分析，最终提出问题：如果一条直线与一个平面内的两条相交直线都垂直，那么该直线与此平面垂直吗？

设计意图：不少教师都在本环节中进行了一些有益的尝试，但考虑到学生的认知水平，我仍然决定采用类比猜想的方法，从学生已有的知识出发，进行分析。

2. 动手试验——分析探究

如图 1-2 所示，演示试验过程：过△ ABC 的顶点 A 翻折纸片，得到折痕 AD，再将翻折后的纸片竖起放置在桌面上（BD，DC 与桌面接触）。

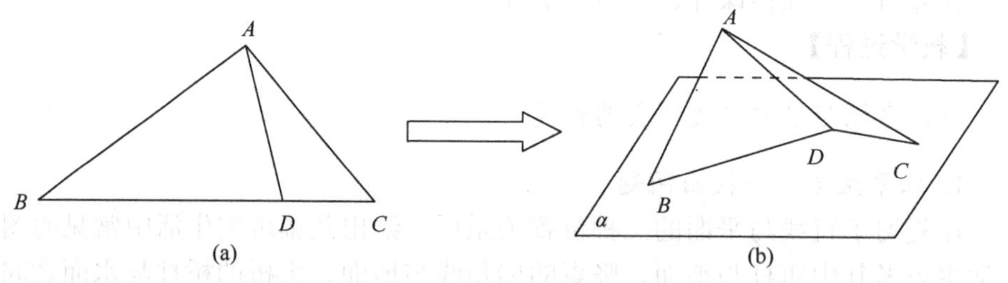

图 1-2

问题一：同学们看，此时的折痕 AD 与桌面垂直吗？

又问：为什么说此时的折痕 AD 与桌面不垂直？

设计意图：让学生从另一个角度来理解直线与平面垂直的定义——只要直线 l 与平面 α 内有一条直线不垂直，那么直线 l 就与平面 α 不垂直。

问题二：如何翻折才能让折痕 AD 与桌面所在平面 α 垂直呢？（学生分组试验）

设计意图：通过分组讨论增强数学学习氛围，让学生在交流中互相学习，共同进步。

问题三：如图 1-3 所示，通过试验，你能得到什么结论？在回答此问题时大部分学生都会直接给出结论：如果一条直线与一个平面内的两条相交直线都垂直，则该直线与此平面垂直。此时注意引导学生观察，直线 AD 还经过 BD，CD 的交点，请他们思考在增加了这个条件后，试验的结论更准确地说应该是什么？

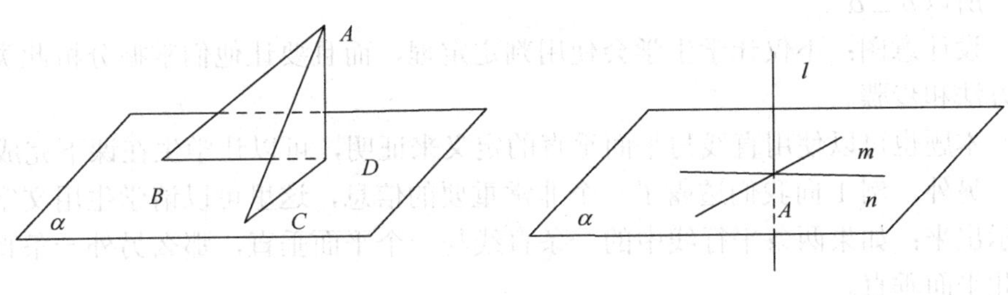

图 1-3

又问：如果直线 l 与平面 α 内的两条相交直线 m，n 都垂直，但不经过它们的交点，那么直线 l 还与平面 α 垂直吗？

设计意图：提高学生抽象概括的能力，同时也培养他们严谨细致的作风。

3. 提炼定理——形成概念

给出线面垂直的判定定理，请学生用符号语言把这个定理表示出来，并由此向学生指明，判定定理的实质就是通过线线垂直来证明线面垂直，它体现了“降维”这种重要的数学思想。

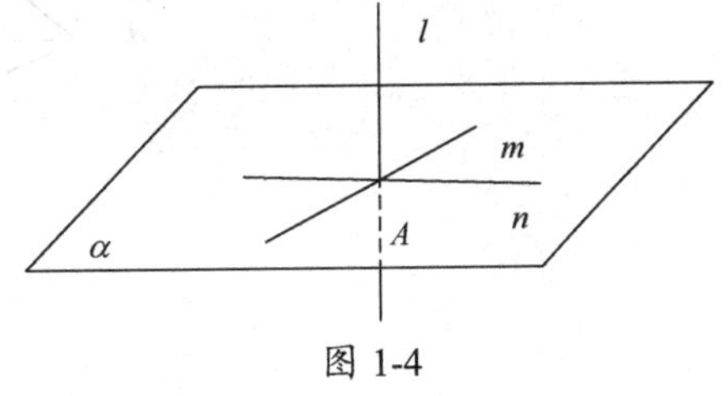

图 1-4

判定定理：如图 1-4 所示，一条直线与一个平面内的两条相交直线都垂直，则该直线与此平面垂直。

符号语言：$l \perp m,\ l \perp n,\ m \subset \alpha,\ n \subset \alpha,\ m \cap n = A \Rightarrow l \perp \alpha$。

三、初步应用——深化认识

1. 例题剖析

例 1　如图 1-5 所示，已知：$a \,/\!/\, b$，$a \perp \alpha$。求证：$b \perp \alpha$。

分析过程：

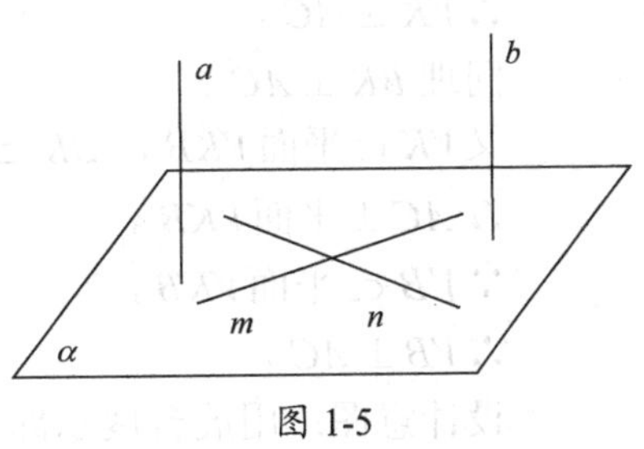

图 1-5

证明：在平面α内作两条相交直线m，n。

因为直线$a \perp \alpha$，

根据直线与平面垂直的定义知$a \perp m$，$a \perp n$。

又因为$b // a$，

所以$b \perp m$，$b \perp n$。

又因为$m \subset \alpha$，$n \subset \alpha$，m，n是两条相交直线，

所以$b \perp \alpha$。

设计意图：不仅让学生学会使用判定定理，而且要让他们掌握分析此类问题的方法和步骤。

本题也可以使用直线与平面垂直的定义来证明，可以让学生在课下完成。

另外，例 1 向我们透露了一个非常重要的信息，这里可以请学生用文字语言表示出来：如果两条平行线中的一条直线与一个平面垂直，那么另外一条直线也与此平面垂直。

2. 随堂练习

练习 1　如图 1-6 所示，在三棱锥$V-ABC$中，$VA=VC$，$AB=BC$。求证：$VB \perp AC$。

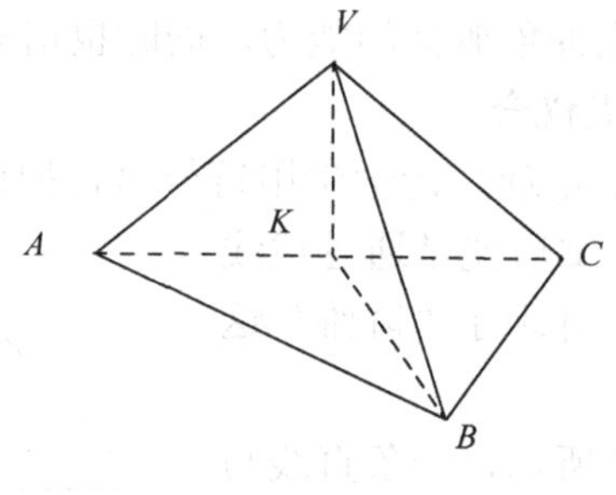

图 1-6

证明：取AC中点K，连接VK，BK，

∵在$\triangle VAC$中，$VA=VC$，且K是AC中点，

∴$VK \perp AC$。

同理$BK \perp AC$。

又$VK \subset$平面VKB，$BK \subset$平面VKB，$VK \cap BK = K$，

∴$AC \perp$平面VKB。

∵$VB \subset$平面VKB，

∴$VB \perp AC$。

设计意图：用展台展示部分学生的答案，督促学生规范化做题。

变式引申：如图 1-7 所示，在三棱锥 $V-ABC$ 中，$VA=VC$，$AB=BC$，K 是 AC 的中点。若 E，F 分别是 AB，BC 的中点，试判断直线 EF 与平面 VKB 的位置关系。

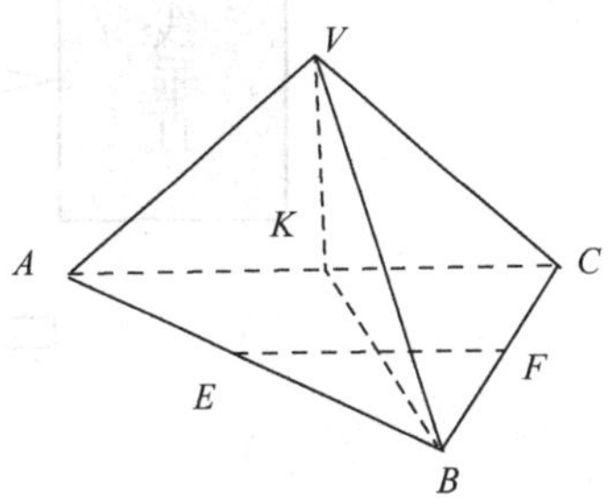

图 1-7

解：直线 EF 与平面 VKB 互相垂直。

$\because$ 在 $\triangle VAC$ 中，$VA=VC$，且 K 是 AC 中点，

$\therefore VK \perp AC$。

同理 $BK \perp AC$。

又 $VK \subset$ 平面 VKB，$BK \subset$ 平面 VKB，$VK \cap BK = K$，

$\therefore AC \perp$ 平面 VKB。

又 E，F 分别是 AB，BC 的中点，

$\therefore EF /\!/ AC$。

$\therefore EF \perp$ 平面 VKB。

设计意图：在定义和判定定理之外，例 1 又给出了第三种证明直线与平面垂直的方法，构造这道变式引申题的目的就是让学生在运用中将其内化。

练习 2　如图 1-8 所示，PA 垂直圆 O 所在平面，AC 是圆 O 的直径，B 是圆周上一点，问三棱锥 $P-ABC$ 中有几个直角三角形?

解：在三棱锥 $P-ABC$ 中有四个直角三角形，分别是：$\triangle ABC$，$\triangle PAB$，$\triangle PAC$ 和 $\triangle PBC$。

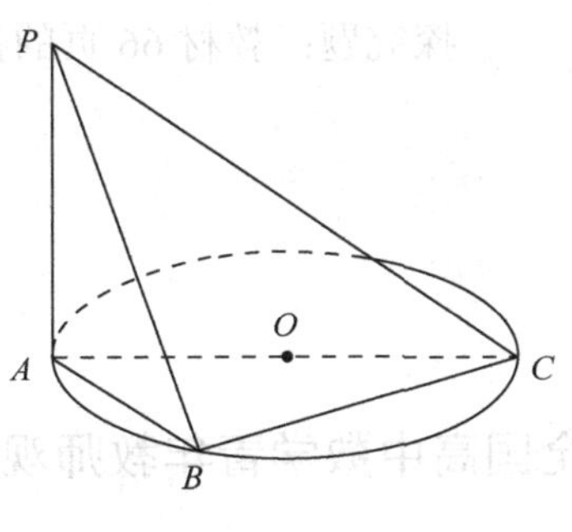

图 1-8

设计意图：通过练习 1 和练习 2 培养学生熟练地进行线线垂直和线面垂直之间的转化，从而使他们能够对定义和判定定理进行灵活应用。

四、总结回顾——提升认识

如图 1-9 所示。

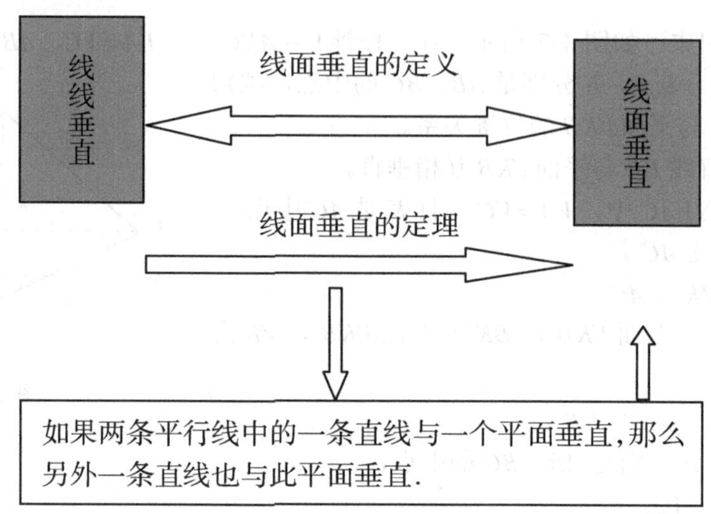

图 1-9

五、布置作业——巩固认识

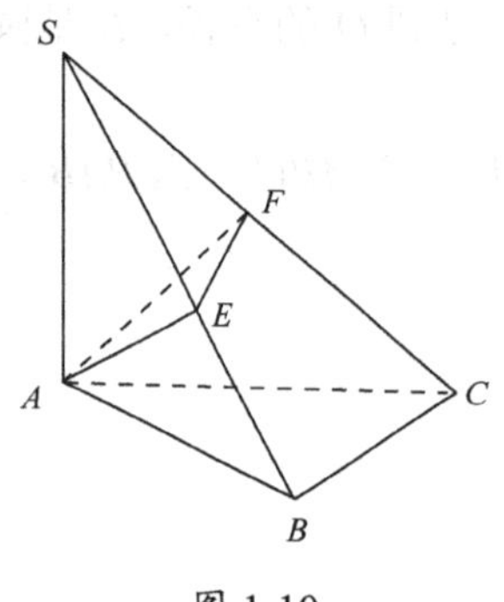

图 1-10

必做题：习题 2.3 B 组 2，4。

选做题：如图 1-10 所示，$SA\perp$平面ABC，$AB\perp BC$，过A作SB的垂线，垂足为E，过E作SC的垂线，垂足为F。求证：$AF\perp SC$。

探究题：教材 66 页的探究题。

1.2.5 案例：第五届全国高中数学青年教师观摩与评比活动获奖课例之二

一、教材分析

“导数的综合应用”是高中数学人教 B 版教材选修 2-2 第一章的内容，是中学数学新增内容，是高等数学的基础内容，它在中学数学教材中的出现，使中学数学与大学数学之间又多了一个重要的衔接点。导数的综合应用是高考考查的重点和难点，题型既有灵活多变的客观性试题，又有具有一定能力要求的主观性试题，这要求我们复习时要掌握基本题型的解法，树立利用导数处理问题的意识。

二、学情分析

根据上述教材结构与内容分析，立足学生的认知水平，制订如下教学目标的重点、难点。

三、教学目标

1. 知识与技能

（1）利用导数的几何意义；

（2）利用导数求函数的单调区间；

（3）用导数求函数的极值以及函数在闭区间上的最值；

（4）解决根分布及恒成立问题。

2. 过程与方法

（1）能够利用函数性质作图像，反过来利用函数的图像研究函数的性质如交点情况，能合理利用数形结合解题；

（2）学会利用熟悉的问题过渡到陌生的问题。

3. 情感、态度与价值观

这是一堂复习课，教学难度有所增加，培养学生思考问题的习惯，以及克服困难的信心。

四、教学重点、难点

重点是应用导数求单调性、极值、最值。

难点是方程根及恒成立问题。

五、学法与教法

1. 学法与教学用具

1）学法

（1）合作学习：引导学生分组讨论，合作交流，共同探讨问题（如问题 3 的处理）；

（2）自主学习：引导学生从简单问题出发，发散到已学过的知识中去（如问题 1、2 的处理）；

（3）探究学习：引导学生发挥主观能动性，主动探索新知（如问题 1、2 的发散和直击高考的处理）。

2）教学用具：多媒体。

2. 教法

变式教学——这样可以让学生从题海中解脱出来，形成知识网络，增强知识的系统性与连贯性，从而使学生能够抓住问题的本质，加深对问题的理解，从“变”的现象中发现“不变”的本质，从“不变”的本质中探索“变”的规律。

六、教学设计

<table>
<tr><th></th><th>教学内容</th><th>师生互动</th><th>设计思路</th></tr>
<tr><td>复习巩固</td><td>给出导函数图像，画原函数图像</td><td>学生上黑板动手画图，并分析画图的思路</td><td>直接从问题入手，以问题带动学生对知识的回忆，学生在动手画原函数的过程中就在进行知识和信息的整理，让学生亲自画出图像，能充分调动其参与课堂的积极性</td></tr>
<tr><td rowspan="2">初步探索、展示内涵</td><td>例：若函数 $f(x)=x^3-\frac{1}{2}x^2+bx+c$ 。
1. 点 $P(-1,3)$ 是函数图像上的点，点 P 处的切线的斜率为 4，求 b,c 的值</td><td>学生自己解答和讲解，引导学生拓深延展</td><td>导数几何意义的应用。延展练习是为了锻炼学生的综合能力，发扬学生自主学习，自主探究的能力</td></tr>
<tr><td>2. $f(x)$ 是 $\mathbf{R}$ 上的单调函数，求 b 的取值范围</td><td>学生自己解答和讲解，引导学生拓深延展</td><td>单调区间的逆用。变式练习是为了锻炼学生对这一知识点的灵活应用</td></tr>
<tr><td rowspan="2"></td><td>3. 若 $f(x)$ 在 $x=1$ 处取得极值。
（1）此时方程 $f(x)=0$ 有三个根，求 c 的取值范围</td><td>分组讨论，学生讲思路，讲方法。扩展题型，发散思维</td><td>用不同的方法解题，引出其他题的变型思考。一式多变，把导数的应用综合联系在一起</td></tr>
<tr><td>（2）$x\in[-1,2], f(x)<c^2$ 恒成立，求 c 的取值范围</td><td>学生上黑板培养学生自主讲题和书写规范的能力</td><td>在上一题求最值之后再引申为恒成立问题。使习题课的深度进一步扩展。达到层层深入</td></tr>
<tr><td>延伸拓展、直击高考</td><td>（2010 年辽宁）
$f(x)=(a+1)\ln x+ax^2+1$ 。
（1）讨论函数 $f(x)$ 的单调性。
（2）当 $a\leqslant -2$ 时，证明：对任意 $x_1,x_2\in(0,+\infty),|f(x_1)-f(x_2)|\geqslant 4|x_1-x_2|$</td><td>第一个问题作为课下作业。学生课上研究讨论，分析出第二个问题</td><td>设计了一道 10 年的高考题，旨在让学生重视导数的综合应用，同时也让学生的探究热情达到了高潮。这道题，运用了分类讨论的思想和构造函数的思想，是导数的综合应用问题，也是近几年高考的热点</td></tr>
<tr><td>归纳总结</td><td>导数的应用</td><td>引导学生进行讨论，相互补充后进行回答，教师评析，并用幻灯片给出</td><td>让学生自己小结，不仅仅总结知识更重要的是总结数学思想方法。这是一个重组知识的过程，是一个多维整合的过程，是一个高层次的自我认识过程，这样可帮助学生自行构建知识体系，理清知识脉络，养成良好的学习习惯</td></tr>
<tr><td rowspan="2">作业安排、板书设计</td><td colspan="2">1. 学生自编题。
2. 直击高考（2010 年辽宁）第一问</td><td>作业是学生信息的反馈，能在作业中发现和弥补教学中的不足，同时注重个体差异，因材施教</td></tr>
<tr><td colspan="2">附后</td><td>板书设计清楚整洁，便于突出知识目标</td></tr>
</table>

七、评价分析

上复习课的传统模式是教师先对知识点进行复习总结，然后讲解典型例题，从而达到复习的目的，其缺点是不容易调动学生的积极性。而以问题入手，让学生在解决问题的过程中发生思维的碰撞、冲突，整个过程都有学生的参与思考，能让学生更好地掌握知识。这节课虽然问题设置不是很多，但能抓住了导数的本质，利用典型的问题，引起学生对导数的思考，设计的问题串，达到了使探讨的问题层层递进深入的目的。课堂注重学生的参与和互动，使学生的思维得到了发展，再通过教师的精练总结，使学生对导数的应用有了更加明确的认识，从而达到复习的真正目的。

1.2.6 案例：第五届全国高中数学青年教师观摩与评比活动获奖课例之三

一、教学目标

（1）理解增函数和减函数的定义；

（2）会利用定义证明函数的单调性；

（3）了解函数单调区间的概念，并能根据图像说出函数的单调区间；

（4）通过本节知识的学习，使学生理解数形结合等思想方法在分析解决问题中的作用，领会从特殊到一般、从直观到抽象、从感性到理性的数学思维方法。

二、教学重点和难点

（1）教学重点：函数单调性的概念和判断；

（2）教学难点：利用函数单调性的定义或者函数的图像判断函数的单调性。

三、教学方法和手段

（1）教学方法：采用探索发现法和启发式讲解法。

（2）教学手段：利用多媒体直观、形象的动态功能，为函数单调性概念的理解提供直观、形象的认知基础；同时对函数在某一区间内的变化趋势进行动态演示，帮助学生理解。

四、教学过程

1. 问题情境

（1）近六届世界杯进球数见表 1-3。

表 1-3

年份（年）	进球数（个）
1990	115
1994	137
1998	171
2002	161
2006	147
2010	145

问题 1：随着年份的不同，进球数有什么变化？进球数的变化和图像的变化有什么联系？

（2）如图 1-11 所示，绵阳市某天的气温变化曲线图：

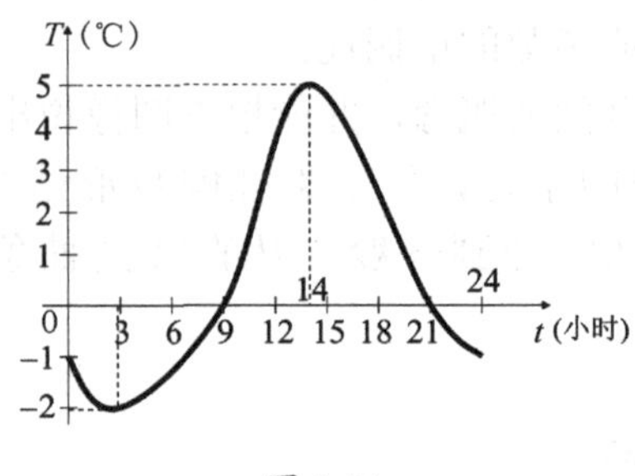

图 1-11

问题 2：随着时间的变化，温度的变化趋势是什么？（上升还是下降）

事实上，在生活中，有很多数据的变化是有规律的，了解这些数据的变化规律，对我们的生活很有帮助。观察满足函数关系的数据变化规律往往是看：随着自变量的变化，函数值是如何变化的，这就是我们今天要研究的函数的单调性。

2. 建构定义

1）引入直观性定义

如图 1-12 所示，观察下列函数的图像，由学生讨论交流并回答下列问题（几何画板动态展示）。

（1） $f(x)=x+1$；（2） $f(x)=x^2$ 。

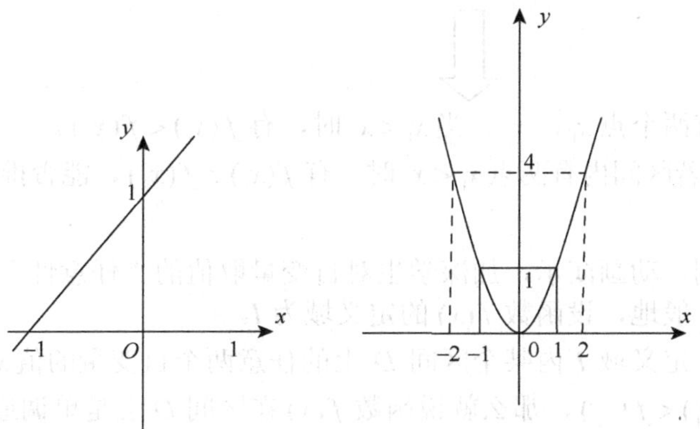

图 1-12

问题 3：这两个函数图像有怎样的变化趋势？（上升还是下降）

问题 4：函数 $f(x)=x^2$ 在区间______内，y 随 x 的增大而增大；在区间______内 y 随 x 的增大而减小。

总结到一般情况下：

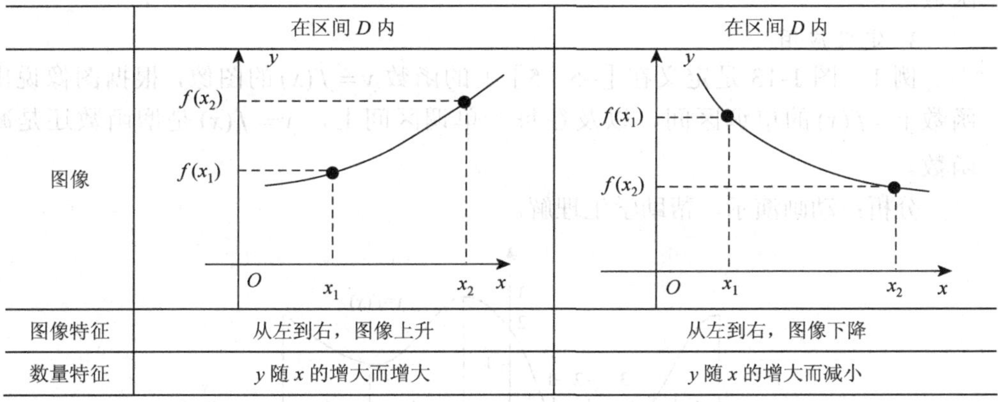

	在区间 D 内	在区间 D 内
图像		
图像特征	从左到右，图像上升	从左到右，图像下降
数量特征	y 随 x 的增大而增大	y 随 x 的增大而减小

教师说明直观性定义：左边的函数称为区间 D 上的单调递增函数，右边的函数则称为区间 D 上的单调递减函数。

2）严格数学语言定义

多媒体展示：图像在区间 D 内呈上升趋势

当 x 的值增大时，函数值 y 也增大

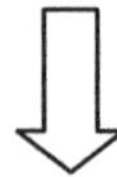

区间内有两个点 x_1，x_2，当 $x_1 < x_2$ 时，有 $f(x_1) < f(x_2)$。

问题 5：若区间内有两点 $x_1 < x_2$ 时，有 $f(x_1) < f(x_2)$，能否推出 $f(x)$ 是单调递增函数？

构造反例，动画演示，加深学生对自变量取值的“任意性”的理解。

定义：一般地，设函数 $f(x)$ 的定义域为 I。

如果对于定义域 I 内某个区间 D 上的任意两个自变量的值 x_1，x_2，当 $x_1 < x_2$ 时，都有 $f(x_1) < f(x_2)$，那么就说函数 $f(x)$ 在区间 D 上是单调递增函数。

由学生类比得到减函数的定义：

如果对于定义域 I 内某个区间 D 上的任意两个自变量的值 x_1，x_2，当 $x_1 < x_2$ 时，都有 $f(x_1) > f(x_2)$，那么就说函数 $f(x)$ 在区间 D 上是单调递减函数。

注：(1) x_1, x_2 三大特征：①属于同一区间；②任意性；③有大小：通常规定 $x_1 < x_2$。

(2) 相对于定义域，函数的单调性可以是函数的局部性质。

举例：$y = x^2$ 在 $(0, +\infty)$ 上是单调递增函数，但在整个定义域上不是增（减）函数。

3. 定义应用

例 1　图 1-13 是定义在［−5，5］上的函数 $y = f(x)$ 的图像，根据图像说出函数 $y = f(x)$ 的单调区间，以及在每一单调区间上，$y = f(x)$ 是增函数还是减函数。

分析：动画演示，帮助学生理解。

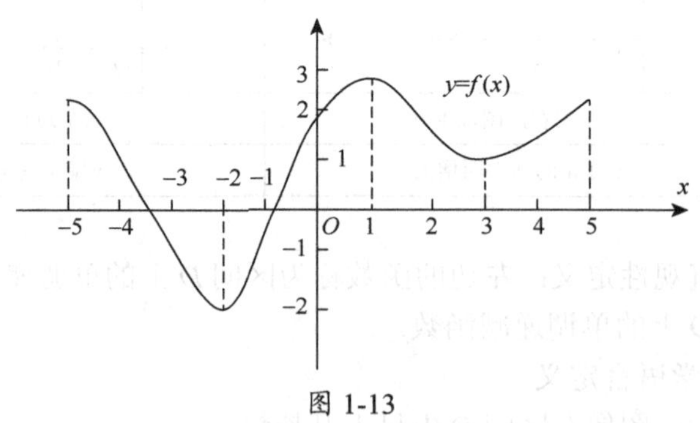

图 1-13

解：$y = f(x)$ 的单调区间有［−5，−2)，［−2，1)，［1，3)，［3，5)。

其中 $y = f(x)$ 在［−5，−2)，［1，3）上是减函数；在［−2，1)，［3，5）上是增函数。

强调单调区间的写法：

问题 6：可否写成[−5, −2)∪［−2，1）？

问题 7：写成［−5，−2）还是写成［−5，−2］？

多媒体展示构造反例说明：

（1）单调区间一般不能求并集；

（2）当端点满足单调性定义时，可开可闭。

例 2　试判断函数 $f(x)=x^2+x$ 在区间 $(0,+\infty)$ 上是增函数还是减函数？并给予证明。

分析：

问 1：除了图像法判定函数单调性还有什么方法？

问 2：如何用定义法判定函数单调性？

问 3：用定义法判定函数单调性的关键是什么？（提示如何比较 3 和 2 的大小，从而引入作差法）

证明：函数 $f(x)=x^2+x$ 在 $(0,+\infty)$ 上是增函数。

设 x_1，x_2 是 $(0,+\infty)$ 上的任意两个值，且 $x_1<x_2$，

$$\begin{aligned}
\text{则} f(x_1)-f(x_2) &= (x_1^2+x_1)-(x_2^2+x_2)\\
&= (x_1^2-x_2^2)+(x_1-x_2)\\
&= (x_1-x_2)(x_1+x_2)+(x_1-x_2)\\
&= (x_1-x_2)(x_1+x_2+1)。
\end{aligned}$$

又 $0<x_1<x_2$，故 $x_1-x_2<0$，$x_1+x_2+1>0$

则 $f(x_1)-f(x_2)<0$，即 $f(x_1)<f(x_2)$。

因此，函数 $f(x)=x^2+x$ 在 $(0,+\infty)$ 上是增函数。

总结定义法证明函数单调性的步骤：

（1）取值：设任意 x_1，x_2 属于给定区间，且 $x_1<x_2$；

（2）作差变形：$f(x_1)-f(x_2)$ 变形的常用方法有因式分解、配方、有理化等；

（3）定号：确定 $f(x_1)-f(x_2)$ 的正负号；

（4）下结论：由定义得出函数的单调性。

思考题：

在上面证明中，你能理解 x_1，x_2 任意性的意义吗？

解答：有了“任意性”，在区间内不管取哪两个值，其证明过程都是一样的。

4. 课堂练习

（1）课本 P_{65} 练习 1；

（2）证明：函数 $y=\dfrac{3}{x}$ 在 $(0,+\infty)$ 上是减函数。（动画演示帮助理解）

课堂思考（见表 1-4）：

表 1-4

函数	$y=\frac{k}{x}(k\neq 0)$		$y=kx(k\neq 0)$	
	$k>0$	$k<0$	$k>0$	$k<0$
单调区间				
单调性				

课后思考：

函数 $f(x)$ 在 **R** 上单调递增，那么 $\frac{f(x_1)-f(x_2)}{x_1-x_2}$ 的符号有什么规律？若单调递减，又该如何?

5. 回顾小结

（1）函数单调性的定义。

（2）判定函数单调性：

①方法：图像法，定义法；

②定义法步骤：取值，作差变形，定号，下结论。

6. 课后作业

（1）必做题：课后练习 1，4，6；

（2）选做题：课后练习 7。

五、板书设计

函数单调性		
一、函数单调性概念 1. 单调递增函数 2. 单调递减函数 3. 单调区间 （主板书）	二、例题及解答 例 1 例 2 （副板书）	议练活动 （辅助性板书）

1.2.7 案例分析

通过以上案例，可以对目前高中数学教学的情况有一个大概的了解。确实存在一些问题，我们从以下几个方面进行分析。

1. 淡化过程，盲目训练

这是一个存在已久的问题，新课程理念的出发点就是要改变这种陈旧的教学方式，但是依然有许多数学教师对其难以割舍。笔者听过的课中也有很多这样的课例，用习题训练取代概念学习，将数学学习简单理解成“刺激—反应”。不讲概念的来龙去脉，不组织学生积极探索知识的形成过程。这样的教学过程被一些专家戏称“一个定义、三个注意事项”。例如讲数学归纳法，教师反复强调的是：“不能忘了第一步”

“第二步一定要先假设，再证明”等，很少提及数学归纳法的产生过程。章建跃博士在《有效改进课堂教学——暨第五届全国高中数学青年教师观摩与评比活动综述》一文中是这样来解释《普通高中数学课程标准》（以下简称《课程标准》）对数学归纳法的要求的：数学归纳法的产生，本质是要构造一个逻辑的推理过程，实现用有限地推理来证明无限的问题。抛弃了过程，就是抛弃了属于灵魂的东西。这种抛弃过程、突出训练的授课方式极大地阻碍了学生思维的发展，使数学的美感荡然无存，也重创了他们进一步学习数学的积极性。

2. 旧情难忘，随意补充

《课程标准》所配置的各种版本的教材都是依据螺旋上升的理念进行设置的，在实际操作中一些教师随意性比较大。除了前面案例所介绍的情况之外，还有一些违背课标精神的做法。例如必修五，本教材的学习顺序其实依据自然顺序是最好的选择，可是很多地区各自为政，随意安排学习顺序，造成学生在高一负担过重。立体几何的学习中除了课程标准所要求的“十三条”之外，又将“三垂线定理”纳入其中，这大可不必，因为我们有更强大的一套“组合拳”：如果一条直线垂直于三角形的两条边，则必垂直于第三条边。用这个来取代“三垂线定理”无论从实际应用还是体现知识的逻辑结构，都是优于前者的。《课程标准》为什么将许多公式下放为习题的形式？这也是为了更好地突出数学知识的层次特征，可是有的教师在教学过程中随意性比较大，例如三角函数的学习补充“万能公式”、数列的学习补充很多关于等差或等比数列的性质、椭圆的学习补充焦点三角形面积以及焦点弦长公式。殊不知，“万能公式”未必万能，公式越多越禁锢学生的思维。

3. 目标过大，指向不明

《课程标准》强调要从“知识与技能、过程与方法、情感态度与价值观”三个方面进行教学目标的界定，但是在具体的教学目标确定时，显得过大，有“口号”的嫌疑。例如课例《直线与平面垂直的判定（一）》中的目标设置。

知识与技能目标：通过本节课的学习，使学生理解直线与平面垂直的定义和判定定理，并能对它们进行简单的应用。

过程与方法目标：通过对定义的总结和对判定定理的探究，不断提高学生的抽象概括和逻辑思维能力。

情感态度与价值观目标：通过学习，使学生在认识到数学源于生活的同时，体会到数学中的严谨细致之美，简洁朴实之美，和谐自然之美，从而使学生更加热爱数学，热爱生活。

为什么说“使学生理解直线与平面垂直的定义和判定定理，并能对他们进行简单的应用”这个目标过大？首先我们来看《课程标准》是如何解释“理解”和“应用”的。理解就是“独立操作”，与之对应的行为动词有“描述、说明、表达、表述、表示、刻画、解释、推测、想象、理解、归纳、总结、抽象、提取、比较、对比、判定、判断、会求、能、运用、初步应用、初步讨论”；应用也是“掌握、迁移”，涉及的行为动词有“掌握、导出、分析、推导、证明、研究、讨论、选择、决策、解决问题”。与《课程标准》所讲的认知三个层次“了解、理解、应用”相对应，学生的三个心理活动层次依次为“明白、记住、会用”。作为教学目标，也有评价的成分，目标指向不明，用什么来评价学生的学习成果？在本节课的学习中，与线面垂直有关的定义、定理（包括三种语言表述）的探究过程是要求学生“明白”的，那么“理解”（记住）的又应该是什么呢？这就是“一个命题、一个几何体”。“一个命题”：如果一条线垂直于三角形的两条边，那么必然垂直于第三条边；“一个几何体”：三棱锥 $P-ABC$ 中，$PA\perp$ 平面 ABC，$BC\perp BA$。试问该三棱锥有多少对线面（线线）垂直？该命题以及几何体在教材中都是以习题的形式出现的，做为教师要钻研课本，引导学生观察、归纳，总结出利于解题的“图式”。

再来说目标中的“……并能对它们进行简单的应用。”“对谁”进行简单的应用？这个应用如果从最基本的定义、定理出发，学生就会感觉到很困惑。作为本节课教学任务的最高一个层次“应用”，应该是对前面所述的“一个命题、一个几何体”应用，这也就是“图式”的提取。

我们来看美国教育心理学家布鲁姆的教育目标分类学，他将目标分成三个领域：认知领域、情感领域和动作技能领域。在修订版中将知识维度划分为四个部分，依次为事实性知识、概念性知识、程序性知识和元认知知识。这就是说，教师在教学之前，应该对所教内容按知识类型和掌握的水平（课程标准中的行为动词）来制订教学目标，然后再进行学习指导以及教学评估。

在课例《直线与线面垂直的判定（一）》中，事实性知识就是散布在日常生活中的关于线面垂直的具体例子，概念性知识就是线面垂直的定义以及判定定理，那么程序性知识又是什么呢？这里就需要体现教师对教材的理解程度，我们是不是可以这样认为，本节课的程序性知识就是前面所言的“一个命题”？笔者在讲授直线与平面垂直的时候，曾经引导学生使用“如果一条线垂直于三角形的两条边，则必然垂直于第三条边”来进行分析，确实能起到意想不到的效果，绝大多数学生都能顺利解决问题。至于元认知知识，应该就是“一个几何体”，其实就是程序性知识的具体应用。

所以，本节课的教学目标按照下面来设置是不是更明确些。

教学目标：

目标 1：举证日常生活中线面垂直的事例，体会线面垂直的模型，即了解事实性知识。

目标 2：抽象出线面垂直的定义以及判定定理，并用三种语言加以描述，即记忆概念性知识。

目标 3：获得适合具体应用的一个命题（略），即归纳程序性知识。

目标 4：运用程序性知识解决问题（一个几何体），即精制元认知结构。

4. 习题罗列，杂乱无章

这里主要是针对习题课的教学，也就是高三复习的重要环节，我们来看课例《导数的应用》。

首先我们要明白，解题教学是概念学习的延伸，是各种数学思想方法的实际应用，更是培养学生数学思维的有效途径。

关于习题课的选材，要重视科学性、思想性、典型性和启发性，并依据复习主题以及学生认知发展目标，合理配置、适当组合。习题的选定要有代表性，具有“榜样”作用，“榜样”的力量是无穷的。同时注意通法的指导，对于一个具体的数学问题可能有特殊的解决办法，但对于某一类问题，我们要强调通法。数学复习课的任务是通法在先，以发现、归纳通性通法为首要任务。

解题过程本质上就是学生认知系统的一个循环工作过程。在解决一个数学问题时，个体认知加工的各个阶段必须与外部资源有信息流通过程。例如，在思考问题的表征时，要在长时记忆中提取适宜的知识和策略并在工作记忆中与当前问题匹配，倘若提取的信息不是表征时，那么这条信息又重新回到长时记忆中。

而影响学生问题解决的因素中，知识（策略）遗忘是主要矛盾。王林全在《问题解决的有关心理及其思考》中也明确指出：问题解决的思路，可以比喻为一条推理链，其中的每个环节联系着不同的知识（策略），如果相关知识（策略）在解题者的认知结构中找不到应有的位置，称为知识（策略）遗忘。只有调动记忆，把所需知识（策略）检索出来，解题过程才能顺利进行。

《导数的应用》这节复习课，从学习目标来看，相关知识的理解记忆基本是达到要求了，学生认知结构中应具备的知识又得到了一次巩固。但是策略性知识没有完成（达到）目标要求，为什么这样讲？首先我们看教学目标之一（当然目标的设置也存在前述问题）：利用导数求函数的单调区间。众所周知，利用导数研究函数单调性是个难点，特别是含参数的问题。同时，利用导数研究函数单调性是解决很多问题的基础，如求最值、绘制函数图像等等，哪个也离不开单调性，所以通过导数研究单调性极具“榜样”作用。

讲授者使用了 2010 年辽宁高考试题：

已知 $f(x)=(a+1)\ln x+ax^2+1$。

（1）讨论函数 $f(x)$ 的单调性；

（2）当 $a\leqslant -2$ 时，证明：对任意 $x_1,x_2\in(0,+\infty),\left|f(x_1)-f(x_2)\right|\geqslant 4|x_1-x_2|$。

在具体操作上是“第一个问作为课下作业，学生课上研究讨论，分析出第二个问”，设计思路：“设计了一道 2010 年的高考题，旨在让学生重视导数的综合应用，同时也让学生的探究热情达到了高潮。这道题，运用了分类讨论的思想和构造函数的思想，是导数的综合应用问题，也是近几年高考的热点。”

应该说，选材是十分合适的，本题作为导数应用是很典型的。但是跳过第（1）问，试图通过第（2）问来点燃学生探究的高潮，似乎不妥。既然是一节导数应用的复习课，怎么能将单调性问题轻描淡写地布置成课后作业？相反，本题的高潮应该是通过第（1）问来达到的，至于第（2）问只不过是高潮之后的“余音袅袅”而已。

为什么说闪光点在第（1）问？

我们先来看它的标准解答：

解：首先函数 $f(x)$ 的定义域为 $(0,+\infty)$，

又 $f'(x)=\dfrac{a+1}{x}+2ax=\dfrac{a+1+2ax^2}{x}$。

当 $a\geqslant 0$ 时，$f'(x)>0$，故 $f(x)$ 在 $(0,+\infty)$ 单调增加。

当 $a\leqslant -1$ 时，$f'(x)<0$，故 $f(x)$ 在 $(0,+\infty)$ 单调减少。

当 $-1<a<0$ 时，令 $f'(x)=0$，解得 $x=\sqrt{-\dfrac{a+1}{2a}}$。当 $x\in(0,\sqrt{-\dfrac{a+1}{2a}})$ 时，$f'(x)>0$；$x\in(\sqrt{-\dfrac{a+1}{2a}},+\infty)$ 时，$f'(x)<0$，故 $f(x)$ 在 $x\in(0,\sqrt{-\dfrac{a+1}{2a}})$ 单调增加，在 $x\in(\sqrt{-\dfrac{a+1}{2a}},+\infty)$ 单调减少。

完全可以认为，标准解答掩盖了思维过程。依据标准解答进行解题教学，当学生面对类似问题时，依然无法调动认知结构中的策略性办法，这是因为在其头脑中根本没有形成相应的认知策略。那么怎么样充分利用该题呢？

师生共同归纳，讨论函数 $f(x)$ 的单调性有以下几个步骤：

求定义域，$(0,+\infty)$；

求导数，$f'(x)=\dfrac{a+1}{x}+2ax=\dfrac{a+1+2ax^2}{x}$；

令导数为零，出现关于 x 的方程：$2ax^2=-(a+1)$；

讨论该方程根的情况：可能无根、只有一个根、有两个不等的根（判断是否在定义域中）；

整理形成结论。

最后教师引导学生再将其中的关键性环节概括成一个策略性的知识，纳入学生的认知结构中。这个策略性的知识可以用“定义域、有没有、有几个、要不要”来表达。

定义域：求函数 $f(x)$ 的定义域（很多学生容易忽略）；

有没有：令导数为零产生的方程有没有实数根；

有几个：可能无（0 个）、1 个或 2 个；

要不要：如果有根，判断是否在函数 $f(x)$ 定义域中。

不要直接抛售，要师生共同参与，这样抽象概括出的策略既形象又方便记忆，更有利于提取。

关于前面所例举的三个获奖课例，一直是提出改进的意见，那么有没有值得肯定的东西呢？下面我们来看《函数单调性》这节课的教学设计，该设计重视知识的产生过程、师生互动以及三种数学语言的训练等等，这些不谈。想从另外角度对本节课进行一些评价。

首先，思考一个问题，概念教学，我们也重视了知识的发生以及产生过程，为什么学生的学习还是没有达到预期目的？

再扯得远点，关于对数的教学，我也曾经听过一节课，教师从小学的加法、乘法运算开始，是这样启发学生的：3+2=5，换个角度就是 5−2=3；3×2=6，也换个角度就是 $6/2=3$，点拨学生这里本质是一个逆运算。接下来，进入指数运算：2^5=32，继续换个角度就是 $\log_2 32=5$。一节课中，除了重视对数概念的产生等等优点以外，最大的一个亮点是他解释了对数“$\log_2 32$”的本质（而且使用的是“粗糙”的语言）：这是一个数，2 的“这么多”次方等于 32。中国有句俗语：话糙理不糙，看起来一句非常“俗气”的语言，却道出了对数 $\log_a b$ 这个符号的特征。课后有意调查了几位学生，了解他们关于对数恒等式 $a^{\log_a b}=b$ 的理解水平，出乎意料的是他们都知道其中的含义。这样的对数教学才是过关的，相反许多教师是不做这种解释的，不讲数学的本质，而把大量的时间放在习题的训练上，其效果可想而知。

可能有的教师认为这样的“粗糙”语言有失数学的“美感”，所以不喜欢使用。荷兰著名数学教育家弗赖登塔尔指出“学生必须使用本国语言读写代数公式”，他同时也谈到“代数表达式的语言比普通语言更复杂，为此必须按照难度逐渐增加的方式设计好一个计划，引导学生逐渐掌握它”。这就是说，数学概念（公式）的教学一定要让学生先使用普通语言（本国语言）对其描述，然后才逐渐过渡到数学符号。

为什么要这样讲授数学概念呢？因为只有这样进行教学，才能够在学生头脑中形成关于数学概念的“图式”，至于什么是“图式”，我们在后面会系统介绍。

再举一个例子，邹伯奇（1819 年—1869 年），广东南海人，清代物理学家，对天文学、数学、光学、地理学等都很有研究。他曾独立制造了中国第一台照相机，比西方仅仅晚了 4 年。其后人在整理邹先生的遗物时，发现了一些手稿，上面密密麻麻写着很多汉字和古文，谁也看不明白是什么。2009 年 7 月，邹氏后人将邹伯奇手稿复印件送到中山大学陈树坚教授家中。陈树坚教授是中山大学的力学权威，经连日研究结束后，他向邹氏后人连说了三个“妙”字。原来这些手稿是邹伯奇在学海堂讲课时的教案，里面的注解就是他的解题思路，由于当时 abc，123 都还没传入中国，邹伯奇均用汉字和古文标示数学公式。这算不算是对弗赖登塔尔关于数学公式教学的佐证呢？

一次测试，压轴题目是：

已知数列 $\{a_n\}$ 和 $\{b_n\}$ 满足 $a_1=b_1$，且对任意 $n\in\mathbf{N}^*$ 都有 $a_n+b_n=1$，$\dfrac{a_{n+1}}{a_n}=\dfrac{b_n}{1-a_n^2}$。求数列 $\{a_n\}$ 和 $\{b_n\}$ 的通项公式。

这里求 a_n 表达式是关键（无错误可以得 4 分）。抽取了 4 位数学成绩比较优秀但本次考试此题目得分在 4 分以下的同学进行访谈。他们已经得出 $\dfrac{1}{a_{n+1}}=\dfrac{1}{a_n}+1$，但后续无文，均没有意识到数列 $\left\{\dfrac{1}{a_n}\right\}$ 是等差数列。这几位同学尽管能够陈述等差数列的概念：从第二项开始每一项与前一项的差为同一个常数，但是没有意识到这个数列既可以是 $\{a_n\}$，也可以是 $\left\{\dfrac{1}{a_n}\right\}$，甚至是 $\left\{\dfrac{b_n}{a_n+n}\right\}$。

这说明在等差数列的教学时，没有讲清楚这个概念的“图式”。一个经验丰富的教师会在这里从不同角度启发学生来理解等差数列的概念“从第二项开始，每一项与前一项的差等于同一个常数；从第一项开始，每一项加同一个常数等于后一项；从第二项开始每一项减同一个常数等于前一项；从第二项开始任意相邻三项，中间一项是前后两项的等差中项，并配备相应的符号表达式：$a_{n+1}-a_n=d$，$a_n+d=a_{n+1}$，$a_{n+1}-d=a_n$，$2a_n=a_{n-1}+a_{n+1}$”。

教数学概念，一定要让学生“看破红尘”，否则学生的认知结构就不会健全。听过很多人讲授等比数列前 n 项和这个课题，他们能够使用精彩的故事来作为课堂引入，在学生的训练上也十分到位。可是几乎无人对公式 $S_n=\dfrac{a_1(1-q^n)}{1-q}$ 做如下的变形：$S_n=\dfrac{a_1}{1-q}-\dfrac{a_1}{1-q}q^n$，也就丧失了了解等比数列前 n 项和公式结构特征的机会。

现在回过头来看课例《函数的单调性》，从中可以观察到讲授者对增函数的启发是十分到位的。为了让学生理解函数单调性的概念，运用了很多策略：从近 6 届世界杯进球数（列表、折线）、绵阳市某天的气温变化曲线图，再到具体的函数图像，然后启发学生用通俗的语言（弗赖登塔尔所提倡的本国语言）来描述图像特征：从左到右，图像上升（从左到右逐渐下降）。这里如果再增加一些诸如“自变量越大、函数值也越大；函数值越大、自变量也越大”此类的说明，效果可能会更好。然后出现数学符号“y 随 x 的增大而增大”等，接下来再抽象出单调性的一般定义。可以说，本节课很好地完成了概念学习的任务，目标达成度比较高。

而单调性定义的核心其实就是自变量差(x_1-x_2)与函数值的差 $f(x_1)-f(x_2)$ 两个数值符号的关系，布置的课后思考题（函数 $f(x)$ 在 $\mathbf{R}$ 上单调递增，那么，$\dfrac{f(x_1)-f(x_2)}{x_1-x_2}$ 的符号有什么规律？若单调递减，又该如何?）又为完善（精制）单调性认知结构（图式）埋设了伏笔。

而利用定义证明函数单调性属于程序性知识，我们看到讲授者在这里也是下了一番工夫的，十分注意强调证明过程，再匹配适当数量的训练，学生就能够很顺利地掌握这类问题的解决办法。

讲授《函数单调性》有三个重要环节：概念产生过程、概念（增减函数）的描述、利用定义证明单调性。这里最能体现一个教者教育教学理念的是创设情景帮助学生用合适的语言来形容“增减函数的特征”，同时也是最容易被忽略的一个环节。如果描述的丰富、到位，学生定会将单调性概念“烂熟于心”，解题时才能“如鱼得水”。相反，倘若忽略了这个环节，就会出现漏洞，这个时候再想利用训练来弥补，效果也不会很好。

笔者经常光顾的论坛之一就是中国中小学教育教学网论坛（http：//sq.k12.com.cn/discu2/forum.php），其中的“数学教学论坛”有一篇帖子，堪称（*k*12）史上最牛话题。

讨论主题：数学应该教给学生什么？

下面把主要的跟帖（评论）列出来，部分水帖因为没有什么观点，就不再列出。为了给读者提供原汁原味的讨论，只纠正了个别错别字。

六分仪（楼主）

现在教师经常批评学生，没有记性，刚学的知识过段时间就忘记了，才做过的题，一考试又不会了。可以想一想：我们学过的数学知识，现在“残留”在脑子中的，还有什么？

遗忘是正常的，关键是还剩下什么——那才是让我们终身受益的东西！

刘教师

有些理想化，我一年前还是你这样想的，但现在还得顺应“潮流”。

nostalgia

六分仪教师把这个问题一提出来，我的确心里是一寒。这学期上课就全部忘记了上学期的内容，有的甚至忘记了上一章所讲的一些重点知识。遗忘，我们必须要去肯定。关键是如何来教会学生克服遗忘。

叶儿

现在相反！要的是分！我也想问：学了那么长时间的数学，最终有什么用？

whitetiger

是一个问题？！你真的把你数学课上学的都忘了吗？至少小学教的加减乘除，小数分数都还记得吧（估计一辈子都不会忘）。好了，现在来看：你为什么记得住小学的东西，而记不住中学的东西呢？不同的观点会得到不同的结果！如果认为那是因为知识不断加强的缘故，那你就能完全理解为什么会有题海战术了！

欢迎大家来讨论！因为我个人觉得中小学的数学知识很简单，量很少，不太会忘的，所以不能体会到那些数学不好的人的想法！（如果有个人，看完题目，然后连题目条件都记不住，要教会他去思考，确实很困难！）

叶儿

数学公式之类我全记得！英语我忘得差不多了！不用、不理解忘得就快！

小丁

有一个实验，大体是这样的：把一个重点班的学生（如化学成绩都能到八九十分），三年后召集回来做同样的试卷，结果很少有及格的，答上的题目都不是积累记忆型的。专家的评论我记不太清了，不好妄加作评，还是谈谈我自己的看法吧。我认为，数学应该学的是分析问题，解决问题的能力，具体记忆某道某类题是不可取的。可是现在的大方向如此，无可奈何。

小学 6 年级时我的应用题不好，简直就是一窍不通。当时父亲每天晚上给我辅导，还经常说这样一句话：上了初中、高中后再看这样的题，自然就会了。当时我权当是安慰，可是上了初中后（2 年级后）我发现就是这样的，现在想想，就是思维能力提高的缘故。但是小学的知识不会还可以升学，如果中考、高考大纲要求的内容不会，可能就没有回头看问题的机会了！

whitetiger

明显是个学生！让大四文科毕业生回过来做中学数学（不必是高考那么难的），99%都不会做！理科（非数学专业的）毕业生，做代数可能没问题，做几何头就大了，三角函数公式估计都忘了！

whitetiger

叶儿教师，难道你也觉得学数学没用吗？或者说，是我们中学学的数学知识没用吗？看来这个问题是该好好讨论一下！

叶儿

学那些知识的目的是什么！是学它的思想，从而具备解决问题的能力！局部的知识点我认为实际的作用并不大！如三角知识一个人一辈子用多少？

nostalgia

楼上的叶儿教师所说的“三角知识用得比较少”。这个观点要全面地看待。对待普通老百姓来说，什么三角函数知识的确是没有什么用，他们所晓得的就加减乘除，能在实际生活中运用就可以了。而三角函数知识在科技领域里，譬如物理学、测量学、应用数学等等，都有其广阔的应用天地。

突然有这样一个想法，楼上的教师都谈到了小学的知识特别简单，猛然发现小学的知识在实际生活中应用得特别多。所以小学的知识你不让学生知道，他们现在也会知道。我陷入了一个怪圈。

叶儿

而三角函数知识在科技领域里，譬如物理学、测量学、应用数学等等，都有其广阔的应用天地，用处是很大，但用的人有多少！为什么要把很少人才用的东西要很多的人都去学呢？我觉得还是要注意“知识点”与“知识”的区别！学数学时的解题思想，处理问题的思维方法是很重要的，但局部的那些知识点用处真是很大吗？

whitetiger

有些知识点确实显得“没用”。三角函数，还可以认为是其他的基础，因为再往后，没有三角函数的概念，许多问题都不能解释。（还涉及其他学科！）最“没用”的应该是几何，用得还没三角函数多呢！

但几何的证明题，锻炼了我们严谨的思维方式，这点可能不突出，大家都容易忽略。

nostalgia

学数学到底是为了什么？我曾经在教学的时候问了学生，有的学生回答得很直接“为了高考”。我现在得来问我自己了……

didi

我也来凑下热闹了。我认为，我们现在所学的数学知识过于抽象，是造成学生遗忘的根本原因！所以，许多年来我都在思考数学思维与日常生活的关系。假如我们的大部分数学思想方法能与生活中各种现象或经历联系在一起，那么这些知识与思想方法就算想忘都不易忘记。

我现在的课堂里就已经开始这样做了。有些以前学生不易接受的方法，现在掌握起来不难，甚至有些是想做不来都不容易。不过，现在有效的内容不是太多。

测试

初次来这里，是因为我也是学数学、教数学的。我的两个孩子，今年要参加中考，还有不到一周的时间就要考试了，也要考数学。

看了些帖子，忍不住想谈谈我的一些看法，对或不对，请大家指正。

1. 遗忘

中学数学的概念不是很多，重要的、常用的公式也不多。就记忆而言，绝对比地理、历史、政治、语文、化学要少得多。我觉得，数学教学中的问题，不是如何克服遗忘的问题，最重要的是如何教会学生去思考，理性的、逻辑的思考。概念、公式、方法、技巧都是在解决问题的过程中得到校正、巩固和加强的，记忆也是。我个人的经验是，深入地思考某些问题，有助于这些基本知识的理解和技巧的掌握。

2. 题海

题海有作用，是应试的作用，能提高速度，能提高熟练程度，但不能使学生对数学有更好的理解。我不赞成学生做大量习题，也不赞成去把习题分为各种题型。程序化的做法对学生学习中学数学是有害的。甚至到了大学，他们还会在期末考试的时候问教师：有没有一系列方法，叫我能顺序使用它们来判断级数的收敛性？

3. 惰性

现在的学生越来越懒，不只是我一个人这么觉得。常常在答疑时，学生甚至不带书就记不住所要问的问题，可见他们并未对问题进行深入的思考，我想如果有个问题思索了 20 分钟，一定能记住问题是什么吧。另一个问题是，即使我告诉它们可以如何考虑这个问题，它们中的大多数人依然不动手动笔去尝试解决问题，而是等在那里，等教师给出问题的完整答案。

4. 有用

我以为数学是有用的，三角函数也是有用的。当然不见得每个人都必须使用三角函数。这道理，如同不是每个人都要使用英语或计算机一样，说得更恐怖点，甚至有人连字典都不需要使用。但是，大学的数学和其他的很多课程都是用三角函数的。现在的很多方面的论文的评审，有个是否使用数学工具、使用多少、是否先进等等的指标，从这点可以看出，数学的、量化的方法显然更具有说服力。

5. 大学

我大学刚毕业那时候，我也以为我大学里所学的很多东西是没用的。但随着时间的推移，越来越觉得大学里所学的东西，特别是一些思想方法和思维方式的训练，非常有用，而且，不仅仅是由于我的工作原因才有用。相信很多人都有这样的体验吧。我们很难想象叫一个小学毕业的学生去教小学，是这个道理吧？

以上是我的一些看法，愿意和大家多多交流。

a00c021

我认为学习数学，忘记内容是正常的，然而，学数学是在培养我们的思维。或许这种思维我们感觉不到，因为你不会去考虑思维的来源。数学就是培养我们的思维。

英雄帕拉丁

哈哈，我就是那种人！上学期学的这学期就忘了。

冷水

我认为数学课的教学要因学生对象而异，特别是在初三这一级，有的学生是要升上高一级中学，数学必须加强，应提高其数学素质——思维方法和学习方法；而另一些学生可能要考进中专学校或职中，对数学的学习已经非常吃力，则应教以应试的方法。我曾问学生：如果给你一把绿豆和一瓶水，现方法有二：一是混和后让其发芽，二是混和后煮熟吃掉，你选什么？学生多能找准自己的方向，我则教以适当的方法。但对个别把绿豆和水都倒掉的，则一点办法也没有。

数学应该教给学生什么？前面不少教师提出了自己的观点，我也不想再多言了。

其实数学可以教给学生很多的东西，只要你用心。

记得，有年夏天回家，坐在火车上，与对面一位闲聊，正好也是数学系毕业的，谈起他的经历，说这辈子他最不后悔的就是选择了数学，因为数学教给了他太多太多的东西，无论是做人还是做事。最后，临走的时候，还补充了一句，如果不是数学，我这一个月八千元的工资肯定是没影的，那年是 1995 年。

船长

我倒觉得有的网友的观点有些悲观了。其实，不管是数学还是其他学科，学科本身是一个瓶子，至于瓶子里装什么酒，那是另一码事。以我现在的教学经历来说，我经常用例题来引导学生学习《孙子兵法》等内容，要知道那是其乐无穷的啊！而且，在教学中我运用了一些认知理论，引导学生学习如何用脑——以一道题目为例，教授学生学会解答一类题目；以一类题目的学习为例题，教授学生学会解答一门学科的题目；以一门学科的学习为例题，教授学生学会理论学习；以理论学习为例题，教授学生充分发挥自己思维的潜能，在生活中做一个成功者。

我觉得，无论哪个学科最关键的是要把学科思想以及研究方法教给学生，让学生利用掌握的方法去获取更多的知识。不过我们目前的教育是唯恐向学生传授的知识不多，将精力和时间用在向学生传授知识上，而不在教给学生如何获取知识上。

叶儿

因为高考考的是知识点！而不是思想！

whitetiger

思想怎么考？还是要从解题中体现出来！高考应该在做尝试：利用掌握的知识点，通过新颖的思路来解题。

OneIsAll

我觉得学数学不是仅仅为了懂而学，而是为了学而学的。大学四年，只是学到了一些解决问题的方法，或思维模式而已。在中学的教学中，多讲不一定有用，但不讲肯定没用，能力才是最重要的！

叶儿

我不是讲所有的知识点！而是现在教学中渗透的书外的知识点！举个例子吧！

求证：$a^4+b^4+c^4 \geqslant abc(a+b+c)$

在这里要求学生记得一个结论就行，而记不得这个结论就很难做得起来！这个结论就是属于书外的知识点！要求学生额外记的！数学难学也就是从这里开始的！

田雨

为使讨论更深入，建议大家结合新课程标准上的教学目标来进一步讨论这个问题。

whitetiger

从我个人的经历来看，应该是某个时间，突然发现自己对数学问题的反应特别快，这时才真正喜欢上了数学。

《西游记》里有描述，孙悟空听菩提老祖说法，听得手舞足蹈，菩提老祖打了他三下头，拂袖而去，而孙悟空马上就领悟了老祖的意思。应该就是这种感觉！

六分仪

学习数学一方面是为了应用，另一方面也是为了领悟数学的思想方法，提高思维能力。一个人在学校里学了许多数学知识，参加工作后，如果不搞数学专业，许多数学知识就会渐渐遗忘，但在学习过程中培养起来的能力和思想方法，将会终身受用。

田雨

在哲学层面，数学的确与佛理有很多相通之处。天下事了犹未了，何妨以不了了之？世外人法无定法，然后知非法法也。这是一个阐述佛理的对联，从数学角度理解，可以怎样解释？

Wolf · King

这好像是一种普遍现象，考试前学的，到终考就什么都不会了。所以我很想找一个方法，学数学又不会忘公式，但是我至今没有发现。

whitetiger

记忆方法有问题！看你怎么记忆公式。如果只记公式的形式，当然会很快忘记；如果记住公式的由来、推导过程，一般就不会忘了（忘了也能推导出来）；如果把公式的适用场合、与其他公式的联系、特殊的、例外的等等都联系起来，那你就不可能忘记了！总而言之，记一个点不如记一条线，记一条线不如记一张网！（不要怕多，自己整理整理，知识网是很好记的！）

宏铭

个人认为：数学知识本身固然重要，但数学能力和数学思维却更重要，例如：有序思维、发散思维、分析能力、比较能力、概括能力、抽象能力……。知识可以遗忘，但头脑中的思维和形成的能力是很难遗忘的，不是吗？所以，数学应教授的是方法、训练的是思维、培养的是能力。横四海而博大，思五洲而焉穷。

WAY0

我个人观点是：教师上数学课不应只注重讲而不去注重做练习。上数学课的时候很多教师都只注重学生是否对某道例题或某道练习懂了没有、会做了没有，而没注意到课堂的练习也是很重要的，在课堂上应该多出做几道类似的题，强调"举一反三"，这样才会让学生真正懂得去运用这个知识点。上课的时候讲太多是没用的，最重要的是练，时间的分配比例也是很重要的。

周一

学数学最好的方法是做数学！我对数学课的看法是：一定要让学生动起来！手动脑动！新版的义务教育教材，一个很大的特色就是要求学生在课堂上能动起来!新标准更是强调："非常规的教学组织方式，比较多的小组合作探究等"。我认为，数学要教给学生的，第一是如何做人，而最后也应该是如何做人。"道"以"体"载，数学是"体"。道可道，非常道，名可名，非常名！道也！德也！

刘伯温说："天机尽泄于头病之间"你的问题就是天机呀!!!

邀风同行

数学应该教什么？学什么？新课程标准不是讲得挺透彻的嘛。看来各位很幸福，不需要去参加业务考试。

hanjiechen

数学是什么?虽然有一个定义，但在具体的生活中用得好，很难!!!数学中有很多方法，现在高中生在尽力地学，做教师的也在尽力地教。具体的应教给学生一种开阔的眼界。在学习数学的过程中，提高分析问题，解决问题的能力。从不同的角度看一个问题。

田雨

我认为，数学教师应该时常反问自己："我所理解的数学是不是真正的数学？""我所教的数学是不是真正的数学？"

六分仪

是啊，数学教师要经常反思一下：什么是数学（数学的本质是什么），为什么要教数学（数学教育的目标是什么），怎么教数学（根本点是学生怎么学数学）。

冰然

我认为，学数学就是：小学学的为了初中能学；初中学的为了高中能学；高中学的为了能上大学；大学学的为了能拿文凭去教别人继续学。有点偏激了，呵呵……

田雨

冰然好幽默，不过现实中有时真的有这种倾向，值得数学教师注意。

Phoenix

是一个问题？！你真的把你数学课上学的都忘了吗？至少小学教的加减乘除，小数分数都还记得吧（估计一辈子都不会忘）。好了，现在来看：你为什么记得住小学的东西，而记不住中学的东西呢？

不同的观点会得到不同的结果！如果认为那是因为知识不断加强的缘故，那你就能完全理解为什么会有题海战术了！欢迎大家来讨论！

因为我个人觉得中小学的数学知识很简单，量很少，不太会忘的，所以不能体会到那些数学不好的人的想法！（如果有个人，看完题目，然后连题目条件都记不住，要教会他去思考，确实很困难！）

我认为这是人潜意识对知识的选择，因为实际中小学的知识就足够用了。

凤村

实用主义要有，长远观念也要有，单纯的一章节的内容难道非得去问清楚它的具体用途吗？难道我们不能提炼出里面的思想和方法吗？任何一个知识点，我们经过备课，都可以由“鱼”变成“渔”。

田雨

我发现：很多新来朋友的第一帖是在这里跟帖，足见这个问题的讨论确实吸引了很多人，也非常有意义，欢迎大家继续讨论，也请参加过讨论的朋友回来再看看别人的观点。

ddm

在学过数学之后，虽然有遗忘，但思维的方法留在大脑里。所以学数学其实是一个树立科学观念的过程。

T风清扬T

像三角函数那些公式，还有 Log（对数）全靠理解，然后就是要多做，做过之后自己就会背了！好像不用去记的!!!

阿星

教师们都说要培养学生的分析问题、解决问题的能力，可是这个能力如何去培养呢？如何教给他们学习数学的方法？我上了这么多年的学，数学成绩一直不错，可是我却不知道学数学的方法是什么？有的教师说不提倡题海战术，我也赞同，但是不做题，这种能力又如何培养呢？

宁静致远

学数学有什么用？这个问题如果是学生问的，完全可以理解；如果是教师问的，那就应该打屁股！连我们教师都不明白这一点，如何去教育学生？

我认为数学有两方面的内容，一是数学知识（包括概念、公式、定理、题目等），二是数学方法和思维。前者是后者的载体，后者是前者的目的。所以我们教给学生更重要的是第二点，学第一点是为了更好地运用和发挥第二点。许多年后学生可能把一些概念定理之类的东西忘得一干二净，但数学方法和数学思维将在他脑子里根深蒂固，对他的思维方式起着重要的作用。

教师你好

这是一个让我头疼了很久的问题，那些学不好数学的学生就考不上大学，可是大好年华也浪费了，等于一事无成。心疼这样的学生，好像社会也为此付出了很大的代价。

野枫

是的。一堂好的数学课确实很讲究授课的艺术和技巧，它是整体教学计划和教育思想的一个有机组成。应考虑由浅入深、由点及面地扩展，讲求深度、广度、信度和效度。我想大部分人都能认识到数学的作用和好处，数学课还应有简约、精确、生动、幽默的课堂语言。

新手上路 abc

我也认为主要是教学生是思维方式。但是这种方式要靠教师因势利导，把日常生活中常见的事物抽象成数学，让学生学以致用，让他们对数学产生兴趣。当然对教师的要求就高了。

这几年出现的数学建模我感觉很不错——把数学与实际相结合了。

无为教师

数学要教给学生什么？现在争论的焦点有三个:（1）数学有什么作用?（2）是教有用的知识?（3）还是培养能力？我个人认为，要回答这三个问题，首先要回答这样几个问题:（1）数学是什么?（2）数学与人类文化发展的关系如何?（3）数学能给人的个体什么?（4）人学了数学对人这个活体的心理（知识、能力、情感、态度、意识、世界观）能产生什么作用?

KK 行空 KK

个人愚见认为，数学教学不是教会学生什么，也不是交给学生什么。有人称数学为思维体操，非常有道理。数学是工具学科，在日常生活中其实只用到很少的一部分知识，有许多早就不知丢到什么地方，也不知道是猴年还是马月才会有用。数学是基础学科，在人的成长和发展中其实非常重要，而且不可缺少。数学整个知识体系实则是一个完整、科学的思维训练体系。从小学开始，是在系统开发和训练学生的思维，而非简单的记住什么和学会什么。做为教师，在数学教学中，其实主要应该把握住两点：一是帮助学生掌握适合自己的学习方法，二是提高学生学习兴趣，让其具有一种良好的学习态势，养成好的学习习惯。

（后来，网名为“大周”的朋友转贴了李大潜院士的一篇文章，为了完整，这里也将该文章转载。）

大周

我把转来的这篇文章放到这里来，说不定还有用些。

学数学目的不在定理和公式

日期：2003-11-11　作者：中国科学院院士　李大潜

如果将数学教学仅仅看成是一般数学知识的传授（特别是那种照本宣科式的传授），那么即使包罗了再多的定理和公式，可能仍免不了沦为一堆僵死的教条，难以发挥作用；而掌握了数学的思想方法和精神实质，就可以由不多的几个公式演绎出千变万化的生动结论，显示出无穷无尽的威力。

许多在实际工作中成功地应用了数学，并取得相当突出成绩的数学系毕业生都有这样的体会：在工作中真正需要用到的具体数学分支学科，具体的数学定理、公式和结论，其实并不很多，学校里学过的一大堆数学知识很多都似乎没有派上什么用处，但所受的数学训练，所领会的数学思想和精神，却无时无刻不在发挥着积极的作用，成为取得成功的最重要的因素。因此，如果仅仅将数学作为知识来学习，而忽略了数学思想对学生的熏陶以及学生数学素质的提高，就失去了开设数学课程的意义。

实际上，通过严格的数学训练，可以使学生具备一些特有的素质，这些素质包括：

（1）通过数学的训练，可以使学生树立明确的数量观念，“胸中有数”，认真地注意事物的数量方面及其变化规律。

（2）提高学生的逻辑思维能力，使他们思路清晰，条理分明，有条不紊地处理头绪纷繁的各项工作。

（3）数学上的推导要求每一个正负号、每一个小数点都不能含糊敷衍，有助于培养学生认真细致、一丝不苟的作风。

（4）数学上追求的是最有用（广泛）的结论、最低的条件（代价）以及最简明的证明，可以使学生形成精益求精的风格。

（5）通过数学的训练，使学生知道数学概念、方法和理论的产生和发展的渊源和过程，了解和领会由实际需要出发、到建立数学模型、再到解决实际问题的全过程，提高他们运用数学知识处理现实世界中各种复杂问题的意识、信念和能力。

（6）通过数学的训练，可以使学生增强拼搏精神和应变能力，能通过不断分析矛盾，从表面上一团乱麻的困难局面中理出头绪，最终解决问题。

（7）可以调动学生的探索精神和创造力，使他们更加灵活和主动，在改善所学的数学结论、改进证明的思路和方法、发现不同的数学领域或结论之间的内在联系、拓展数学知识的应用范围以及解决现实问题等方面，逐步显露出自己的聪明才智。

（8）使学生具有某种数学上的直觉和想象力，包括几何直观能力，能够根据所面对的问题的本质或特点，八九不离十地估计到可能的结论，为实际的需要提供借鉴。

数学教育本质上是一种素质教育，使学生不仅知道许多重要的数学概念、方法和结论，而且领会到数学的精神实质和思想方法，这应该是数学教育努力追求的目标，也是衡量数学教学的成效与优劣的最根本的依据.

传统的数学教学过程从一些基本的概念或定义出发，以简练的方式合乎逻辑地推演出所要求的结论，固然可以使学生在较短的时间内按部就班地学到尽可能多的内容，并体会到一种丝丝入扣、天衣无缝的美感；但是，过分强调这一点，就可能使学生误认为数学的完美无缺、无懈可击是与生俱来、天经地义的。其实，现在看来美不胜收的一些重要的数学理论和方法，在一开始往往是混乱粗糙、难以理解甚至不可思议的，经过许多乃至几代数学家的努力，有时甚至经过长期的激烈论证，才逐步去粗取精、去伪存真，最终才出现了现在为大家公认的系统的理论。因此数学教育要创造一种环境，使同学身临其境地介入数学的发现或创造过程，鼓励并推动学生解决一些理论或实际的问题。这些问题没有现成的答案，没有固定的方法，没有指定的参考书，没有规定的数学工具，甚至也没有成型的数学问题，主要靠学生独立思考、反复钻研并相互切磋，去形成相应的数学问题，进而分析问题的特点，寻求解决问题的方法，得到有关的结论，并判断结论的对错与优劣。总之，让学生亲口尝一尝梨子的滋味，亲身去体验一下数学的创造过程。否则，培养创新精神，仍不免是一句空话。

Ma sir

原帖由 叶儿 于 2003-6-26 16: 04 发表

我不是讲所有的知识点！

而是现在教学中渗透的书外的知识点！

举个例子吧！

求证：$a^4+b^4+c^4 \geqslant abc(a+b+c)$。

在这里要求学生记得一个结论就行，而记不得这个结论就很难做得起来！

这个结论就是属于书外的知识点！要求学生额外记的！

叶儿的这句话，道出了一个道理：现代认知理论强调，学生能够顺利进行问题解决，在于他的头脑中储存了足够的知识组块。

数学教师的任务就是和学生一起归纳总结这些组块，所谓组块，也就是图式。

图式不是单纯的陈述性知识，而是一种认知结构。

另外一个任务就是帮助学生记忆。

最后一个任务就是训练提取。

首先要肯定，尽管数学教师面临着诸多困难，但是他们的心态依然是积极向上的，这从参加本帖讨论的教师发表的观点中就可以看到。

梳理各位网友的观点，可以从以下几个方面进行分析。

其一：楼主发表此帖的初衷是想和各位教师共同探讨学生“遗忘”的问题，请相信这不是个案。如果读者是数学教师，请你仔细研究一下学生的“记忆”环节是否已经进入一个良性循环？所谓良性循环就是指在已经有的识记水平下，能够顺利解决新问题，或者是顺利激发新的识记。已经毕业的学生，如果他从事的工作或者学习与数学无特别的直接关系，相信随着时间的推移，他头脑中存留的数学知识会越来越少。当然也有例外，本书引言中“鳖臑”中的主人公，她高中毕业进入心理学专业学习，大学毕业后从事的依然是和数学没有任何直接关系的心理咨询工作。可是，10 多年过去了，她还能记得这个几何体，而且知道是用来复习空间垂直关系的。主帖中的感慨“刚学的知识过段时间就忘记了，才做过的题，一考试又不会了”，相信许多教师都有经历过。我们不刻意运用学习的理论去分析，主要是从图式的角度来做一个简单的思索。教师也要反思：你希望学生记住什么？如果你的侧重点是在“题型训练”或者是“模式识别”上，那么多的“题型”与“模式”，学生怎么能够记得住？就是能够记住，又能够怎么样？数学题目是变化多端的，波利亚关于解题，确实有这样的一句话“当你要解决一个新问题时，要想一想以前是否解决过一个类似的问题”，这句话的本意绝对不是要学生套用题型，而是通过这样的回忆能不能找到一些“灵感”。教师教过（或者是学生独立探索出）的一些数学知识，经过一段时间会遗忘，依据心理学观点，这是正常的。但是，终究有一些东西学生是不会遗忘的，或者说，支撑数学学科的那些主要内容，是万万不可以遗忘的。

行为主义学习理论认为，学习是刺激与反应之间的联结；认知主义学习理论认为，学习要通过主体的主观作用来实现。做为我们一线教师，应该怎么来理解这些学习理论？课程标准以及考试说明，是这样确定知识的学习层次的：了解、理解、掌握。说得再俗一些，就是明白、记住、会用。我们教师组织学生学习，肯定能很好地完成第一层：让班级的绝大多数学生明白。但是学生依然感慨：教师讲得也明白，公式定理也都记得，可是就不会解题。问题出在哪个环节？会不会是出现在“会用”的环节？于是乎，加大训练量，反复训练，归纳题型，查漏补缺，这样去做，效果未必理想，量的变化未必能带来质的变化。究竟是哪个环节？应该是第二个，也就是“记住”这个环节有漏洞。各位网友的跟贴也反映了这一点。

数学课能够给学生留下什么？绝对不是那些零散的数学知识，更不应该是人为归纳出的各种“题型”与“模式”。纵有千万模式也无法解决当前高中数学教与学存在的问题，这不是课型能够改变的现实，其主要矛盾是没有解决“数学教什么”和“给学生留下什么”。学习数学概念，除了重视来历，更要讲清楚其本质，所以主要责任还是出现在我们一直守望着的课堂上：数学教学，一定要讲图式！

第 2 章　图式理论研究综述

图式一词最早出现在康德的《纯粹性概念之图形说》一书中，他写道："此中间媒介之表象，必须为纯粹的，既无一切经验的内容，同时又必须在一方为知性，在他方为感性的，此种表象即先验的图型。"从理论来源上看，图式或多或少地受到柏拉图思想的一些影响。

康德将知识的各种形式统称为知识的先验要素，并把它们分成感性的先验要素（如时间和空间）和逻辑的先验要素。后者又可分为知性的先验要素（如原因和结果、必然性和偶然性等范畴）和理性的先验要素（如灵魂、宇宙、上帝等理念）。

然而，图式理论最初并未引起足够的重视，直到 20 世纪 60 年代瑞士教育学家皮亚杰提出"同化"和"顺应"的概念后，图式才再次引起了专家的广泛关注。

2.1　图式理论的发展概况

2.1.1　图式是什么

图式指的是什么？有的学者认为"图式是对过去的反应或经验的积极组合"；还有的学者用"框架"和"脚本"来形容图式，特别是"脚本"更形象一些。提出这个定义的学者认为"脚本是一种结构，能够描写某一特定场合中事件出现的先后顺序，一种预先决定的、原型化的动作序列，定义了一个熟知的场景"；后来又有心理学家把图式看作包含动作结构的运思结构在内的从经验到概念的介物；研究人工智能的专家还给出了更直观的解释：图式是以等级次形式储存于长时记忆中的一组"相互作用"的知识结构或构成认知能力的"建筑砌块"。而百度词条是这样解释图式的：当人进入一个熟悉的环境，就可能根据记忆中原有的知识进行相应的思维或行动反应。比如我们看到在一个台子上有两名壮汉挥舞着拳头攻击对方，而周围有许多人观看，依据我们原有的认知结构（cognitive structure）可以知道这是在进行拳击比赛，如果我们还具备对拳击比赛规则（进一步的认知结构）有一般的了解，我们还可以进一步欣赏比赛，否则就只看到台上台下的"野蛮"行动了。这个例子说明我们会自然地把个别刺激物放在一个预存的认知结构，即图式中去认识。图式就是存在于记忆中的认知结构或知识结构，所以我们把每个人头脑中都存在的大量的对外在事物的结构性认识称为图式（schema）。图式是对我们生活中的事物的大量个别事例的抽象，图式总结了这些事物的重要特征。这些图式很像自然分类，它们包含一些事物的某些特征和品质，但通常并不是清楚界定的绝对的归类，比如树的种类有很多，但一般都包括树干、树冠、枝叶甚至花果等特征。当人们看到一棵从未见过的“树”时，虽然不知道它的种类和名称，但是基于头脑中一般的图式，可以很快断定是“树”而不是别的东西，当然越接近头脑中原型的越容易断定，比如高大的乔木比矮小的灌木更接近原型，也更容易判断。图式不仅包括对事物的概念性认识，也包括对事物的程序性的认识，比如对婚礼形式的认识、对会议形式的认识，以及对于商务谈判过程的认识等。

2.1.2　图式学说

现在人们习惯将瑞士心理学家皮亚杰的理论称之为图式学说，以纪念他对图式理论的贡献。

在皮亚杰的发生认识论中，图式是一个特别重要的概念。他首先认为，心理结构的发展涉及图式、同化、顺应和平衡。在四个概念中，皮亚杰把图式作为一个核心的概念提出来。如他为马森（P.H.Mussen）主编的《儿童心理学手册》所写的“关于认知发展理论”中把图式这一概念作为最基本的概念。什么是图式？皮亚杰认为，图式就是动作的结构和组织，这些动作在相同或类似环境中由于不断重复得到迁移或概括。主体为什么会对环境因素的刺激做出不同的反应，这是因为每个主体的图式不同，以不同的内在因素去同化这种刺激，做出不同的反应。图式最初来自先天遗传，以后在适应环境的过程中，图式不断地得到改变，不断地丰富起来，也就是说，低级的动作图式，经过同化、顺应、平衡而逐步结构出新的图式。同化与顺应是适应的两种形式，而同化和顺应既是相互对立的，又是彼此联系的。皮亚杰认为，同化只是数量上的变化，不能引起图式的改变和创新；而顺应则是质量上的变化，促进创立新图式或调整原有图式。平衡，既是发展中的因素，又是心理结构。平衡是指同化作用和顺应作用两种机能的平衡。新的、暂时的平衡，并不是绝对静止或终结，而是某一水平的平衡成为另一较高水平的平衡运动的开始。不断发展着的平衡状态，就是整个心理的发展过程。

后来皮亚杰在《结构主义》一书中曾指出，思维结构有整体性、转换性和自调性三要素。结构的整体性是说结构具有内部的融贯性，各成分在结构中的安排是有机的联系，而不是独立成分的混合，整体与其成分都由一个内在规律所决定。结构的转换性是指结构并不是静止的，而是有一些内在的规律控制着结构的运动和发展。结构的自调性是说平衡在结构中对图式的调节作用，也就是说，结构由于其本身的规律而自行调节，并不借助于外在的因素，所以结构是自调的、封闭的。

按照皮亚杰的观点，认识发生、发展于主体和客体之间相互作用的过程中。

如果我们对活动和图式纳入主体与客体相互作用的过程加以考察，可以这样认为，在这个过程中，活动是过程的内容，而图式则是在过程中形成起来的并组织活动的形式结构。

皮亚杰将图式分为初始图式、初级图式、高级图式等不同的发展水平。初始图式主要是遗传性的图式或反射图式。初级图式主要是指感知——运动图式、习惯等。高级图式主要是指运算图式、智力图式、思维结构等。那么图式是怎样由低级向高级发展的呢？皮亚杰说："从行为（不管它们是多么简单）引起一种自发的努力，并自模式化起，图式就诞生了。"他认为，儿童的认识发展是由最初遗传下来的几种简单的动作图式（如吸、抓、握图式），在外部世界的相互作用下，经由同化和顺应双向建构，发展到个体复杂的认知图式。随着图式的不断增多和复杂化，图式的发展水平也不断提高，进而发展出多种图式的协同活动，表现为人的心理水平由低级向高级发展。

要深入地理解图式的发生和发展问题，还必须了解皮亚杰对主体和客体在图式发展中的作用的看法。对于客体的作用，皮亚杰说："由于图式始终是从经验中提炼的，图式的相互同化或组合无论多么精练，只不过表示一个过去经验过的显示或者未来将要经验的现实。"他肯定图式的形成依赖于客体，依赖于客体提供的经验材料。然而，皮亚杰也非常重视主体的作用。他指出："经验不是能阐明图式分化的唯一原因。因为，图式还可以通过自身的协调而增加。"他针对把逐步建构的图式完全归功于外部环境的观点，特别指出："当然，每个动作图式的内容都在一定程度上依赖于外部环境，在一定程度上依赖于它所依附的客体和事件。但是，这并不表明图式的形成和功能不依赖于内源因素……图式始终包含由主体（或机体）进行的动作，它们不是从客体或环境的特性中派生出来的。"所以，皮亚杰特别强调："凡涉及智力的地方，运用图式及建构图式的方式，都以主客体之间连续的相互作用为前提。"总之，图式在主体与客体的相互作用中产生，在主体与客体的相互作用中发展，这就是皮亚杰的图式学说。

2.1.3 现代图式理论

图式理论经由布鲁尔和特里耶斯得到进一步发展。20 世纪，信息科学以及计算机技术的日益成熟又为图式理论的进一步深化提供了契机。明斯基、安德森和鲁梅哈特是现代图式理论的代表人物。

尽管不同的学者对图式的定义不尽相同，但都认为，图式是可以表征客体事物及其关系的知识结构或心理结构。一个普遍的共识就是：图式是个体的知识结构，它对输入的新信息进行选择、组织，并将其整合到一个有意义的框架中，以促进对信息的理解。

必须清楚，图式是大脑中的知识结构，它有别于学科的知识结构或教材逻辑体系所体现的知识结构。例如奇函数的概念图式，不仅仅是它的定义，而是围绕这个概念的信息组合。它们的差异主要表现在以下方面：①表征方式不同，教材中的知识主要是以语言文字的方式详细表达的，而头脑中的图式是以语义的方式简约表征的；②构造方式不同，教材中的知识逻辑性强，而头脑中的图式会松散一些；③系统性不同，教材中的知识是系统的，而头脑中的图式由于遗忘，常常缺乏系统化；④熟练程度不同，头脑中的图式有熟练程度问题，但是教材中的知识不涉及熟练程度问题。

关于图式，有一种比较形象的解释：槽（slot）。知识被储存于“槽”中，槽与槽之间又存在着相互联系的信息，许许多多的槽结合在一起构成图式。仍以奇函数为例，它的图式包含有代表“图像特征、文字语言描述、符号语言描述、典型奇函数”等众多的槽，这些槽就像存放物品的格子一样，由特定的信息或属性所填充。

学习的过程就是新图式的形成以及精制过程，这与建构主义学习观是一致的。当学生面对新的学习任务时，受情景中信息的激发，储存在长时记忆中的图式被激活，特定的信息被填充到图式的槽当中。在激活图式的过程中，部分可以激活整体，整体也可以激活部分。如果某一整体图式被激活，部分之间也可能相互激活；如果几个部分同时被激活，则激活整体图式的可能性更大些。

例如，2011 年湖南高考数学试题：

对于 $n\in\mathbf{N}^*$，将 n 表示为 $n=a_0\times2^k+a_1\times2^{k-1}+a_2\times2^{k-2}+\cdots+a_{k-1}\times2^1+a_k\times2^0$，当 $i=0$ 时，$a_i=1$，当 $1\leqslant i\leqslant k$ 时，a_i 为 0 或 1。记 $I(n)$ 为上述表示中 a_i 为 0 的个数，(例如 $1=1\times2^0$，$4=1\times2^2+0\times2^1+0\times2^0$，故 $I(1)=0,I(4)=2$，则

（1）$I(12)=$______　（2）$\sum\limits_{n=1}^{127}2^{I(n)}=$______

当学生充分阅读题目后，储存在长时记忆中的关于“二进制”的图式被激活。要想顺利解决此问题，需要“填充”另外一些“槽”。观察式子的结构特征可以联想到等比数列或者是由特殊到一般的推理方法等等，这样整体图式才有可能被激活。

作为表征知识的一种结构，图式具有一些明显的特征。在加涅看来，图式具有以下几个特征：①图式含有变量，图式中的一些槽保存的属性会随着个体认识的深入而发生变化。例如奇函数的学习，随着学习的深入又会将正弦函数纳入其中。②图式可以按层级组织起来，也可以嵌入另一个图式中。如正弦函数的图式又会嵌入奇函数的图式中。③图式可以促进推论。例如，在个体储存了等差数列的图式后，他根据对等差数列的了解，就可以推论出等比数列的相关知识。

图式的功能主要体现在以下两个方面：

1. 对个体信息的选择和过滤作用。

个体信息的加工并非是被动接受的过程，而是主动建构知识。每个人的认知

图式存在差异，即便是面对同样的信息，建构的结果也会不同，这是因为图式对信息有选择和过滤的作用。例如，在解决数学问题时，问题解决者一方面基于已有的问题图式，对问题中的信息有选择地整理、内化和吸收；此外，他还不断地从自身储存的信息中选择最适合的部分来解释数学问题的有关内容，问题图式还会过滤掉那些与解决问题无关的信息。

2. 推理与预测作用。

鲁梅哈特认为图式如同理论一样具有推理和预测作用，使用正确的理论可以对那些未被观察到的事物做出令人折服的推理。同样，图式在具体化过程中解释的想象往往是我们的感官所不能达到的，它使我们对知识的理解超出了个体所能够观察的范围。图式使得学习者有能力透过材料中的信息进行推理。依靠图式的层次结构，学习者能够按照某种有序的方式搜寻到某些槽的特定信息，使之能够应用到新信息的学习中。当记忆中出现空隙，图式还能够产生关于缺失信息的假设。

图式的种种功能，都清楚不过地表明个体主动建构知识的过程，在这个过程中，学习者利用先前的知识和经验去理解和整合知识。换句话说，你能够学到什么，这在很大程度上取决于你具备了什么样的图式，图式的重要作用可见一斑。

加涅认为，认知图式的获得必须通过一系列产生式活动才能得到。在这一个过程中，个体从事的工作是抽取这一范畴的最为典型的特征组合，关于这一点，安德森曾经指出，人对环境中各种特征间的相关有着一种基本的敏感性，他们能够注意并记住在这一范畴中哪些特征组合往往会连同出现，并围绕这些相关的特征来建立起有关这一范畴的图式，即人的头脑中保留这一范畴的若干特征的一套完整的记忆组织，而对这一范畴的一些无关全局的方面则不予保留或记忆，这种说法称之为特征组合说。此外，一些对特征组合说持怀疑态度的学者提出了样例的观点，大量事实证明，样例可以有效促进图式的形成与精制。也正因为如此，有些教师认为图式就是强调一种解题模式，这是不恰当的。

合理的教学措施能够促进图式的形成，支持图式形成的措施有：①给工作记忆（对信息进行暂时加工和贮存的能量有限的记忆系统，在许多复杂的认知活动中起重要作用。）提供支持。图式的形成过程需要一定的记忆，这可能会加重记忆负担。为此，认知心理学家提出了一些可供广泛采纳的建议。第一，同时或相继呈现图式的实例。对于要形成某些有时间上的连续性而不能同时呈现其实例的图式，最好是连接呈现其实例。例如，学习偶函数概念时，应该先复习（回忆）奇函数的图式。第二，即使教师或教材已经呈现了实例，有时学生可能还不会进行比较，因为在他们的工作记忆中，充满了方方面面的细节，在这种情况下，教师可以要求学生说出（写出）有关实例的相似之处。例如在学习椭圆、双曲线时，可以启发学生研究这两个曲线的相似之处，譬如离心率的表达式等。②选择在无关特征方面广为变化的样例。在图式的形成过程中，学生需要从各个样例中发现它们的共同成分，如果呈现的样例中尚有不属于图式的相同成分，那么所形成的图式便会过于局限。例如一个简单的图式“二元二次方程 $x^2+y^2+Dx+Ey+F=0$ 表示什么曲线？”在形成它的图式时，就要例举可能表示点也可能不表示任何曲线的情况，防止学生认为凡是这种方程都表示圆。③鼓励学生自己提出样例。学习的主体是学生，在图式的形成过程中更要强调自主学习。如果学生能够独立提出样例，将有助于对正在学习的概念进行多角度加工，加深对概念的理解。

形成的图式必须经过精制。支持图式精制的教学措施有：①合理地选择和安排图式的反例。因为反例最有利于向学生传递与别的范畴相区别的信息，有利于学生从已经初步形成的图式中排除无关特征的干扰。而且最好是将图式的正例与反例同堂呈现，便于学生识别、区分两种情景的关键之处。②“诱导”学生主动误用图式，使学生认识已有的图式不能适用意外的情景，从而激发他们寻找其中的原因。例如当学生形成抛物线概念图式以后，可以反问“到定点以及定直线距离相等的点的轨迹一定是抛物线吗？”

在图式的形成和精制过程中，例子的选择和安排非常重要。考察大量实例，无疑需要教师和学生付出更多的时间和精力，若不提供实例，仅告诉学生图式的定义，学生是否就不能获得图式？有学者做过研究，结果发现，无论是概念学习还是图式学习，在仅呈现定义和呈现定义后再增加考察实例的对比实验中，处于后一教学条件下的学生，在概念分类测验以及图式使用时，其成绩均超过前者。如此看来，列举合适的实例再辅以有效语言指导的教学方式，在教学中有着明显的优势。例如在二项分布的教学中提供这样的实例：某同学骑自行车上学路上要经过 6 个红绿灯路口，他在每个路口遇见红灯的概率都是 $\frac{1}{3}$。①如果他仅在第一、三个路口遇见红灯，计算概率；②如果他遇见 2 次红灯，计算概率。

2.2 国内图式理论研究简介

国内对图式理论的研究，大致可以分为以下三个阶段：

第一阶段（1980—1990 年），理论介绍阶段。研究内容主要是对图式的介绍和解读，涉及的学科主要是哲学。

第二阶段（1991—2000 年），理论介绍与应用并存阶段。人们除了对理论继续引进和介绍外，已意识到图式理论的应用问题，开始把图式运用到阅读、翻译等领域，但研究的方法主要是思辨性的，涉及的学科领域也从哲学扩大到心理学、认知科学和外语教学。

第三阶段（2001—2011 年），理论应用阶段。这一阶段图式的研究者数量急剧增加，并且图式的研究逐步从理论介绍到理论的应用，尤其是在外语教学方面的应用，且研究方法趋于严谨。

图式理论在中学教学领域的应用，除了外语教学方面比较成熟以外，其他学科的研究都比较单薄。至于在中学数学方面的应用，通过中国知网（http：//www.cnki.net）的检索能够搜索到的文章也不多，其中喻平、单墫以及王兄等人的研究比较深入。

第3章 基于图式的数学学习理论

图式是一种高级的学习策略。有研究结果表明，个体图式学习策略的形成是十分重要的。一方面，它有利于知识结构化。结构化的知识可以被浓缩成框架，组成网络，容易记忆。另一方面，它能优化学生的认知结构。被优化的认知结构使所储存的知识都是“产生式”的，知识节点间具有高度组织化，易于激活，便于迁移。在数学问题解决中，图式策略使个体探究问题的张力扩大、指向性增强，提高了探索正确解题方案的效率。此外，图式教学策略重视学生完整的知识结构的建构与活化，并因此能够削减因为知识难度所带来的认知障碍。

3.1 图式与APOS学习理论

APOS 学习理论是美国数学教育家杜宾斯基提出的理论，它以建构主义为基础，核心是引导学生在社会实践中学习数学知识，分析数学问题情景，从而建构属于他们自己的数学思想方法。

杜宾斯基认为，学生是透过心智结构来学习数学概念的，如果他的心智结构很完善，那么几乎就能很自然地学到数学概念，反之，相关的学习就会很困难。

数学教育理论应该致力于“学生是如何学习的”以及“什么样的教学计划可以帮助这种学习的理解”，而不仅仅是陈述一些事实，这是APOS学习理论的出发点。

APOS学习理论认为：数学知识是个体在解决所感知到的数学问题的过程中获得的。在此过程中，个体依次建立了心理活动（action）、过程（process）和对象（object），最终组织成用以理解问题情景的图式结构（schema）。

操作（action）（活动）阶段，是学生理解概念的一个必要条件，通过操作、活动，让学生亲身体验、感知问题的直观背景以及与生活现实之间的联系。

过程（process）阶段，是学生对操作、活动进行思考，经历思维的内化、整合的过程，学生在头脑中，对活动进行描述和反思，抽象出概念所特有的性质。

对象（object）阶段，是通过前面的抽象，认识了概念的本质，对其赋予形式化的定义及符号，使其达到精致化，成为一个具体的对象，并在以后的学习中，以此为对象去进行新的活动。

模型（schema）阶段，需要经过长期的学习活动来逐步完善。起初建立的概念模型包含反映概念的特例、抽象过程、定义以及符号，经过学习建立起与其他概念、规则、图形等的联系，在头脑中形成综合的心理图式。

以上四个环节的具体表现可以是阶段性的，也可能是循环进行的。下面我们通过几个案例来进一步理解 APOS 学习理论。

案例 1：奇函数图式的形成

1. 操作阶段

首先要有适当的活动或操作，出示函数图像 $f(x)=x^2$，$f(x)=\dfrac{1}{x}$。观察一些具体的点(1，1)，(−1，1)，…，通过操作，理解奇函数的意义。

2. 过程阶段

由特殊到一般，通过上述操作活动归纳奇函数本质：横坐标互为相反数，那么纵坐标也互为相反数。

3. 对象阶段

引入数学符号 $(x,f(x))$，$(-x,f(-x))$，产生了一个具体的代数表达式（对象）：$f(x)+f(-x)=0$，用以判断一个函数是否是奇函数。

4. 模型阶段

经过后续的学习，逐步了解两个奇函数的简单运算（加减）是否还是奇函数等等，就可以初步形成关于奇函数的图式。

案例 2：诱导公式图式的形成、精制

1. 操作阶段

将锐角 α 放在坐标系中，始边与 x 轴的正半轴重合，终边在第一象限内。依次作出角 $-\alpha$, $\pi+\alpha$, $\pi-\alpha$, $2\pi-\alpha$, $\dfrac{\pi}{2}-\alpha$, $\dfrac{\pi}{2}+\alpha$ 的终边，观察 $\sin\alpha$，$\cos\alpha$，$\tan\alpha$ 值之间的关系。

2. 过程阶段

学生能内化上面的过程，将锐角推广到任意角，并能归纳出诱导公式。

3. 对象阶段

进一步抽象，概括出“奇变偶不变，符号看象限”这一对象。

4. 模型阶段

“奇变偶不变，符号看象限”属于高度概括下的产物，在实际应用中还要将其内化成更容易提取的图式，即需要精制才能形成综合的心理图式。

例如计算 $\tan 240°$，图式得到精制的学生可能是这样计算的：$240°$ 与 $180°$，$360°$ 比较，更接近 $180°$，与其相差 $60°$。而 $\tan 60°=\sqrt{3}$，再联系到 $240°$ 在第三

象限，那么 $\tan 240° = \sqrt{3}$。

可以这样说，APOS 学习理论十分重视图式的形成过程，但是对图式的精制缺乏有效的指导。

3.2　图式与 CPFS 结构理论

CPFS 结构说是喻平、单墫两位学者提出的一种根植于图式的关于数学学习的理论。（CPFS 是概念域（Concept Field）、概念系（Concept System）、命题域（Propsition Field）以及命题系（Propsition System）的英文缩写。）

概念 C 的所有等价定义的图式，叫做 C 的概念域。如果一组概念 C_1，C_2，⋯，C_n 满足：$C_1R_1C_2R_2C_3R_3 \cdots R_{n-1}C_n\ R_{n-1}C_n$（*），其中 $R_i(i=1,\ 2,\ 3,\ \cdots,\ n-1)$ 表示弱抽象、强抽象或广义抽象这三种数学抽象关系中的一种，那么称（*）为一条概念链，记为 $\lambda=\{C_1,\ C_2,\ C_3,\ \cdots,\ C_n\}$。如果两条概念链的交集非空，则称这两条链相交。如果 m 条概念链中的每一条都至少与其余的一条链相交，那么称这 m 条链组成的概念网络的图式为概念系。

具体地说，概念域的含义是：一个概念的等价定义（知识）在个体头脑中形成的知识网络，是个体数学认知结构的组成部分。这些对同一概念的等价描述均属知识点，它们之间存在逻辑等价（或称等值抽象）的关系。

与命题 A 等价的命题集的图式叫做 A 的命题域。在一个命题集中，其中任意一个命题都至少与其他某一个命题有“推出”关系，就称这个命题集的图式为一个命题系。

如果一组命题 $A_1,A_2,A_3,\cdots,A_n$ 存在推出关系（广义抽象）：$A_1 \Rightarrow A_2 \Rightarrow A_3 \Rightarrow \cdots \Rightarrow A_n$，则称为一条命题链，记为 $\lambda=\{A_1,A_2,A_3,\cdots,A_n\}$。如果 m 条命题链中的每一条都至少于其余一条相交（交集非空），那么称这 m 条链组成的系统为半等价命题网络。一个半等价命题网络的图式称为命题系。显然，命题系是命题域的自然推广，命题域往往作为某个命题系的子图式。

命题域的含义是：它是个体头脑中的命题网络，也是个体数学认知结构的组成部分，该网络中的所有命题在逻辑意义上是等价的。命题域是命题网络在个体头脑中的储存方式，因而与命题网络的组织形式有关。命题域中的典型命题往往构成命题域的核心，是个体在应用命题时最容易提取的因素。

与 APOS 学习理论比较，可以发现 CPFS 结构学说侧重于图式的组成成分，同时也积极地提出了图式精制的一些策略。

由于 CPFS 结构中的知识点之间具有某种抽象关系，而这些抽象关系本身蕴涵着思维方法，所以 CPFS 结构既包含了表征陈述性知识的图式，又包含表征程序性知识的产生式系统。因此，CPFS 结构是一种优良的数学认知结构，它具有知识与方法的复合性。

鉴于 CPFS 结构的培养与概念域、概念系的形成有密切的关系，那么在概念教学中，十分有必要帮助学生建立相关的概念结构。通过调查发现概念教学中出现的问题主要表现在以下四个方面：重形式定义，轻意象表征；重概念的语义分析，轻概念的形成过程；停留在单一概念的层面上，对数学概念的二重性认识不足；缺少概念理解的层次观。学生概念学习存在的问题表现如下：学生对数学概念理解不透彻，不会灵活运用概念解决问题；不能把握数学概念的本质；无法把握概念与概念之间的联系，也就没有形成概念域或概念系。数学教学把概念割裂析出，一个一个孤立地学习。看起来学生很容易学习，很容易理解，实际上学生并没有学习到概念的本质内容与深层意义。

下面我们通过具体的案例来体现 CPFS 结构理论在教学中的应用。

案例 1　椭圆定义教学设计（片段）

通过学生活动，归纳出椭圆定义：平面内的点 P 到两个定点 F_1，F_2 的距离之和为常数（小于 $|F_1F_2|$），那么点 P 的轨迹为椭圆。

接下来配置一组练习：

在△ABC 中，边 AB=6，周长为 16，研究点 C 的轨迹形状；

已知圆 O 半径为 A，A 为其内部一点。点 P 在圆周上运动，线段 AP 的垂直平分线与半径 OP 交于点 M，研究点 M 的轨迹形状；

动圆 P 与圆 $C_1:(x-3)^2+y^2=1$ 外切、与圆 $C_2:(x+3)^2+y^2=100$ 内切，研究点 P 的轨迹形状。

通俗地讲，CPFS 结构就是围绕一个主题的一系列问题链。传统的椭圆教学可能是在得到其定义之后立刻进入轨迹方程推导阶段，这种做法的直接后果是冲淡了椭圆概念的学习，中途废止了其概念图式的形成过程。

华南师范大学何小亚教授认为“数学问题解决应该具有足够多的知识组块”，那么这样来设计椭圆定义的教学，无形中就将一个关于椭圆定义的知识组块（图式）呈现在学生面前。

案例 2　函数单调性（减函数）教学设计（片段）

出示材料（函数图像等）供学生活动；

观察图像特征（由文字叙述逐步过渡到使用数学符号）；

抽象出减函数定义（图式产生）；

图式精制。

这里，会出现一系列关于减函数的等价定义：

函数 $f(x)$ 在区间 (a, b) 上单调递减 $\Leftrightarrow$ 函数值随着自变量值的增大而减少（文字叙述）$\Leftrightarrow x$ 越大 $f(x)$ 越小（半文字半符号叙述）$\Leftrightarrow$

对任意的 $x_1, x_2 \in (a, b)$，若 $x_1 > x_2$，则 $f(x_1) < f(x_2) \Leftrightarrow$

对任意的 $x_1, x_2 \in (a, b)$，若 $f(x_1) < f(x_2)$，则 $x_1 > x_2 \Leftrightarrow$

对任意的 $x_1, x_2 \in (a, b)$，且 $x_1 - x_2$，则 $x_1 \neq x_2$ 与 $f(x_1) - f(x_2)$ 符号相反 $\Leftrightarrow$

对任意的 $x_1, x_2 \in (a, b)$，且 $x_1 \neq x_2$，则 $\dfrac{x_1 - x_2}{f(x_1) - f(x_2)} < 0$。

对于图像上任意两点 $(x_1, f(x_1)), (x_2, f(x_2))$，经过这两点的直线斜率为负数，即 $\dfrac{x_1 - x_2}{f(x_1) - f(x_2)} < 0$。

学习完导数后，减函数图式可以得到进一步精制：

经过图像上任意一点的切线斜率为负数，导数值 $f'(x) \leqslant 0$。

这就是说，减函数的概念图式除了图像特征以外，还应该有由上述这些等价的定义组成的概念域。当学生建立起概念图式并得到精制后，再进行后续的教学（如利用定义证明单调性）。

APOS 学习、CPFS 结构是图式应用到数学学习中的两种非常实用的理论。前者强调数学图式的产生过程，这个过程首先要给学生提供丰富的供感知的材料，强调活动、注重过程，体现学生是主体的理念，同时也没有淡化教师的主导作用，因为对象与模式阶段只有通过教师的点拨才能顺利进行。后者再次确认良好的认知结构与图式是密不可分的，概念教学以及解题教学必须要让学生真正懂得其中的内涵，CPFS 结构理论的产生，更有利地支撑了“一题多解、一题多思、多解归一”以及“题组教学”或者“变式训练”等具体的教学策略。所以我们说，APOS 学习、CPFS 结构是相辅相成的，在常规教学中如果能够将两者综合使用，一定会有非常好的效果。

3.3　图式与孔子学说

孔子论学，讲究立志、博学、审问、慎思、明辨、时习、笃行。关于博学，孔子主张“博学于文”，还提倡多闻多见。关于慎思，孔子主张不能停留在“闻”和“问”的水平上，要提高“思”的水平。

在数学教学中，有的教师坚持这样一个观点：让学生见多识广，在组织训练材料的时候喜欢选取那些学生从来没有见过的类型，认为这样做就可以弥补学生认知上的不足。事实上学生的头脑不是简单的装盛“东西”的容器，这样做不仅学生记不住，而且反而会加重他们的心理负担，进一步丧失学习数学的积极性。

这种观点是对孔子学说的片面理解，那么应该如何诠释呢？

随着世界各地崇尚孔子的风气愈演愈烈，人们也逐渐认识到其学说之伟大所在。孔子是教育理论奠基人的事实是无可争辩的，他的思想至今依然有普遍的指导意义。

图式与其他现代教学理论一样，不过是从另外一个角度对孔子学说的解释而已。

“博学、审问、慎思、明辨”其实就是图式的形成与精制的过程，与现代图式理论的核心内容操作、过程、对象、模型是遥相呼应的。

《中庸》二十章讲到：“博学之，审问之，慎思之，明辨之，笃行之。”实际上说的也是学习的四个层次，或者是四个递进的阶段。

所谓“博学”，不是简单的题海战术，是对问题进行不同角度的观察和理解，例如数学概念，我们要对其进行适当地发散，运用各种语言描述它。这就如同人类之间的交往，如果一个人，你只记得他的名字，其余没有了解，你怎么会熟悉他？要想熟悉他，你就要了解他的其他情况，包括生活、工作等，这样才能作为对一个人的了解，因此“博学”是学习的第一阶段。越过“博学”，学习就是无根之木、无源之水。没有学生的亲身经历与操作，就是机械地学习。

“审问”是学习的第二阶段，有所不明就要刨根问底，要对所学加以怀疑，疑过之后要用所学的知识进行考察、分析，否则所学不会被自己所用，这就是“慎思”“明辨”。有了前面的铺垫，就可以顺利进入“笃行”阶段，这是学习的最高境界，头脑中已经形成并得到精制的图式就可以在实践中得到应用。

因此，我们说现代图式理论是孔子学说的延伸。无论是 APOS 学习理论还是 CPFS 结构学说，都可以认为是对孔子教育理念的具体诠释。

3.4 图式与布鲁姆目标分类学

首先我们来看数学知识的构成。数学概念的图式应该包括陈述性知识和程序性知识和策略性知识。陈述性知识是指个人通过有意识地提取线索而得到的能直接陈述的知识，是用来描述世界，回答“世界是什么”等问题的知识。程序性知识是个人不能有意识地提取线索，只能借助某种作业形式间接推论其存在的知识。程序性知识是一套办事的操作步骤，是关于“怎么办”的知识。策略性知识是指学习者在学习情境中对任务的认识、对学习方法的选择和对学习过程的调控。它是由学习方法、学习调控和元认知等要素构成的监控系统。

举个例子，高一必修 2《空间垂直关系》中关于线线、线面、面面垂直的定义、公理、定理等属于陈述性知识，对于中下等学生来说，这些陈述性知识即使记得，也很难用之解决问题（或者很困难），因为他们的图式中缺乏程序性知识，更无策略性知识。经过对这些陈述性知识的重新整合，就会产生关于垂直的程序性知识，它是以“一条直线如果垂直于三角形两条边，则必然垂直于第三条边”作为表征。在具体的问题解决中，这个程序性知识的使用应该是最频繁的，也是最有效的。在这里，策略性知识就是一个“组块”：四个面均为直角三角形的三棱锥，它囊括了几乎所有的垂直关系，包含有解决垂直问题的方法以及解题思路的筛选，更重要的是可以优化元认知。

布鲁姆的教育目标分类学将教育目标分成三个领域：认知领域、情感领域和动作技能领域。在其中的认知领域，将学习归结为四类知识的学习，这四类知识如下：

（1）事实性知识：知晓一门学科或解决学科中的问题所必须获得的基本成分，其中又分术语知识和具体细节与要素知识。

（2）概念性知识：能使各成分共同作用的一个大结构中基本成分之间的关系的知识，其中又分分类知识、概念和原理知识以及理论、模型和结构知识。

（3）程序性知识：知晓如何做事，探究方法，运用技能、算法、技术和方法的标准，其中又分特殊学科的技能和算法知识、特殊学科的技术和方法知识、决定何时运用程序的标准的知识。

（4）元认知知识：一般认知的知识和有关自己认知意识的知识，其中又分策略性知识、关于任务的知识、自我知识。

作者认为，学生学习任何学科的知识（相当于智育）都可以归结为以上四类知识的学习。这样教师就不必在广义知识之外去发展学生的能力（即观察力、记忆力、想象力和思维能力）了。

但是在实施教学之前，上述知识是外在于学习者的，是被列入课程的人类共享的知识。教学的任务就是使这些外在的知识转化为学生个体的知识。学生个体获得外在知识的过程要经历记忆、理解、运用、分析、评价和创造这样由低至高的六级水平的认知过程。每一类知识的掌握都可按上述认知过程的水平加以划分。这样就构成了认知领域知识类型与认知过程两个维度的目标分类表，见表3-1。

表3-1

知识类型	认知过程					
	1. 记忆	2. 理解	3. 运用	4. 分析	5. 评价	6. 创造
A. 事实性知识						
B. 概念性知识						
C. 程序性知识						
D. 元认知知识						

运用图式理论以及有关的数学学习心理表征特点，我们可以认为，布鲁姆的

教育目标分类学实质上就是强调高中数学教学必须把图式的形成以及精制纳入到教学目标设置中。课堂教学是“双轨制”的，作为学生的学习任务就是形成图式，并得到精制，继而能够提取。针对学生的认知过程，这里列出了 6 个层次“记忆、理解、运用、分析、评价、创造”，将其可以高度概括成“明白、记住、会用”。明白，就是主动参与图式的形成过程，理解图式是怎么产生的；记住，就是在理解的基础上对图式进行记忆，以组块的形式储存在头脑中，丰富自己的认知结构；会用，就是指在问题解决中，能够积极进行图式的提取，这里要有筛选、判断、反思、创造等思维环节，应该是学习的最高境界。

至此，对于如何将图式运用在教学中，我们应该有一个十分清晰的思路。在具体的教学中，教学目标的确定一定要指出哪些陈述性（事实性）知识需要记忆，哪些概念和原理需要运用，运用中又应该分单一概念和原理的运用，以及若干概念和原理的综合运用；或者具体指明，要形成哪些图式，精制到什么程度，哪些图式的提取训练是本节课程的主要训练目标。做到有的放矢，有了十分明确的学习目标，那么所有的学习就都有了一个主攻方向。

第 4 章　高中数学图式的理论分析

图式就是存在于记忆中的认知结构或知识结构，而数学图式除了具备这些特点之外，还应该有属于本学科特点的成分。

所谓数学图式，就是学习者在数学学习过程中，通过对输入信息表征的抽象，储存在长时记忆中的，具有框架结构的知识单元。数学图式不仅包含通过以往的认识所获得的数学知识，同样也包括日常生活所积累的与数学有关的经验性知识。

4.1　高中数学图式的分类

高中数学图式的分类比较复杂，如果依据图式的功能划分，可以分为数学概念图式、数学运算图式、数学原理图式、数学方法图式、数学问题图式、数学公式图式等。

数学概念是人脑对现实对象的数量关系和空间形式的本质特征的一种反映形式，即一种数学的思维形式，数学概念图式是指对其本质的认识。函数的零点就是一个概念图式，它是由三个等价定义组成的（概念域）：函数 $f(x)$ 的零点 $\Leftrightarrow$ 方程 $f(x)=0$ 的根 $\Leftrightarrow$ 函数 $f(x)$ 图像与 x 轴交点的横坐标。

同样，函数记号 $f(x)$ 也是一个概念图式，可惜很多教师在函数教学时没有帮助学生建立好函数记号的图式，导致学生很难进行下一步的学习。

二项展开式 $(a+b)^n$ 是一个数学原理图式，教学中除了强调它的基本特征：展开式共有 $n+1$ 项、按照 a 的降幂 b 的升幂排列、通项公式 $T_{r+1}=\mathrm{C}_n^r a^{n-r}b^r$ 等以外，作为原理型的图式，必须强调其中的 a，b 是可以被替代的。

关于数学原理的教学，一定要让学生真正理解图式的含义。例如 $f(x)=3x^2-\dfrac{1}{x}$，你必须教给学生，x 就像一只箱子，可以放入你想放的任何东西（只要它存在于定义域中）。

利用定义证明函数单调性、求任意角的三角函数值（可化为特殊角）、线性规划问题的图解法等都属于数学运算图式。而反证法、数学归纳法就是典型的数学方法图式。

数学问题图式的代表是用导数研究函数单调性（含参数）的图式，可以归纳成“定义域、有没有、有几个、要不要”，这在前面已有叙述。

任何一个数学公式都具有图式特征，即结构的稳定性、字母的可变性。例如二倍角的余弦公式 $\cos 2\alpha = 2\cos^2\alpha - 1$，它可以抽象成这样的形式：$\cos 2 = 2\cos^2 - 1$。

上述图式大都直接来源于教材中的定义、公理、定理、公式或者是一些形式比较简单的数学方法，都属于初级图式的范畴。

数学图式如果按照思维成分来划分，又可以分为发散型图式、概括型图式以及程序型图式。

发散又称“辐射”“放射”“多向”“扩散”或“求异”，是指从一个目标出发，沿着各种不同的途径去思考，探求多种答案的思维，与聚合思维相对。不少心理学家认为，发散是创造性思维最主要的特点，是测定创造力的主要标志之一。对于一些数学概念，如果只要求学生理解记忆它的原始定义，是远远不够地，这样的概念图式过于单薄。正因为如此，一些学生才会发出“概念公式都记得，但是不会解题”的感慨。有些概念只有适当进行发散，学生才能有更深入的理解。

奇函数就是典型的发散型图式，如图 4-1 所示。

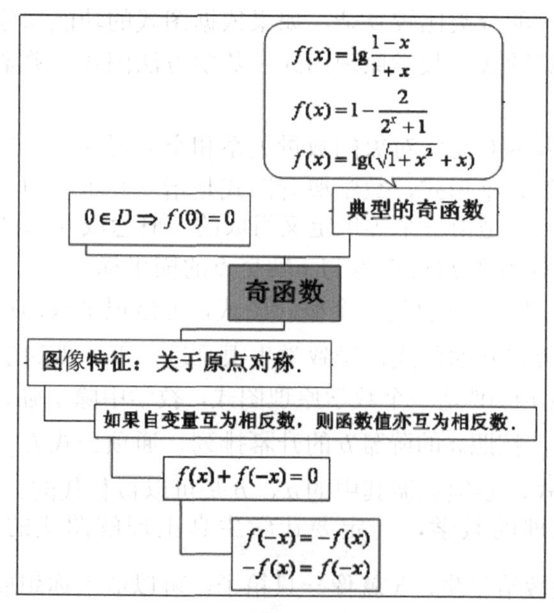

图 4-1

概括是形成概念的一种思维过程和方法。即在思想上从某些具有一些相同属性的事物中抽取出来的本质属性，再推广到具有这些属性的一切事物，从而形成关于这类事物的普遍概念。所以概括型图式就是把某一类数学知识或问题中共有的，能够起到关键性作用的概念、公理（定理）、法则、符号、图形进行提炼的结果。概括型图式必须有代表性，易于记忆，方便迁移。

例如，我们可以将空间垂直关系（线线垂直、线面垂直、面面垂直）以及二面角等内容概括到一个图式中，该图式就是四个面均为直角三角形的三棱锥。

有些图式是元认知的重要组成部分，是进行数学问题解决的思维程序，这样的数学图式我们叫做程序型图式。

例如，关于线面垂直判定以及性质的图式“如果一条直线垂直于三角形的两条边，那么必然垂直于第三条边。”首先，它可以替代“三垂线定理”（所以，是不需要学习三垂线定理的）。更重要的是，在分析探求有关垂直问题的思路时，这个图式能够起到“画龙点睛”的作用。

当然，数学图式的分类还有许多划分办法，例如有的学者将其分为初级图式、高级图式等，这足以说明高中数学图式是具有丰富内涵的“知识组块”。

4.2　高中数学图式的特征

就结合鲁梅哈特等的理论，高中数学图式应具备以下几个最基本的特征：

（1）图式含有变量。例如奇函数图式，构成这个图式的样例就是一个变量。

（2）图式之间可以镶嵌。图式的镶嵌是指一个图式可以归属到另一个比较大的图式中，这在高中数学图式中相当普遍。例如椭圆、双曲线、抛物线的概念图式最后镶嵌到圆锥曲线的概念图式中，有了圆锥曲线的统一定义。

（3）图式不能过于简单。因为过于简单的图式是不可能形成认知结构的。例如关于线面平行的概念图式，如果只有判定定理和性质定理的表面内容，遇见新问题时学生往往手足无措，因为这样的图式过于简单，至少还应该有足够的样例来支撑。

（4）图式不能复杂。图式必须有利于记忆而且易于提取，所以图式不能复杂或者信息量过多。

（5）图式可以是抽象不同水平知识的表征。图式有简单和复杂、抽象和具体、上位和下位之分。例如，函数与奇函数的图式，相对于前者，后者的图式就比较复杂，因为奇函数也是函数，函数图式是上位图式，而奇函数图式是下位图式。

（6）图式表征知识而非定义。这一点很重要，图式不仅仅含有某个概念的定义，还包括非必要特征。如椭圆概念图式，不仅包含其定义，还要有其图形特征、数量特征。

（7）图式的变化是个能动的过程。就是说图式应该是不断得到精制的，随着知识的累积，认识水平的提高，图式也就不断得到修正、完善。如关于二面角的概念图式，在必修2的学习中形成并初步得到精制，在选修课又将向量处理二面角的相关内容纳入其图式中，关于二面角的认识是逐渐变化的，这正符合螺旋上升的课程理念。

（8）图式是一种认知单元。即图式是一种认知组块，组块中应该含有陈述性知识、程序性知识以及策略性知识。组块越丰富，解决问题就越容易。

（9）语言的特殊性。组成数学图式的语言应该是丰富的，可以有通俗的文字语言、简约的数学符号、信息丰富的几何图形。要善于使用文字语言来描述图式，相对于符号来说，（本民族）语言更能概括图式的内涵，也可以更好地促进记忆。例如基本不等式$\frac{a+b}{2} \geqslant \sqrt{ab}(a,\ b \in \mathbf{R}^{+})$，用“两个正数的算术平均数不小于它们的几何平均数”来概括其图式特征就会更形象。点到直线距离公式的图式：$d=\frac{|Ax+By+C|}{\sqrt{A^2+B^2}}$，初学者往往记忆不牢或者出现应用错误，如果用一段文字语言描述“分子：将点的坐标代入直线方程的左侧。”又容易理解，而且方便记忆提取。

（10）要有典型的数学样例。样例又称例子或范例，是一种能够例说或表达较为抽象的概念原理的相对具体的实体，能够展示同一类事物性质的样本，或值得模仿的榜样。从数学教与学的角度来看，数学样例是数学问题及其解答的组合体，或者是一个数学概念、公式或原理的一个具体“实体”对象。一般来说，它可以说明一类数学问题的解法、能够诠释一个数学概念、例说一个原理或者一个公式的应用方法，即能起到例示同类问题是怎样解决的解法原理和规则的作用，又能起到解释和说明概念、原理或公式内涵的作用，更重要的是能够起到样板和示范作用。

例如，古典概型中对立事件与互斥事件的图式应该含有抛掷硬币、色子的样例，这样可以起到示范作用。

4.3 高中数学图式的习得以及应用

前面我们曾经把布鲁姆关于认知过程的 6 个层次“记忆、理解、运用、分析、评价、创造”概括成“明白、记住、会用”，体现在图式习得以及应用方面就应该是形成、精制、记忆、提取。

1. 形成

要提供丰富的材料，更要体现形成过程，实验研究表明，直接抛售图式的做法是不可取的。

2. 精制

头脑中的图式形成之后，不是一成不变的，而是不断演化的。如果用该图式来进行问题解决，必须对已经形成的图式做出扩展、限制以及修正，这就是图式的精制过程。图式的精制是一个缓慢的过程，起初建立的图式比较单薄，但随着概念的深入学习以及应用，它就会逐渐得到完善。我们来看奇函数图式的精制过程：

形成阶段：通过对具体图像观察，体会到奇函数图像的对称性。而后引入符号表达，并产生表达式的一些变式。

精制阶段 1：通过具体的函数，了解到作为奇函数，其定义域必须关于原点对称。

精制阶段 2：奇函数的判断过程本质是一个变量替代过程，用 $-x$ 替代 x，从而将其纳入数学原理的大的图式当中。

精制阶段 3：在学习了指数、对数函数之后，将典型的样例（典型的奇函数）$f(x)=\lg\dfrac{1-x}{1+x}$，$f(x)=1-\dfrac{2}{2^x-1}$ 添加到奇函数图式中，使之得到进一步扩充。

精制阶段 4：正弦函数 $f(x)=\sin x$ 这个典型样例的介入使奇函数图式进一步得到精制，得以从图像的另外特征（周期）认识了奇函数，例如，认识到奇函数也可以是轴对称图形等等。

一些图式的精制是比较长期的教学工作，这就需要教师从全局出发认真把握，有计划有针对性。了解学生的情况，循序渐进，采取螺旋上升的策略，踏踏实实地完成图式的精制。

3. 记忆

记忆是学习过程中重要的环节，六种认知过程中，布鲁姆将“记忆”列于首位，是因为“记忆”是人们对具体事物（发散型图式）和普遍原理（概括型、过程型图式）的回忆，是一切学习活动的重要环节，是达到认知目标的基础。可是有的数学教育者对此是不屑的，认为过度强调记忆会有伤“数学是思维的体操”的美誉。殊不知，很多学生就是因为忽略了记忆这一环节，导致走进数学学困生行列的。

数学学习需要记忆哪些东西？经常看到有的教师反复要求学生记忆定义、定理或者公式，甚至是默写这些内容。一次，在中国中小学教育教学网的“数学论坛”上，有网友发表了话题：数学需要默写吗？短短五六天时间有二百多人观看了此帖，其中十几名朋友发表了看法，部分看法如下：

（主帖）wongdful2011

在《立体几何》这一章，公理、推论、定理比较多。在本学期开学第一课，我就要求学生准备好“三本”，即草稿本、纠错本、默写本。当学生听说还要准备默写本时，感到不可思议，一时哗然。“学数学难道还需要默写吗？”“理科也需要默写吗？不是要理解的吗？”默写是文科的专利吗？不知道各位老师教到这一章的时候有没有让学生默写过？你认为通过默写对本章的学习有帮助吗？

（以下是部分跟帖）

Masir1981

其实，你要求学生默写，这个出发点是对的。但是如果学生只是通过默写熟记了公理以及定理，而没有进行适当的扩充，会不会有作用？例如空间位置关系的公理以及定理一共 13 条（新课程），不妨将这些进行归类，通过三种形式：文字、符号、图形组成相应的图式。

三下五除二

学习定理的第一件事就是记住它！尤其对程度较差，自觉性不太高的学生，进行公式的背诵、默写，我觉得是必要的，我也是这样做的。

Masir1981

对于数学公式以及定理这些概念，熟记是必须的，而且应该以概念图式的方式来进行储存以备提取。如果一个定理的概念图式只包含了唯一的原始形式，那么这个图式就显得过于单薄了一些。

Masir1981

如果让学生理解后再记忆奇函数这个概念，该怎么让学生来记忆呢？

三下五除二

一般老师都会让学生记忆一个典型函数吧，比如，$f(x)=x$ 或 $f(x)=x^3$？

wongdful2011

我也是让学生记忆两个奇函数作为代表的，一个是 $f(x)=x$，一个是 $f(x)=\sin x$，函数形式和图像都比较简单。

wongdful2011

对于数学默写，我并不要求学生写的要和书上的一字不差，你可以用你自己的语言对它描述，用你理解的方式进行默写。对于立体几何中的一些重要的定理一般有三种表达方式：文字语言，符号语言，图形语言。因此学生在默写的时候，我建议他们先画图，再用文字语言对其描述，然后写出相应的符号语言。谢谢 Msir1981 的提议，关于概念图式的问题，我回去研究一下先！

Masir1981

现在上高一，我是这样要求学生来形容头脑中关于奇函数的印象的：

奇函数图像关于原点对称——自变量互为相反数，函数值也互为相反数——$f(x)+f(-x)=0$——地球人都知道——学完指数对数函数后再加三个著名的奇函数。为了让学生保持长久的印象，要求他们将这些用框图连接整理在一张卡片上，经常翻阅。我也会通过谈话的形式不定期检查。谈话形式如下：关于奇函数，你还有什么印象？能否说出一二？

川木寻叶

默写？我无法相信也无法想象。

Xxal

需要的！比如那些三角函数公式：和差化积，积化和差，倍角、万能等很多公式，不默写记忆真的记不住，考试的时候推导也浪费时间！

wongdful2011

默写就像进行跑 1000 米测试一样，每学年一次测试也许对提高跑步水平和身体素质的帮助并不明显，并且过程有些累和痛苦，但它只是一种测试的手段，通过测试我们可以了解自己的跑步水平。为了测试达标，我们就必须经常跑步锻炼！至于是科学合理的锻炼，还是拼命死练，那是自己的事情。虽然不能参加奥运会，甚至是参加校运会的水平也没有达到，但是通过达标测试，总归对自己的运动水平有了明确的了解，可以促进我们去积极锻炼。

默写本身对提高学习并没有多大的帮助，学生怕默写，就是因为没有把握默写正确，对默写过程感到痛苦，而这恰好从另一个角度说明了默写的必要性。我把默写看作一种检测手段，一种了解学生学习状况的途径，一种促进学生学习的措施。至于为了默写合格，是“死记”还是“活记”，都是你自己的选择，我当然希望学生都是“活记”！毕竟一学就会，一教就会的学生很少，周围也有同事对此表示不理解，他们从来也没让学生默写过一次。我认为默写对于数学的学习，记忆和理解不但不冲突，而且还是相辅相成的，我们不应该进行人为的割裂！

一土老师

真的吗——做题时就是高纯度的默写，只是打乱了顺序，能否默写流畅，正是思维水平的体现——我认为。

川木寻叶

我相信，在眼下中国的大多数高中甚至初中，大多数学生，他们在解题时是体会不到解题的乐趣的，确实如一土老师所说，一种变式的默写，能迅速把公式写出来，提取脑子里已有的模式。

wongdful2011

解题程序的确定和解题策略的应用比默写陈述性知识更灵活，其难度更大。默写的陈述性知识是“静态知识”，是为解题操作做储备，因此个人认为解题不等于默写。

三下五除二

二者确实不同。如果解题可以看成默写的话，那默写的就是解题程序，大部分老师都会讲很多题型，每种题型的解法都有个套路，由默写说到解题是有点走题了哈。

一土老师

那是那是，不过更感兴趣——川版是怎样做就不为学生遗憾了呢？仅仅是不需要学生识记？

一土老师

那川版不妨给我透析我存在哪些问题？上课让学生背书？然后解题默写？——如此说来推理真地很怎么地啦……

一土老师

否不否定，就在对默写的理解上。

wongdful2011

“大凡生而好学为上，熏染而学次之，督促而学又次之，最下者虽督促不学。生而好学与督促不学的人究属少数，大多数得到相当熏染、督促就肯学了。现今年青人之所以不努力求学的缘故，实由学校里缺少学问上熏染和督促的力量。”默写也是基于此理，如前所述默写是检测学生的方法之一，是激励学生的手段之一，但我们也应该明白这绝不是唯一的。

……

从争论中可以看到，一些老师是主张默写的，而有的老师是极力反对这种做法。那么究竟需要不需要默写？默写有没有作用？老师们能够想到让学生来默写有关概念或公式，在潜意识中已经在帮助学生形成相关的概念图式了。但是，简单重复的默写是无太大益处的，因为默写的好处是可以帮助学生记忆图式中的陈述性知识。如果学生只是记忆了该定理的内容（陈述性知识），那么他在实践中会不会应用自如？可能即使是中等学生也会感到一些困难。

所以，默写应该是必须的，但它仅仅是数学图式记忆工作的开始。

“明白、记忆、会用”是学习的主要环节。有的学生经常抱怨：“老师，我课堂上听您讲，很明白了，可是为什么一到我独立解题却不成功呢？”影响学生数学学习水准的还有一个很大的因素，那就是数学记忆的问题。新知识新方法，理解了，那只能说明是当时明白了，那么记住了吗？倘若没有记住，谈何去利用它？记忆什么？显然就是要记忆数学图式，当然是在已经积极参与了形成过程、并明白的前提下。

记忆图式是一个很冗长而且细致的工作，必须要教师与学生通过合作共同完成。作为教师，要了解一些适用于数学学科的记忆方法，这里列举一些：

——口诀记忆法。中学数学中，有些方法如果能编成顺口溜或歌诀，可以帮助记忆。例如，一元二次不等式 $ax^2+bx+c>0(a>0,\ \Delta>0)$ 与 $ax^2+bx+c>0(a<0,\ \Delta>0)$ 的解法，这是一个运算图式，可编成口诀：“两大写两旁，两小写中间。”即两个一次因式之积大于 0，解答在两根之外；两个一次因式之积小于 0，解答在两根之内。当然，使用口诀时，必先将各个一次因式中 x 的系数化为正数。这种记忆法对低年级特别适用。

——分类记忆法。遇到数学公式较多，一时难于记忆时，可以将这些公式适当分组。例如三角公式的记忆，可以将公式分成几类：诱导公式、两角和与差的正弦（余弦、正切）公式、二倍角公式等等，再逐一去记忆，可以分散记忆难度。

——尝试记忆法。要使记忆对象经久不忘，一般来说要经过多次反复的感知。“四多”即多看、多听、多读、多写。特别是边读边默写，记忆效果更佳。例如，甲对某组公式单纯抄写四次，乙对同组公式抄写两次然后默写（默写不出时可看书）两次，实验证明，乙的记忆效果优于甲。

——静心记忆法。记忆要从平心静气开始，根据一定的记忆目标，找出适合于自己学习特点的记忆方法。比如记忆环境的选择就因人而异：有人觉得早晨记忆力好，有人感到晚上记忆力好，有人习惯于边走边读边记，有人则要在安静的环境下记忆才好等。不管选择何种方式记忆，都必须保持“心静”。心静才能集中注意力记忆，心静才能形成记忆的优势兴奋中心，记忆需从静始！

——模型记忆法。有许多数学知识有它具体的模型，我们可以通过模型来记忆。有些数学知识可有规律地列在图表内，借助于图表来记忆，这些记忆都称模型记忆。例如空间垂直关系图式的记忆，就可以通过四个面均为直角三角形的三棱锥来记忆。

——理解记忆法。知识的理解是产生记忆的根本条件，对于数学知识特别要通过理解、掌握它的逻辑结构体系进行记忆。由于数学是建立在逻辑学基础上的一门学科，它的概念、法则的建立，定理的论证，公式的推导，无不处于一定的逻辑体系之中。因此，对于数学知识的理解记忆，主要在于弄清逻辑联系，把握它的来龙去脉，只有理解了的东西才能被牢固记住。例如对诱导公式的记忆，一定要理解“奇变偶不变、符号看象限”的含义，否则即使熟记口诀也毫无用处。用好这一方法的关键，在于学习要注意理解。这种记忆办法，不仅对于数学学习，就是对于其他学科的学习都有着广泛的应用，应十分重视。

——系统记忆法。有人总结自己的经验得出：“总结+消化=记忆”，这正是根据系统记忆法的思想总结出来的。因为系统记忆法，就是按照数学知识的系统性，把知识进行恰当的比较、分类、条理化，顺理成章，编织成网，这样记住的就不是零星的知识而是一串，它往往采取列表比较的形式，或抓住主线、内在联系把重要概念、公式和章节联系串为一个整体。如应该将椭圆与双曲线的概念图式进行对比记忆，有哪些知识的表征是相同的，哪些性质是不一样的，为什么会存在区别。

——简化记忆法。根据记忆目标的特点或自身规律，使用适当方法将记忆目标简化，是减轻记忆负担、提高记忆效率的有效方法。例如，对不等式 $|a|-|b|\leqslant|a-b|\leqslant|a|+|b|$ 的记忆，针对其特征，设某三角形的三边之长分别为 $|a|$，$|b|$，$|a-b|$，由于三角形的三边关系（两边之和大于第三边，两边之差小于第三边）满足这个不等式，故给其取名为“三角形不等式”。

——联合记忆法。把具有相关意义的两个或两个以上的记忆目标，联合在一起记忆，往往比孤立地记忆其中一个还要容易。这是因为，利用它们的相关意义由此及彼地联想，经过相互印证、相互补充，必然能收到事半功倍的记忆效果。例如充分条件与必要条件、正弦定理与余弦定理等。

——意趣记忆。有意义的和感兴趣的事物容易记住，这是每个有记忆力的人的共同感受。该方法是把平淡、枯燥的记忆目标意趣化。例如，利用谐音或者生动形象的比喻等，都是强化记忆的有效方法。

——对比记忆法。该方法是将一些相似的数学材料，列出它们的相同或相异点来比较的记忆方法。例如立体几何中的一些命题，可以通过与平面几何中相似问题的对比（类比）来记忆。此外还有等差数列与等比数列的特征等。正弦曲线与余弦曲线最好的记忆方法就是在同一个坐标系中画出两个函数的图像，通过观察相似之处与区别来进行。

——逻辑记忆法。该方法是按照知识的顺序、层次、系统列出某单元知识结构图，根据知识结构图逐步分层记忆，可提高记忆的效率。例如，三角函数的和差角公式以及二倍角公式，就可按证明过程的逻辑先后顺序列出公式结构图帮助记忆；同角的三角函数间的关系可根据三角函数线利用单位圆来帮助记忆。

——交替记忆法。该方法就是把不同的学习内容、不同的学科互相交替记忆；把学习和休息、学习和体育锻炼互相交替，这样可以提高大脑的记忆力。

——分步记忆法。在数学图式的学习中，也可移植丰子恺先生的“二十二遍读书法”：第一天读十遍，第二天、第三天各读五遍，第四天读两遍。这样的记忆，大脑细胞可以得到适当的休息，用脑比较省力，既符合加强首次感知的规律，又符合记忆保持的规律。反之，老是重复同一材料，单调地刺激，容易引起大脑皮层的保护性抑制，使记忆力衰降。

——循环记忆法。该法即是将要记忆的材料分成若干组，当记后几组时，要有规律地复习记忆前面的几组。此方法也可用于自学读书。当阅读一本数学书时，先读第一章并记忆其中的一些主要结果；在读第二章以后的书时，应分别简要地复读前一章书中的主要结果；读一章书也一样，应在读后节内容之前，复读一下以前各节的主要内容。这样的循环记忆，实则是在强化识记的痕迹，利于记忆的保持，自然可收到深刻记忆的效果。

学生的记忆必须围绕数学图式进行，不能单纯地记忆那些表面层次的东西，只记得“$-f(x)=f(-x)$”是无法解决一些与奇函数有关的题目的，更谈不上进行迁移。记忆过程必须突出教师的主导地位，放手由学生，是不可能完成这个艰巨工作的。那么，教师怎么样才能够帮助学生更好地完成记忆图式的工作呢？这离不开督促、检查和落实。在听课过程发现，很多老师的课堂提问还有待改进。课堂提问的目的可能源于以下考虑：提醒学生、检查以往知识或者是学生的新思路（新解法）。有的课堂，一节课能够提问 10 次左右甚至更多，而所提的问题大多比较平淡，基本上都是问题的答案，或者是一个简单的结论，也可能是一个数学概念的定义。笔者曾经在中国中小学教育教学网针对数学教师课堂提问次数进行过统计，时间为 2011 年 10 月 17 日至 2013 年 7 月 29 日，统计结果如图 4-2 所示。

图 4-2

参与投票的教师有 100 多位，一些老师发表了看法。观点多集中在数学课堂提问应该有针对性，简单回答“是”与“不是”的提问应该避免，这样的提问方式必须改进。那么课堂提问究竟应该如何进行改革呢？这里我们结合图式理论谈一些看法，不妨改变一下方式。例如学生两人一组互相提问，提问的内容最好是关于某一数学概念的图式，提问的方式可以是“对于某某某数学概念，你能回答出哪些？”学生提问学生，情感距离比较近，不会有生疏感，倘若回答不完整也不会尴尬。

4. 提取

学生必须经过一定的训练才能比较顺利地进行图式的提取，这个过程更要有教师的全程参与。首先要有针对性，课后作业、单元检测、模块测评等试题的命制不可随意，要了解学生对图式的掌握记忆情况，然后确定测试的目的是训练学生提取哪些图式，也就是测试目标要明确。“熟未必能生巧”，但是“熟练”是图式提取的前提。面对错综复杂的数学问题，仍然需要教师的点拨才能意识到应用哪些图式，是不能称之为“顺利”的。

在训练学生提取图式时，要设置一些具有迷惑性的问题，培养他们的思辨能力，以防止思维定势干扰，避免出现负迁移。

同时要控制训练量，我们倡导在数学教学中贯穿图式，其主要目的就是减轻学生负担，使之“训练有道”。

要时刻注意监控反馈，当某一种数学图式已经能够顺利进行提取后，就可以进入巩固阶段。一些数学教师平时就比较重视学生作业反馈，比如由学生自己准备“纠错本”。这里建议优化“纠错本”的操作，不要只记载“错题”，要重点记载那些记忆不完整的图式，不能进行顺利提取的图式。有研究显示，“纠错本”倘若记载的题目数量过多，不但起不到“纠错”的作用，反而会刺伤学生的自尊，直接导致数学学习信心的丧失。要明白出错误的原因，可以肯定的是，大多数学生数学学习的障碍是在数学图式的掌握、记忆以及提取这里，所以“纠错本”不可滥用。

当前的高中数学教学，将比较浓重的“笔墨”放在了知识的形成阶段，即图式的形成过程。对图式的精制重视不够，或者是没有计划。忽略对学生记忆过程的指导，作业、测试目标指向不明。寄期通过“题海战术”来提高学生的数学学习水平，殊不知量变未必会引起质的变化。语文尚可“熟读唐诗三百首，不会作诗也会吟”，但在数学上“熟能生巧”是不可以作为一条数学教学原理来应用的，毕竟数学学习是不同于“工匠”式的学习。但又不可否认，“题海战术”的确能够起到“临阵磨枪不快也光”的效果，例如数学竞赛，大训练量也确实能有一定见效。但是会极大地挫伤学生数学学习的信心，同时也会导致学生后劲不足。

我们必须看到，数学学习是一种经验性的活动，没有经验是不可能进行的。接受新概念需要的经验是对与该概念有关的以往的认识，而数学问题解决更需要经验，这个经验就是储存在其头脑中的数学图式。经常有老师抱怨学生的数学思维跟不上、数学思维深度不够、缺少创新精神等等，我们要反思，学生数学思维不够灵活的原因是什么？在解决新问题之前，学生头脑中的知识储备如何？“巧妇难为无米之炊”，没有足够的食材，怎么能够烹饪出“色香味具佳”的“满汉全席”？

因此，我们再次强调：高中数学教学不可盲目追求“模式”的改革，因为症结不在模式！存在的问题体现在我们对数学本质的认识不够，没有将科学的数学学习理论很好地运用到实践中。让我们重申：高中数学教学，一定要按照形成、精制、记忆、提取的环节教给学生数学图式，这才是改变现状的有效手段。

4.4 图式、概念图、思维导图

图式、概念图以及思维导图有一定的联系，但是也有本质的区别。思维导图的英文名称为：Mind Map，其创始人是托尼 • 布赞（Tohy Buzan），中国应用思维导图大约有 20 多年时间。思维导图是表达发散性思维的有效的图形思维工具，它简单却又极其有效，是一种革命性的思维工具。思维导图运用图文并重的技巧，把各级主题的关系用相互隶属与相关的层级图表现出来，把主题关键词与图像、颜色等建立记忆链接，思维导图充分运用左右脑的机能，利用记忆、阅读、思维的规律，协助人们在科学与艺术、逻辑与想象之间平衡发展，从而开启人类大脑的无限潜能，思维导图因此具有人类思维的强大功能。而概念图其实就是国内学者对思维导图的另外一种称呼，中国台湾地区又将其译为“概念构图”；在中国香港，也有称其为“心智图”等。可以认为，思维导图也是一种图式，但是它侧重于各级主题之间的逻辑关系，主要特点是发散。

某些学者或者是一线教师很早就把思维导图运用在高中数学教学中，图 4-3 就是一张典型的思维导图。它归纳了直线方程这一主题主要的基本知识与方法，整个导图以直线方程出发呈现发散样式。大的主题下又分成若干平行关系的子主题（直线方程的几种形式），清晰地反映出相互之间的隶属关系。显然这样的思维导图便于学生梳理知识点，学过了哪些与直线方程有关的知识，通过导图一目了然。学生可以依照该图，检查学习效果，也能帮助学生记忆。思维导图应用到数学教学中，利用图示的方法来表达数学知识（概念、思想和理论等）之间的本质联系，使隐性的知识显性化、可视化，便于思考、交流和表达。把思维导图作为一种教学策略，在教学活动中自觉地加以运用，可以提高教学质量；作为一种学习策略，能促进学生的自主学习、合作学习和创造性学习，最终使学生学会学习；思维导图还可以作为一种元认知策略，提高学生的自学能力、思维能力和自我反思能力。对学生来说，思维导图能整合新旧知识，建立知识网络，浓缩知识结构，从而在整体上把握知识。

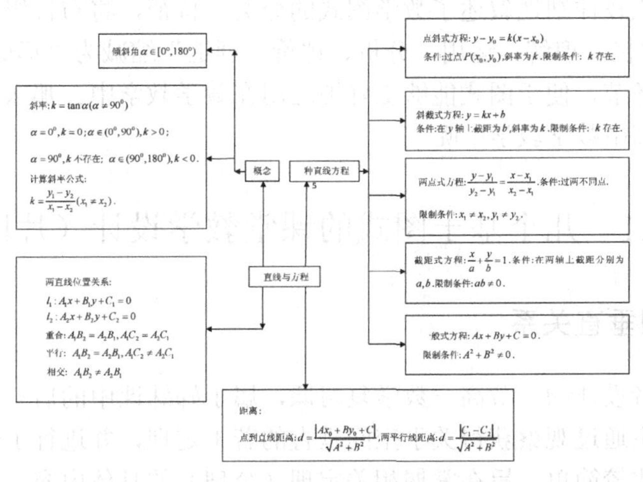

图 4-3

而本书所谈到的数学图式，它与思维导图相比较，首先在特征上具有明显的区别。图式既有发散型的，也有收敛型（概括型）的。思维导图通常包含的信息比较多，可是数学图式可以是一个简单的数学符号，例如函数记号 $f(x)$、对数值表达式 $\log_a b$ 等，都是数学图式。数学的思维导图更多的功能是为了归纳一条比较清晰的知识与方法的主线，可数学图式是作为学生元认知的重要组成部分，储存于学生头脑中，并作为知识“组块”运用到新问题的探索中的。思维导图由于信息量比较庞大，有时候是不便于记忆的，似乎有的思维导图也不需要记忆，而数学图式的另外一个重要特征就是一定要方便学生提取。

本书已经用很多的篇幅综述了数学图式的有关理论，下面我们只是从概念图的角度做一些阐述，旨在使读者能够比较清醒地区分在高中数学领域运用广泛的“图式”与“数学概念图”。

综上所述，我们应该明白，思维导图就是概念图，它们与数学图式是有一定区别的。

第 5 章　基于图式的高中数学教学观

前面，我们分析了现阶段高中数学学与教的情况，重点介绍了图式的有关理论。之后又比较详细地叙述了数学图式的分类、特征，将布鲁姆关于认知过程的 6 个层次“记忆、理解、运用、分析、评价、创造”缩减为“形成、精制、记忆、提取”4 个环节，便于图式能够更好地运用在数学教学中。那么，图式理论应该如何运用在高中数学教学中呢？

5.1　几个基于图式的课堂教学设计（片段）

5.1.1　空间垂直关系

这是笔者设计的一节高一数学复习课，属于姊妹课中的后一节。在前一节课重点引导学生通过观察获得关于空间垂直的若干定理，并进行了一些初步的运用训练，题组比较简单，旨在掌握相关定理（公理）的具体内容，并未涉及到知识的综合运用。

【教学设计】

空间中垂直关系的应用

一、学习目标

熟练掌握与垂直有关的定理，能够用三种语言进行描述；

形成并精制垂直关系的概念图式；

能够在具体的试题中迅速进行图式的提取。

二、学习过程

1. 基础知识回顾

（1）下列命题：

①已知直线 a，b，l，平面 α，若 $a\subset\alpha$，$b\subset\alpha$，$l\perp a$，$l\perp b\Rightarrow l\perp\alpha$；

②已知直线 a，b，l，若 $a\,//\,b$，$l\perp a\Rightarrow l\perp b$；

③已知平面 $\alpha\,//\,\beta$，直线 $a\perp\alpha\Rightarrow a\perp\beta$；

④平面 α、β、γ，若 $\alpha\perp\beta$，$\gamma\perp\beta\Rightarrow\alpha\,//\,\gamma$；

⑤平面$\alpha \cap \beta = l$，直线$a \perp l \Rightarrow a \perp \alpha$；

⑥直线a，平面α，β，$a \perp \beta$，$a \subset \alpha \Rightarrow \alpha \perp \beta$。

其中正确的命题个数为（　）

(A)3　(B)4　(C)5　(D)6

【设计意图】回顾关于空间垂直的基础知识，为图式的形成与精制做准备。

2. 垂直关系图式的形成与精制

（1）直线l与平面α，三角形ABC在平面α上，如果$l \perp AB$，$l \perp AC$。

求证：$l \perp BC$。

第一步：绘制直观图；

第二步：给出规范证明；

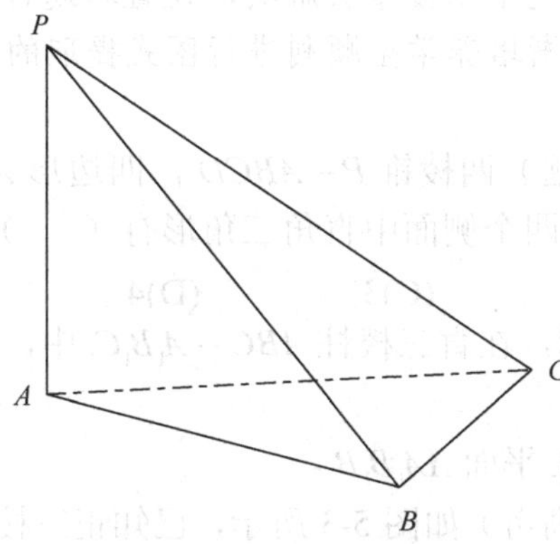

图 5-1

第三步：能否用文字语言概括此命题。

【设计意图】检查学生绘制直观图的水平、熟练进行三种语言转换的能力，最终概括成分析空间垂直问题强有力的工具“如果一条线垂直于三角形的两条边，则必垂直第三条边。”

（2）研究问题：

如图 5-1 所示。在三棱锥$P-ABC$中，已知$PA \perp$平面ABC，$BC \perp BA$，求证：$BC \perp PB$。

在此三棱锥中，共有多少个直角三角形？

在此三棱锥中，共有多少对线面垂直？能否说出理由？

在此三棱锥中，共有多少对面面垂直？能否说出理由？

【设计意图】这个几何体蕴涵着丰富的关于空间垂直关系的图式信息，是一个典型的样例，对于初学者来说能够熟练分析其中的各种垂直关系是解决其他问题的基础。

3. 归纳总结垂直关系的概念图式

【设计意图】立体几何关于空间垂直的定义、公理以及定理有六七条，这些都是陈述性知识，必须从中提炼出适合学生思维水平的有关概念图式。也就是说，关于空间垂直关系的图式绝不是这些零散的定义（定理、公理），而是一句话和一个典型的样例。

4. 图式的应用

AB 为圆 O 的直径，C 为圆 O 上任意一点，$PA\perp$ 平面 ABC，$AE\perp PB$，垂足为 E，$AF\perp PC$，垂足为 F。求证：$PB\perp$ 平面 AEF。（图参考学习与评价第45页）

【设计意图】有四个直角的三棱锥是涉及空间垂直关系最常见、最重要的样例，很多习题最终都转化成这个三棱锥去解决，设置本题目的主要意图就是让学生体会到这一点。此外也逐渐培养学生顺利进行图式提取的能力。

5. 课堂练习

（1）（全国高考试题）四棱锥 $P-ABCD$，四边形 $ABCD$ 为矩形，$PA\perp$ 平面 $ABCD$，则该四棱锥的四个侧面中直角三角形有（　）个。

(A)1　　(B)2　　(C)3　　(D)4

（2）如图 5-2 所示，在直三棱柱 $ABC-A_1B_1C_1$ 中，$AC=BC$，点 D 是 AB 的中点。

求证：平面 $CA_1D\perp$ 平面 AA_1B_1B。

（3）（2011 年湖北高考）如图 5-3 所示，已知正三棱柱 $ABC-A_1B_1C_1$ 的底面边长为 2，侧棱长为 $3\sqrt{2}$，点 E 在侧棱 AA_1 上，点 F 在侧棱 BB_1 上，且 $AE=2\sqrt{2}$，$BF=\sqrt{2}$。求证：平面 $C_1EF\perp$ 平面 CEF。

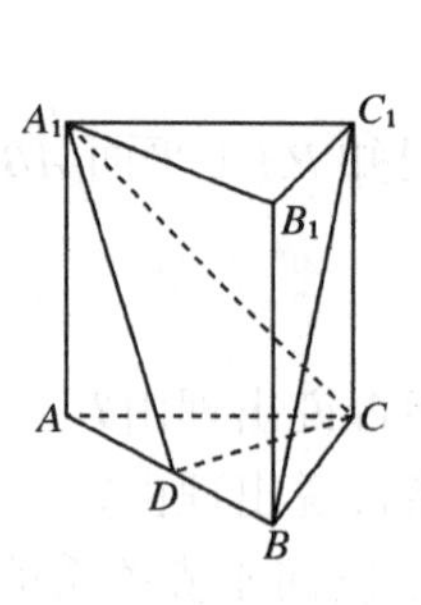

图 5-2

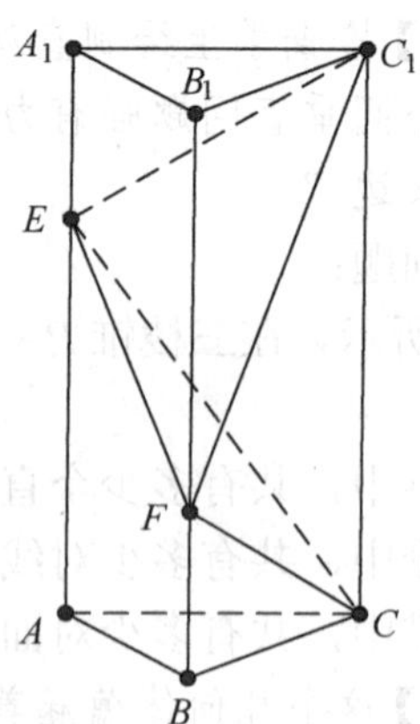

图 5-3

6. 课外作业

（略）。

【课堂实录】

师：昨天我们利用一节课通过观察举证，得到了有关空间垂直关系的一些命题。今天来学习这些垂直关系的应用。

（课代派发学案）

师：这里我们再次强调一点，最近经常用到类比的方法，同学们一定要注意，并不是平面几何的所有结论类比到空间中都是正确的，谁能举出一个反例？

（很多学生都能想到，请学生 1 来回答）

生 1：在平面几何中，如果两直线同时垂直与一条直线，则这两条直线平行。这个结论类比到空间中就是错误的。

师：很好！

师：同学们请看（学案中的）学习目标，这也是今天这节课的学习任务。先检测一下有关的基础知识，请同学们完成学案中的“基础知识回顾”板块。

（学生开始练习，教师巡视。该班级是重点班，但是层次也比较离散。个别学生需要仔细斟酌才能得到正确答案，具体表现在第④、⑤个问题，有必要重点解释。）

师：请生 2 来公布答案！

生 2：选 A. 第①④⑤错误！

师：对于错误的结论，你能否举出反例或说明理由？

生 2：对于①缺少条件“直线 $a \cap b = A$”，对于④可以观察教室墙角。

师：你能举出反例说明⑤是错误的吗？

生 2：可以（边说边走出座位，到墙角处，用手中的笔代替直线做了一个模型。）

（几个解答错误的同学若有所思地点了点头）

师：这位同学回答得很正确。立体几何学习要注意语言的互相转化，尤其是符号语言，由于比较抽象，所以经常利用另外两种语言来进行适当的解释。下面大家完成学案中的 2（1）。

（个别学生不能熟练绘制直观图，或者绘制的直观图不标准；也有个别学生的证明不规范，需要进行指导。在用文字语言概括命题方面，语言显得冗长，需要进行启发。）

师：下面，我们请一位同学来使用文字语言概括此命题。

生 3：三角形 ABC 在平面 α 内，如果直线 $l \perp AB$, $l \perp AC$，那么 $l \perp BC$。

（有学生对此叙述提出意见，觉得没有达到要求“用文字语言概括”。）

师：请同学们回忆初中一些类似的定理。

（学生开始议论，回忆出很多初中用文字表达的定理。）

生 4：如果一条直线垂直于三角形的两条边，那么必然垂直于第三条边。

师：大家觉得这种概括如何？

（学生表示赞同）

师：请问生 4，你是怎么想到这句话的，有没有参考一些范例？

生 4：刚才与周围同学议论初中的定理，想到了“两条直线同时平行于第三条直线，那么这两条直线平行。”受它启发，想到的。

（同学们都觉得这样来概括命题比较简练。要求写在学案上，教师也将其写在黑板的右上角。）

师：同学们，这里要强调一下，刚才我们概括出的“如果一条直线垂直于三角形的两条边，那么必然垂直于第三条边。”是非常实用的，在分析垂直问题时会经常用到。下面，请大家完成学案中的“研究问题”部分。

（学生分组进行研究，教师重点参加了甲组的活动，这是因为该组成员在平时的研究中表现一直不怎么活跃。下面是活动过程的一些场景。）

生 5：这个三棱锥四个面都是直角三角形，前段时间制作过模型（拿出模型，很精致）。

生 6：当时你肯定是靠直觉（直观感知）发现第四个角也是直角，现在正好可以进行证明。

（几个人鼓励生 7 发言，这是一个平时很少发表言论的学生。）

生 7：我知道怎么证明。先证明 $PA \perp BC$，再由条件 $BC \perp BA$ 就可以得到 $BC \perp$ 平面 PAB，自然就有 $BC \perp PB$ 了。

其他学生点点头，表示赞许。

师：很正确！但是，我想了解你们的思路是怎么想到的，一般来讲，解题的表述过程与思路的寻求是不大一样的。

或者你们换个角度，假如一位同学不能解决这个问题，那么你们会怎么启发他（她）？注意，不要直接告诉解法，要启发。

（有难度了，他们开始七嘴八舌、议论纷纷，教师适当点拨。）

最后基本达成一致：$BC \perp BA$ 是已知的条件，而 $BC \perp PB$ 是需要证明的，依据刚才的命题“如果一条直线垂直于三角形的两条边，那么必然垂直于第三条边。”必须先证明 $PA \perp BC$。

（教师提出表扬：总结得很好，要善于反思。分析数学问题最重要的环节是想“思路是如何产生的”。）

（这个时候，其他几个小组也基本完成了学习任务，教师开始进入集体讲评阶段。）

教师在黑板上出示了另一个问题：

三棱锥 $P-ABC$ 中，三条侧棱 PA，PB，PC 两两垂直，$PM\perp$ 平面 ABC，垂足为 M，则点 M 是三角形 ABC 的（　　）。

（A）外心　　（B）内心　　（C）重心　　（D）垂心

（教师通过参与学生的讨论，感觉部分同学对“如果一条直线垂直于三角形的两条边，那么必然垂直于第三条边。”这一结论的应用还不够主动，所以补充了本问题。）

（学生继续谈论，教师巡视，注意倾听他们的讨论内容。）

（有的学生绘制的直观图很有问题，是不是前面忽略了这方面的训练？）

（与前一个问题相比，该题目稍微有一些难度。经过小组内部的合作与交流，基本都能确定点 M 为三角形 ABC 的垂心。请生 8 介绍思路。这是一名思维活跃而且语言表达能力很强的同学，之所以选他，也是因为可以起到“表述问题”的示范作用。）

生 8：其实，我一开始就猜到肯定是垂心，因为已知条件全是垂直的关系！（很多同学笑了）

然后，我就按照这个思路去想，起初我并没有刻意去利用那个“如果一条直线垂直于三角形的两条边，那么必然垂直于第三条边。”等我证明完后，再反思的时候，才发现确实是可以用到它的。

师：（简单点评）他回答得很正确，在解题的时候，切忌生搬硬套，顺其自然是最好的。下面请大家将谈论的结果整理在学案上，要求规范。

（学生的研究还是值得肯定的，例如在证明 $BC\perp$ 平面 PAB 时，有很多同学想到了另外一种办法：先证明平面 $PAB\perp$ 平面 ABC，再由面面垂直的性质定理即可得到结论。在整理的过程中，也发现了一些问题，做了个别纠正。这些问题主要还是表现在规范上。）

要求学生拿出卡片，整理空间垂直关系的图式，如图 5-4 所示。

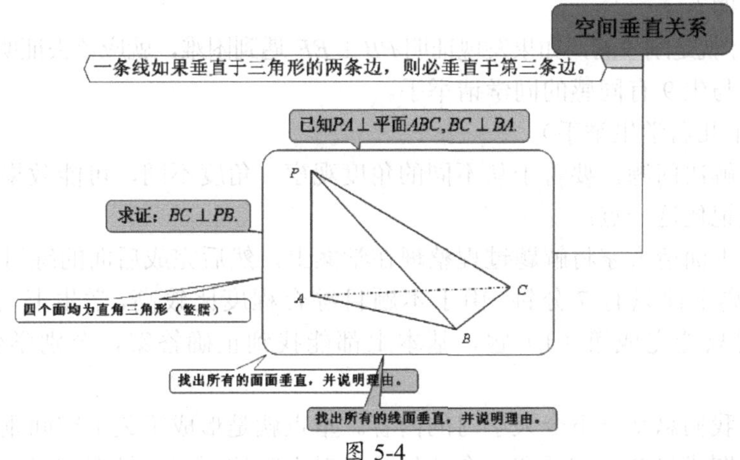

图 5-4

师：下面请每两位同学合作，互相检查对图式中关键问题的理解和记忆。

（此活动大约进行了 5 分钟）

师：空间垂直关系的图式概括起来，就是一句话、一个几何体。这句话就是“如果一条直线垂直于三角形的两条边，那么必然垂直于第三条边。”几何体就是以前我们曾经介绍过的“鳖臑”，包含了所有的垂直关系，是十分重要的。下面请大家独立完成学案中“图式应用”部分的习题。

（学生开始分组讨论，教师注意倾听他们的分析，必要时给予指点。）

（本题目比较难，有十几个学生能够主动积极地提取“鳖臑”这一图式，顺利解决了问题。其余的学生遇到了阻力，没有什么思路。）

师：请还没有思路的同学重新绘制直观图，图中暂时不出现点 E ，F ，再进行思考。

（由于去掉了干扰因素，一些原来没有思路的学生发现三棱锥 $P-ABC$ 就是“鳖臑”，然后利用平面 $PBC\perp$ 平面 PAC ，顺利证明了 $AF\perp$ 平面 PBC ，思路打通。另外的七八名学生经过同组成员的帮助也找到了解决的办法。）

（在交流阶段，请生 9 来介绍思路的产生过程。这位同学起初没有想到办法，经过教师启发后，找到了思路。）

生 9：一开始我就想去证明 $PB\perp EF$ ，然后就按照这个思路下去，想了很多办法，甚至有利用相似形的念头。

师：这里，证明 $PB\perp EF$ 与 $PB\perp AF$ 效果是一样的，只要证明其中之一即可。你在分析问题时，有出现这种想法吗？

生 9：一开始没有，现在反思，应该这样想。证明 $PB\perp EF$ 遇到困难，就应该去证明 $PB\perp AF$ 。

师：如果让你从这个问题的解决过程中吸取一些经验教训，你觉得对你来说，是哪个方面？

生 9：就是刚才的，如果发现证明 $PB\perp EF$ 遇到困难，就应该去证明 $PB\perp AF$ 。

师：与生 9 有同感的同学请举手。

（有十几名学生举手）

师：解决问题，要善于从不同的角度观察。角度不同，可能效果就不一样，请同学们记住这一点。

师：下面请大家将解题过程整理在学案上，然后完成后面的练习。

（距离下课只有 7 分钟，由于本题目综合程度比较高，学生书写得比较慢。课堂练习只能完成第（1）题，基本上都能找到正确答案，个别学生需要进行指导。）

师：我们总结一下今天学习的内容。重点就是形成了关于空间垂直关系的图式，这个图式包含一句话和一个几何体。对大家的要求就是理解形成的过程，并对图式进行记忆，更重要的是能够在具体的问题解决中能够顺利进行提取。学案中其余的问题请在课后完成，下课！

【课后反思】

这节课是本人执教的，对象为高一重点班。该班级是完全按照中考成绩划分的，起点为总分 740 分，但是学生的数学接受能力参差不齐，因此课堂目标定位在中等学生。

空间的垂直关系的学习，没有按照以往的办法，而是做了一些改革，是这样设计的：先利用一节课来学习与空间垂直有关的定义、定理，通过直观感知、操作确认来理解直线与平面以及平面与平面垂直的判定定理，对其中的个别命题给予了论证。之后进行了练习巩固，应该说前一节课基本完成了教学任务，达到了预期的目标。

本节的引入比较平淡，鉴于立体几何初步的学习会大量使用类比的办法，所以采取了问题引入法。尽管类比的正式学习要在选修部分，但是平时教学中要注意渗透。

本节课，事先进行了详细的计划，课前感觉准备得还算充分。现在反思，有以下一些想法：

（1）前期准备不是很充足。由于定理（定义）等基础知识的学习只用了一节课，学生缺乏必要的消化和理解，直接导致《基础知识回顾》阶段耗时过多。现在感觉，如果基础知识的学习与应用安排两节课就比较合适些。

（2）学生绘制直观图的技能薄弱。课堂上再次发现部分学生动手能力比较差，特别是直观图的绘制。与有关内容的学习情况有一定关系，直观图的学习是与三视图相继进行的，当时把重点放在了三视图上，而对直观图的训练没有到位。除此之外，学生刚进入高中，初中的一些习惯还继续存在着，例如绘图，每每必须使用直尺等工具，绘制出的图尽管比较标准，但是很浪费时间。因此在立体几何初步的学习过程中，应该强化训练学生绘制直观图的基本技能。

（3）语言转换能力的培养需要加强。立体几何的难点之一就是比较侧重三种语言转换的应用。从本节课的教学来看，即使对于层次较高的重点班学生，也有相当一部分不能熟练进行语言转换，特别是将符号、图形语言用文字加以概括方面。按道理，学生的长处应该是使用本民族的语言来对数学对象进行描述，事实上却很难用精练的文字语言来概括。今后的教学中要有意识地进行培养。

（4）要进一步加强师生互动的力度。如何将图式理论运用到教学中，这不是教学模式能够决定的。本节课的教学设计核心是将空间的垂直关系浓缩成一个图式“一段话+鳖臑”，这是有一定基础的。因为之前组织学生制作了一些几何体的模型，当时曾经提出了一个研究性问题，就是三棱锥的四个面最多有几个直角三角形，一部分学生动手能力比较强，制作出了模型，并在班级进行了展示。本节课从一个方面也是对前述模型进行了论证。这样的设计完全符合“直观感知、操作确认、思辩论证”的教学理念。从课堂反映的情况看，确实从“如果一条直线垂直于三角形的两条边，那么必然垂直于第三条边”出发分析垂直问题所产生的效果，是直接从定义（定理）出发所不能比拟的。有的教师感慨：学生能够记得关于垂直的定义以及定理，但是在具体分析问题时候还是不能独立解决。这是为什么？原因就是学生只掌握了一些陈述性知识，没有将这些知识进行适当的整合，不能形成一种类似“程序”的思维组块。华南师范大学数学科学学院何小亚教授指出“问题解决的关键是要有足够的知识组块”，这里，我们必须注意，是知识组块，而不是单纯的知识的罗列，也就是说，量的变化未必会引起质的更改，这里所说的量一定是经过加工的形成的组块。新课程降低了“三垂线定理”的要求，这是非常科学的。可是现在依然有些教师“难舍旧情”，补充了“三垂线定理”。这确实是没有必要的，因为我们已经有了能够替代它的知识组块，就是“如果一条直线垂直于三角形的两条边，那么必然垂直于第三条边。”事实上“三垂线定理”的本质不就是这句话吗?

5.1.2 教学片段（2012 年江苏高考数列试题分析）

（2012 年高考（江苏））已知各项均为正数的两个数列 $\{a_n\}$ 和 $\{b_n\}$ 满足：$a_{n+1}=\dfrac{a_n+b_n}{\sqrt{{a_n}^2+{b_n}^2}}$，$n\in\mathbf{N}^*$，

（1）设 $b_{n+1}=1+\dfrac{b_n}{a_n}$，$n\in\mathbf{N}^*$，求证：数列 $\left\{\left(\dfrac{b_n}{a_n}\right)^2\right\}$ 是等差数列;

（2）设 $b_{n+1}=\sqrt{2}\cdot\dfrac{b_n}{a_n}$，$n\in\mathbf{N}^*$，且 $\{a_n\}$ 是等比数列，求 a_1 和 b_1 的值。

解：（1）$\because b_{n+1}=1+\dfrac{b_n}{a_n}$，$\therefore a_{n+1}=\dfrac{a_n+b_n}{\sqrt{{a_n}^2+{b_n}^2}}=\dfrac{b_{n+1}}{\sqrt{1+\left(\dfrac{b_n}{a_n}\right)^2}}$。

$\therefore\ \dfrac{b_{n+1}}{a_{n+1}}=\sqrt{1+\left(\dfrac{b_n}{a_n}\right)^2}$。

$\therefore \left(\frac{b_{n+1}}{a_{n+1}}\right)^2-\left(\frac{b_n}{a_n}\right)^2=\left(\sqrt{1+\left(\frac{b_n}{a_n}\right)^2}\right)^2-\left(\frac{b_n}{a_n}\right)^2=1\left(n\in\mathbf{N}^*\right)$。

$\therefore$数列$\left\{\left(\frac{b_n}{a_n}\right)^2\right\}$是以 1 为公差的等差数列。

（2）$\because a_n>0,\ b_n>0$，$\therefore \frac{\left(a_n+b_n\right)^2}{2}\leqslant a_n{}^2+b_n{}^2<\left(a_n+b_n\right)^2$。

$\therefore 1<a_{n+1}=\frac{a_n+b_n}{\sqrt{a_n{}^2+b_n{}^2}}\leqslant\sqrt{2}$。（*）

设等比数列$\{a_n\}$的公比为q，由$a_n>0$知$q>0$，下面用反证法证明q=1.

若$q>1$，则$a_1=\frac{a_2}{q}<a_2\leqslant\sqrt{2}$，$\therefore$当$n>\log_q\frac{\sqrt{2}}{a_1}$时，$a_{n+1}=a_1q^n>\sqrt{2}$，与(*)矛盾。

若$0<q<1$，则$a_1=\frac{a_2}{q}F>a_2>1$，$\therefore$当$n>\log_q\frac{1}{a_1}C$时，$a_{n+1}=a_1q^n<1$，与(*)矛盾。

$\therefore$综上所述，q=1。$\therefore a_n=a_1\left(n\in\mathbf{N}^*\right)$，$\therefore 1<a_1\leqslant\sqrt{2}$。

又$\because b_{n+1}=\sqrt{2}\cdot\frac{b_n}{a_n}=\frac{\sqrt{2}}{a_1}\cdot b_n\left(n\in\mathbf{N}^*\right)$，$\therefore\{b_n\}$是公比是$\frac{\sqrt{2}}{a_1}$的等比数列。

若$a_1\neq\sqrt{2}$，则$\frac{\sqrt{2}}{a_1}>1$，于是$b_1<b_2<b_3$。

又由$a_{n+1}=\frac{a_n+b_n}{\sqrt{a_n{}^2+b_n{}^2}}$，即$a_1=\frac{a_1+b_n}{\sqrt{a_1{}^2+b_n{}^2}}$，得$b_n=\frac{a_1\pm a_1{}^2\sqrt{2-a_1{}^2}}{a_1{}^2-1}$。

$\therefore b_1,\ b_2,\ b_3$中至少有两项相同，与$b_1<b_2<b_3$矛盾。

$\therefore a_1=\sqrt{2}$。

$\therefore b_n=\frac{\sqrt{2}\pm\left(\sqrt{2}\right)^2\sqrt{2-\left(\sqrt{2}\right)^2}}{\left(\sqrt{2}\right)^2-1}=\sqrt{2}$。

$\therefore a_1=b_2=\sqrt{2}$。

【考点】等差数列和等比数列的基本性质，基本不等式，反证法。

【解析】(1)根据题设 $a_{n+1}=\dfrac{a_n+b_n}{\sqrt{{a_n}^2+{b_n}^2}}$ 和 $b_{n+1}=1+\dfrac{b_n}{a_n}$ $b_{n+1}=1+\dfrac{b_n}{a_n}$，求出 $\dfrac{b_{n+1}}{a_{n+1}}=\sqrt{1+\left(\dfrac{b_n}{a_n}\right)^2}$，从而证明 $\left(\dfrac{b_{n+1}}{a_{n+1}}\right)^2-\left(\dfrac{b_n}{a_n}\right)^2=1$ 而得证。

(2)根据基本不等式得到 $1<a_{n+1}=\dfrac{a_n+b_n}{\sqrt{{a_n}^2+{b_n}^2}}\leqslant\sqrt{2}$，用反证法证明等比数列 $\{a_n\}$ 的公比 q=1。

从而得到 $a_n=a_1\left(n\in\mathbf{N}^*\right)$ 的结论，再由 $b_{n+1}=\sqrt{2}\cdot\dfrac{b_n}{a_n}=\dfrac{\sqrt{2}}{a_1}\cdot b_n$ 知 $\{b_n\}$ 是公比为 $\dfrac{\sqrt{2}}{a_1}$ 的等比数列。最后用反证法求出 $a_1=b_2=\sqrt{2}$。

这个题目是一周前印发给学生，在学生有了广泛而深入的思考之后，再组织全班学生进行了交流。

在交流的前一个晚自习，随机对几个学生进行了访谈，初步掌握了以下情况：

（1）对于第一问，可以肯定近 9 成学生都能顺利解决。访谈的几个学生，层次分布均匀，都能够清晰地讲解该问的思路，均明白要将已知进行适当的变形，最终整理出等差数列的图式。

（2）参加访谈的学生中，学生 A 比较完整地解决了第二问。在她的解答过程中，有一步很关键，她自己也觉得正是这一步的出现给问题的彻底解决奠定了基础。这一步是将 $a_{n+1}=\dfrac{a_n+b_n}{\sqrt{a_n^2+b_n^2}}$ 两边平方，整理得到 $a_{n+1}^2=\dfrac{(a_n+b_n)^2}{a_n^2+b_n^2}=1+\dfrac{2a_nb_n}{a_n^2+b_n^2}$，继而发现可以使用基本不等式。这是一个很优秀的学生，思维敏捷，有很好的表达能力，所以安排她在明天的课堂上首先展示自己的思路。

在第二天的课堂上专门安排近 20 分钟的时间展示这个题目。

按照计划，先请学生 A 将自己解答的关键步骤抄写在黑板上，然后重点介绍思路的产生。她着重强调，本题目的解决关键之处在于发现数列 $\{a_n\}$ 的每一项满足 $1<a_n\leqslant\sqrt{2}$，再结合极限思想就能断定其公比 $q=1$，学生 A 的表述条理清晰，重点突出，很令我满意。

接下来是自由发言时间，学生 B 要求发言。

学生 B：我有一个办法，不需要这样变形，直接从式子（指 $a_{n+1}=\dfrac{a_n+b_n}{\sqrt{a_n^2+b_n^2}}$）就可以推出 $1<a_n\leqslant\sqrt{2}$。

全班学生情绪高涨，要求他去黑板上讲解。

学生 B：这个式子（$a_{n+1}=\dfrac{a_n+b_n}{\sqrt{a_n^2+b_n^2}}$）很像点到直线距离公式！（学生一片“哦”的声音，就是我本人也恍然大悟。）

学生 B：（边写边讲）可以看做是点 $P(1, 1)$ 到直线 $l: a_n x+b_n y=0$ 的距离。（然后绘制草图）当 $PO\perp l$ 时最大，为 $\sqrt{2}$；当 PO 与 x 轴重合时最小，为 1。所以 $1<a_n\leqslant\sqrt{2}$。（这里他没有点明 PO 与 x 轴是不会重合的，但无大碍，我号召学生给他鼓掌。）

接下来，我做了简单的点评，表扬学生 B，告诉他们，就是我，也没想到这个思路。

学生 C 要求发言，这是一个十分喜欢动脑筋的学生，有的教师认为他喜欢钻牛角，我不这样认为，关键是教师要认真诱导。

学生 C：从式子 $a_{n+1}=\dfrac{a_n+b_n}{\sqrt{a_n^2+b_n^2}}$ 可以想到用向量！

我马上插话：“为什么？”

学生 C：因为这个式子很像计算平面向量夹角的公式！

（这是我最想听到的，每一个公式都可以看做是一个图式。）

学生 C：（边写边说）构造平面向量 $\vec{m}=(1, 1)$，$\vec{n}=(a_n, b_n)$，那么 $a_{n+1}=\sqrt{2}\dfrac{\vec{m}\cdot\vec{n}}{|\vec{m}||\vec{n}|}$，然后利用不等式 $\vec{m}\cdot\vec{n}\leqslant|\vec{m}||\vec{n}|$，也能得出 $1<a_n\leqslant\sqrt{2}$。

他讲完，一脸自豪的样子，同样赢得了一片掌声。

快到下课时间了，我告诉他们，本人也想发表点看法。

我告诉他们，其实从这个式子 $a_{n+1}=\dfrac{a_n+b_n}{\sqrt{a_n^2+b_n^2}}$ 是可以联想到柯西不等式的，马上有学生不服气，说学生 C 用的办法本质上就是柯西不等式。我表面显得很郁闷，其实心里十分高兴，这帮孩子，开始走向良性循环了，学数学一要发现规律，二要揭示本质。相信他们会越来越出色的，我期待着这一天。

5.1.3　高中学生数学学习诊断案例

【案例 1】对一个高二文科学生数学学习诊断

同学甲，高二文科班级女生，性格活泼，爱说爱笑。一次闲聊，随便问她关于函数单调性的话题。以下是我们的对话：

师：你还记得关于增函数的有关知识吗？

甲：还记得一些，图像是那样的！（边说边用手指比画了一条类似于增函数的曲线）

师：还有吗？

甲：（沉思了一会，摇摇头吐了吐舌头）好像没有了。

师：那我启发你，用我们比较通俗的话来说，增函数图像是可以用一些词来形容的。例如：水涨船高、蒸蒸日上、一山更比一山高等等。你能使用自变量 x 和所对应的函数 y 来形容吗？

甲：（想了想）可以，x 越大，y 也越大！

师：还有其他办法来形容吗？

甲：好像没有了。

师：能不能用与刚才相反的话来形容？

甲：可以哦，x 越小，y 也越小。

师：你觉得现在对增函数的了解是不是丰富了一些？我们可不可以来解决一个问题？

甲：（似乎很有信心地点了点头）

出示题目：设函数 $f(x)$ 为增函数，而且 $f(1+2x)>f(3x)$，求 x 的取值范围。

甲拿到题目后，若有所思，皱起眉头，似乎遇见了困难。

师：我们再来回忆刚才形容增函数的一个成语：水涨船高。这成语是不是也可以这样解释：水涨，船就高；反过来，船高，水就涨？

甲：点点头，忽然笑了，教师，我有办法了。

她很快计算出了答案。

师：刚才这个过程，能给你什么启发？

甲：对于增函数，应该从四个方面来形容。x 越大，y 也越大！x 越小，y 也越小！刚才我没有反过来去想。其实还可以这样说：y 越大，x 也越大；y 越小，x 也越小。

障碍分析：

数学概念学习完之后，储存在学生头脑中的，未必是很抽象的数学定义，而应该是比较完整的一个关于概念的图式。图式可以有简单的数学符号，也可以是直观的数学图形，还可以是比较通俗的文字语言。按照现代学习理论，学生脑海中的概念图式越丰厚（形容数学概念的观念越多越好），他的学习能力就越强。显然，学生甲关于增函数的概念图式基本上没有，当然，这也和增函数的学习是在高一完成的（有一定遗忘）有直接关系。

诊断与处方：

（1）强身健体：加强记忆，让自己的知识储存丰富起来；

（2）突破顽疾：嘱咐她，对于数学概念，在理解了之后，一定要从不同角度特别是逆向来观察。用不同的话语来形容，能够形容这个概念的词语越多，就说明你对这个概念的掌握越好。

【案例 2】对一道数列选择试题解答情况的诊断

某学期高一年级的期末考试，特意安排这样一道试题做为选择题的最后一题。

已知数列$\{a_n\}$的前 n 项和 $S_n=a\left[2-\left(\frac{1}{2}\right)^{n-1}\right]-b\left[2-(n+1)\left(\frac{1}{2}\right)^{n-1}\right](n=1,2,\cdots)$，其中 a ，b 是非零常数，则存在数列$\{x_n\}$，$\{y_n\}$使得（　　）

A. $a_n=x_n+y_n$，其中$\{x_n\}$为等差数列，$\{y_n\}$为等比数列

B. $a_n=x_n+y_n$，其中$\{x_n\}$和$\{y_n\}$都为等差数列

C. $a_n=x_n\cdot y_n$，其中$\{x_n\}$为等差数列，$\{y_n\}$为等比数列

D. $a_n=x_n\cdot y_n$，其中$\{x_n\}$和$\{y_n\}$都为等比数列

测试结果全年级平均分 0.2 分（满分 5 分），选取了不同班级的 30 名学生进行了访谈，30 名学生的选取过程既参考了本次的成绩，也兼顾了平时的表现，优秀、中等、差生各占三分之一。

30 名学生只有 5 人得满分，这 5 名学生中有 4 人是“猜中”的，其中 1 人的“猜法”还是比较“有意思”的。

下面是和他的一段对话：

师：还能回忆下你解决该题目时的一些情景吗？

生：可以的。教师给我们归纳过一些求数列前 n 项和的办法，我记得有“分组、裂项、错位相减”，选项 A、B 是适合“分组”求和的，比较简单，而这是选择最后一题，肯定有难度，而我觉得“错位相减”难度会大些，教师也告诉我们“如果一个等差数列与一个等比数列对应项相乘，就应该用错位相减法”，所以我就选了 C。

应该肯定他的思路，解答选择题目有时候是需要一点“猜”的思想的，其实这不能简单地认为是“猜”，里面也有“合情推理”的成分。没有平时的积累，只能是“胡猜”。

另一个现象就是在得零分的学生中不乏平时比较优秀的孩子，他们普遍的解法就是利用 a_n 与 S_n 的关系：$a_n=S_n-S_{n-1}(n\geqslant 2)$，结果陷入繁杂的计算中，最后不了了之。

从数学图式的角度来看，本题目侧重考查“错位相减结果的图式”，教师们都十分重视这一方法，会设计各种问题组织学生去训练。可是忽略了一个非常重要的环节，那就是没有引导学生去观察实施“错位相减”之后所得到的式子的特征，也就是图式（数学表达式）的特点。一段时间以来，我们过于强调“过程”，是不

是忽略了对问题解决之后“结果”的回味？数学与其他基础学科最大的区别在于她有大量的数学公式（数学表达式），它们或者具有十分对称美感，或者很能够体现原问题的特征。倘若我们平时经常引导学生去观察“错位相减”之后，所产生的结果的特点，那么解决这个选择题目就会十分容易了。

这是某次考试一学生的解答，原题目是计算数列$\left\{(2n-1)2^n\right\}$的前n项和，该同学的解答很有意思。

读者能看得出来吧？他就是利用了“错位相减”求和之后的（结论）的特征，然后采用待定系数方法。

如图 5-5 所示。

$$\frac{2^{n+1}}{b_n}=2^n(2n-1)$$

$$设\ 2^n(2n-1)=2^{n+1}[A(n+1)+B]-2^n(An+B)$$

$$解得\ A=2,\ B=-5$$

$$\therefore 2^n(2n-1)=2^{n+1}[2(n+1)-5]-2^n(2n-5)$$

$$\therefore T_n=[2^2\times(-1)-2^1\times(-3)]+[2^3\times 1-2^2\times(-1)]+\cdots+[2^{n+1}(2n-3)-2^n(2n-5)]$$
$$=2^{n+1}(2n-3)-3$$

图 5-5

当然这种解题办法还是不要提倡，因为可能会被扣分。

【案例 3】对一道三角试题解答的诊断

某次高三月考，文科数学采用了如下一道三角试题：

在△ABC中，$\dfrac{\cos A-2\cos C}{\cos B}=\dfrac{2c-a}{b}$。求（1）$\dfrac{\sin A}{\sin C}$，（2）略。

该题目满分 12 分，班级平均分只有 7 分。绝大多数学生都能进行“边角互化”，但是在得到$\dfrac{\cos A-2\cos C}{\cos B}=\dfrac{2\sin C-\sin A}{\sin B}$后，就无从下手，只好随意整理。

如图 5-6 所示，从她的解答过程可以看出，不是“化简”而是“化繁”，没有发现“解题信息”。这不能简单地归咎于三角变换不熟练，问题的根源在于平时忽略一些三角公式的图式特征。例如两个角和的正弦公式$\sin(\alpha+\beta)=\sin\alpha\cos\beta+\cos\alpha\sin\beta$，它的右侧完全可以用比较通俗的文字语言来描述：两个角的正、余弦“交换”乘积之和。如果能够经常性的要学生体会这样的叙述，相信在遇到本题目的时候，只要稍微观察下等号两侧三角函数的名称，就能够找到解题的突破口：交叉相乘，适当整理恰好可以使用两角和的正弦公式。

记得有次在外地听一位教师的课，他讲的是两角和与差正余弦公式。在推导完公式时候，他引导学生采用一些“顺口溜”来辅助记忆。一同听课的教师中有人认为这样做丢失了数学公式的美感，这是一种错误的说法，毕竟数学的学术形态与教育形态是有一定区别的，我们必须承认恰恰是过分要求数学的形式主义，从而产生很多数学学习困难者。事实上，数学图式是完全可以使用比较通俗的文字语言来描述的，这样更有利于记忆和提取。

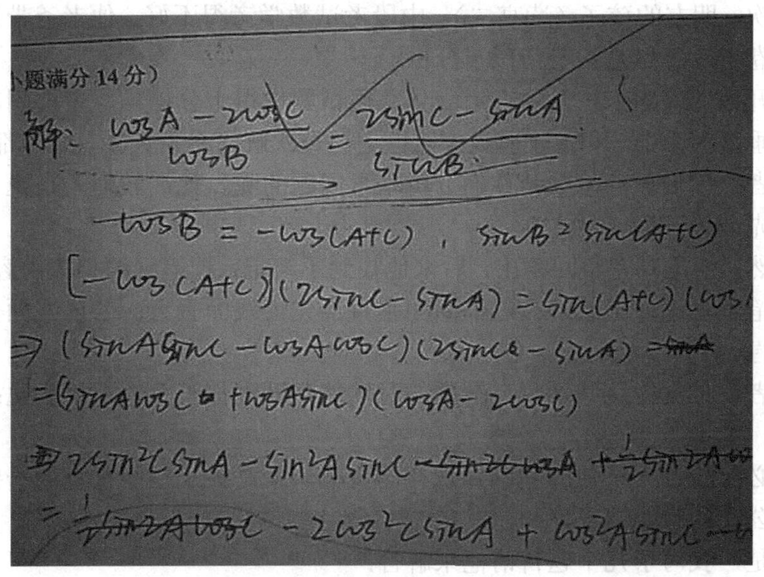

图 5-6

【案例 4】一个容易被忽略过程的数学图式

就在前几天，QQ 群里还有教师询问“辅助角公式会不会考？”

这里所说的辅助角公式是指：$a\sin x+b\cos x=\sqrt{a^2+b^2}\sin(x+\varphi)$，其中 $\tan\varphi=\dfrac{b}{a}$。

没错！这是一个典型的图式。新课程标准的各种版本教材都已经将其作为例题（课后练习），甚至干脆删掉，取代的是一些具体的范例，如 $\sin x+\sqrt{3}\cos x$ 等。

先回答这个教师的问题：辅助角公式会不会考？肯定会考！但是不会是那么教条地去命题。这就是新课程标准的高明之处，适当淡化一些形式，也将抽象的问题更具体化一些。

可是，有一个很奇怪的现象，笔者了解到一些教师依然为学生总结归纳“辅助角公式”这一图式，最要命的做法是“要学生记住”，到时候直接套用！

事实证明，过程与结果，忽略了哪个都是不科学的。有些数学图式的形成过程其实就是解决问题时的若干环节。没必要把它当做一个专门的公式来进行学习，而应该统筹在两个角和与差的三角函数公式的学习中。从另外一个角度（布鲁姆目标分类学）看，这个图式的形成恰是一个程序性的知识。把单纯的图式记忆分解成一环扣一环的操作步骤，更形象，也更容易避免解答出现错误。

【案例 5】和一名高二学生关于空间垂直问题的对话

一次，朋友的孩子（读高二），中段考试数学考得不好，他老爸带过来让我看看数学卷子，意思是让我帮孩子分析一下 。

翻开他的答题卡，发现一道立体几何试题做得十分糟糕，主要困难集中在证明空间垂直关系上。和孩子聊天，他也觉得每次解答垂直关系，好像都没有思路。

笔者：你们教师怎么帮你们分析垂直问题的呢？他：教师只是说"若证面面垂直，先证……"

当然，他没有完整回答出，后来他找到了笔记，把笔记的相关内容指给我看。我看到笔记是这样记载的：若证面面垂直，先证线面垂直；若证线面垂直，先证线线垂直。

笔者：你觉得这些话，在解题的时候能帮助到你吗？他摇摇头说：好像没什么帮助。

有必要检查一下他的基础知识存储情况，就是关于空间垂直的一些定义、定理以及公理的掌握情况。

于是，我写了几个题目请他来解答：

1. 若l，m，n是互不相同的空间直线，α，β是不重合的平面，则下列命题中为真命题的是（　　）

(A）若$\alpha /\!/ \beta$，$l \subset \alpha$，$n \subset \beta$，则$l /\!/ n$　　(B) 若$\alpha \perp \beta$，$l \subset \alpha$，则$l \perp \beta$

(C) 若$l \perp n$，$m \perp n$，则$l /\!/ m$　　(D) 若$l \perp \alpha$，$l /\!/ \beta$，则$\alpha /\!/ \beta$

2. 如图 5-7 所示，$ABCD - A_1B_1C_1D_1$为正方体，下面结论错误的是（　　）

(A) $BD /\!/$ 平面 CB_1D_1　　(B) $AC_1 \perp BD$

(C) $AC_1 \perp$ 平面 CB_1D_1　　(D)异面直线 AD 与 CB 所成的角为 60°

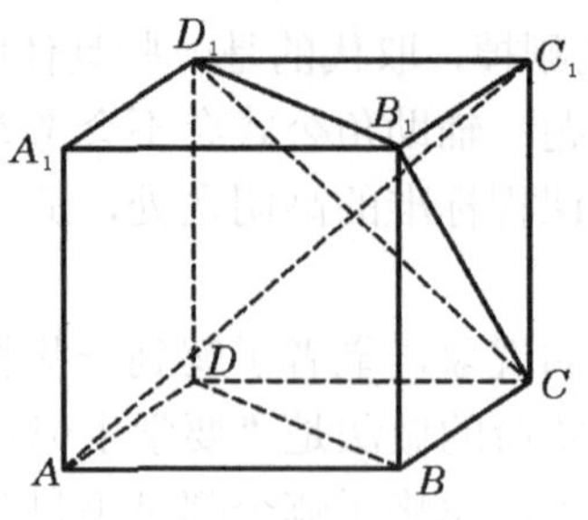

图 5-7

通过他的解答发现：

（1）他对于空间中的平行问题的掌握明显优于垂直，这是正常的。

（2）他有一个错误的直觉：两个平面垂直，那么一个平面内的直线必垂直另一个平面的直线。

（3）他对正方体不熟悉，仅记得一些简单的特征，例如所有面都是正方形。

可以肯定的是，他的知识结构还不完整，就是说头脑中存储的相应图式太少。事实上，许多数学学习困难学生都存在这样的问题。

笔者：一条直线如果垂直于三角形两条边，它是否垂直第三条边？

他思考了一会，似乎“无动于衷”，我告诉他可以在纸上画$\triangle ABC$，把一支笔竖起来作为直线。（学生普遍缺乏这种意识，我们教师应该不断地启发学生善于使用一些物品来思考立体几何问题。）当摆出模型之后，他是能够证明这个事实的！但不是很规范。

笔者：这个东西十分重要，你要牢牢记忆，为了帮助你记忆，再过 5 分钟还要向你提问的。

他：好的。

笔者：我再教你怎么去分析空间中的垂直关系。首先必须更正你刚才所使用的一个错误的事实，你知道我说的是哪个吗？就是墙面内什么样的直线才能垂直地面的问题。我把他领到房间一侧，引导他观察墙面与地面的交线。

他：墙面内的直线只要与它们的交线垂直，就能垂直于地面。

笔者：很好！这是一个非常重要的事实，你必须记住。这样，你就不会再出现刚才的“低级错误”了，而且，我告诉你，如果条件中出现面与面垂直，你不妨将其中之一当做墙面，另一个当做地面，然后找到它们的交线，再去观察地面（墙面）是否有直线垂直于它们的交线，如果有，就产生线面垂直，这样思路就打开了。

帮他归纳了一下：

一句话：一条直线如果垂直于三角形两条边，则必垂直于第三条边。

一套路（办事的程序）：墙垂直于地面→墙与地面交线→地面内的直线垂直于交线→地面内的直线必垂直于墙面。

应该用一道题目来测试下他对“一句话”“一套路”的理解程度了，写出下面这个题目。

如图 5-8 所示，在三棱锥$P-ABC$中，已知$PA\perp$平面ABC，$BC\perp BA$，求证：$BC\perp PB$。

解答得还算顺利，问他能否想出另外的方法，他的表情告诉我应该是比较困难。

我非常想知道他的思路的来历，于是又有了下面一段对话：

笔者：谈谈你的方法，我最想知道你是怎么想到证明思路的。

他：一开始也比较困难，觉得没什么想法。后来（边说边用笔指着有关的线段）就这么想的，$BC \perp AB$ 已经告诉我了，$BC \perp PB$ 是要我证明的，所以必须去想办法说明 $BC \perp PB$，我想到这里，就知道自己可以解决这个问题了。

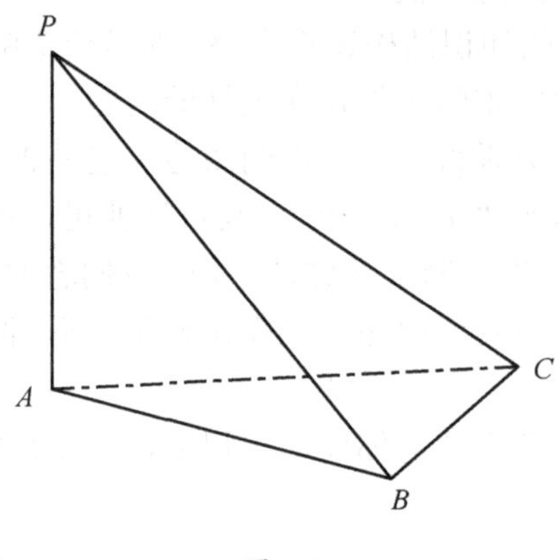

图 5-8

笔者：你表现得真不错，能够很顺利地使用我们刚才归纳的“一句话”，你看出来了吧，其实我们在分析垂直关系的时候是经常从这“一句话”出发的。现在我们来考虑用另外一个办法证明 $BC \perp PB$。

各位：这句话“若证面面垂直，先证线面垂直；若证线面垂直，先证线线垂直”，就是一个程序型图式，是用来解决空间垂直关系的，但是这个图式比较抽象，适合程度比较好的学生使用，对程度稍微弱一些的学生，使用起来是十分困难的。

那么对于中等程度以下的学生，证明垂直关系，什么样的程序型图式才最合适呢？

从综合法的角度：要帮助这些学生逐步养成一种“由因导果”的思维习惯，如果条件中有线面垂直，那就应该去观察有哪些平面经过这条直线，继而找到面面垂直；如果条件中有面面垂直，则必须去观察这两个平面的交线、其中一个平面上是否有一条垂直于交线的直线，这样就可以过渡到线面垂直。

从分析法的角度：这是一种“执果索因”的思维习惯，相对于综合法它的应用就稍微复杂一些，显然“若证面面垂直，先证线面垂直；若证线面垂直，先证线线垂直”就是抽象程度非常高的分析法。对于初学者（中等程度以下），应将“一条线垂直于三角形两条边，则必然垂直于第三边”与分析法紧密结合，这才是适合此类学生的一种程序图式。

【案例 6】 关于一类周期函数的讨论

我们知道，定义在实数集合 **R** 的函数 $f(x)$，若对于定义域内任何一个 x 都有 $f(x+T)=f(x)$，其中 T 是一个给定的常数。那么函数 $f(x)$ 就是周期函数，T 就是它的周期。

在周期函数定义中，$f(x+T)=f(x)$ 是一个核心图式，很少有教师用比较通俗的文字语言来形容它，这是不正确的。

一些教学难点为什么难以突破？往往是缺乏教师针对数学图式本质的点拨，这种点拨能够起到画龙点睛的作用。

对于 $f(x+T)=f(x)$，我们必须这样来形容：（一个）自变量增加 T，函数值不变，或者也可以说"横坐标增加 T，纵坐标依然不变"，甚至还可以说"将图像向左（右）移动 T 个单位，与原来图像重合"。

有时候，数学图式必须用不同的语言来进行表示，表示的层次与学生对概念的理解水平成正比。

倘若我们能够像上面这样点拨，学生就很容易理解周期的概念了。

当学生对周期函数有了比较好的认识之后，我们就可以做一些变式训练，例如：函数 $y=f(x)$，$x\in\mathbf{R}$，满足 $f(x+2)=-f(x)$，判断其是否为周期函数。

有的教师会直接抛售：将其中的 x 换成 $x+2$，自然就有：

$f(x+2+2)=-f(x+2)=f(x)$。

可是学生却不满意，特别是中等程度以下的学生，他们的主要疑问就在"为什么将 x 换成 $x+2$，而不是其他"。

学生的求知欲必须得到鼓励，怎么来进行有效的教学设计呢？

这里的主要矛盾聚焦在对数学表达式 $f(x+2)=-f(x)$ 的表征上，也就是对这个数学图式如何进行精制。必须指出，在教师指导下的图式精制过程其实就是数学概念（数学图式）的再认识甚至是再创造的过程。

如何表示数学图式"$f(x+2)=-f(x)$"，笔者是这样设计一个游戏场景：同学们围坐在一起，进行一个"说数字"的游戏，规则如下：前一个同学说出一个数字，相隔一个同学回答这个数字的相反数。

经过游戏，学生们发现其中有周期现象，而且周期为 2。

再将游戏抽象：前一个同学为 x，他说出的数为 $f(x)$，由于相隔一个同学，那他自然就是 $x+2$，说出的数字为 $f(x+2)$，根据游戏规则有 $f(x+2)=-f(x)$。

通过这样的游戏，学生十分容易理解图式"$f(x+2)=-f(x)$"的本质，这个本质其实就是映射。而且知道为什么周期 $T=4$，也就理解为什么前面要将 x 替换成 $x+2$。

最令我们骄傲的是，学生自己可以对游戏进行再创造。例如将游戏规则稍加改动“相隔一个同学回答这个数字的倒数”“相隔一个同学回答这个数字的倒相反数（先取倒数再取相反数）”，抽象成数学表达式就是形如“ $f(x+2)=\dfrac{1}{f(x)}$ ”“ $f(x+2)=-\dfrac{1}{f(x)}$ ”这样的周期函数。

我们发现，很多教师对于“函数 $f(x)$ 满足 $f(x+a)=f(a-x)$ ，则对称轴为 $x=a$ ”从来不解释为什么，这种做法丧失了帮助学生理解这一数学图式的机会。其实很好解释：在函数图像上横坐标分别为 $a+x$ ， $a-x$ 的两个点纵坐标是相同的，自然两点连线的垂直平分线为 $x=\dfrac{a+x+a-x}{2}=a$ ，由于这两点具有“任意性”，所以函数 $f(x)$ 图像的对称轴方程为 $x=a$ 。

要想更好地理解周期函数，必须将对称性与周期结合在一起。

为什么学生总感觉周期函数这里是一个难点呢？

根据图式理论，比较复杂的图式必须搭配适当的“样例”，就是佐证图式特征的一些具体的例子。

我们来分析一下 2005 年广东高考理科数学第 19 题，题意如下：

设函数 $f(x)$ 在 $(-\infty,+\infty)$ 上满足 $f(2-x)=f(2+x)$, $f(7-x)=f(7+x)$ ，且在闭区间[0，7]上，只有 $f(1)=f(3)=0$.

（Ⅰ）试判断函数 $y=f(x)$ 的奇偶性；

（Ⅱ）试求方程 $f(x)=0$ 在闭区间[–2005，2005]上的根的个数，并证明你的结论。

程度中等的学生大多都能发现函数 $f(x)$ 具备两条对称轴 $x=2$ ， $x=7$ ，但是后来思路受阻。

是什么原因阻碍考生进一步思考呢？不是简单的数学思维能力不足的问题，这里有我们数学教师的责任。

在引导学生精制周期函数图式特征的时候，我们有没有为学生提供充足的样例？

能够完美体现函数周期特征的样例就是正（余）弦曲线，通过观察，学生自然发现：两条相邻对称轴之间的距离是 $\dfrac{T}{2}$ 等。

巧妇难为无米之炊，学生头脑中关于函数周期性的图式缺乏足够的样例，当然就对这样的数学试题束手无策。

函数周期性的概念图式一般是在必修一的教学中开始形成的，但是它的精制要有一个比较漫长的过程，通常来讲，只有完成必修四、必修五的学习后才能得到很好的巩固。

【案例 7】关于一道立体几何新定义试题解答情况的分析

人教论坛上曾经有网友帖出这样一道填空试题：

如果一条直线与一个平面垂直，那么称此直线与平面构成一个“正交线面对”。在一个正方体中，由两个顶点确定的直线与含有四个顶点的平面构成的“正交线面对”的个数是______。

这是一个很不错的试题，新定义“正交线面对”十分形象，更主要的是，该题目重点考查了正方体的一些简单特征，很基础但是又有一定的灵活性。

某次测验我们选用了这个题目，测试结果年级平均分1.8 分（满分 5 分）。

测试对象：高一学生

测试时间：学完必修二

因为学生解答情况不理想，非常有必要调查学生对正方体概念图式的掌握情况，所以我们设计了一份问卷调查（如下）。

（1）正方体的面数、棱数、对角线数依次为________________；

（2）正方体的对角线交于一点，每两条对角线可以确定一个平面，这个平面叫做对角面。那么正方体的对角面共有______个；

（3）正方体的两条棱如果不在同一个平面内，叫做一对异面直线，那么正方体的所有棱中，异面直线共有______对；

（4）若正方体的棱长为 a，那么其内切球、外接球以及与所有棱均相切的球的半径依次为______________；

（5）正方体 $ABCD-A_1B_1C_1D_1$ 中，请罗列你所知道的线线垂直、线面垂直、线面平行，必要时，可以添加辅助线。

说明：本份问卷要求学生在 20 分钟内完成。

为什么要进行这样的问卷呢？空间几何体的概念是一个范围比较大的图式，为了牢固掌握这一概念，必须引导学生利用其中的典型样例，而正方体就是其中之一。

再者，正方体作为一个十分常见的几何体，完全有必要让学生熟悉其中的结构特征。也就是说，对于学生，当他面对一个正方体时候，头脑中应该浮现出哪些关于它的知识点，其实也是对于正方体表征的一种再现。

正方体有 6 面、8 个顶点、12 条棱，棱长若为 a，则其内切球、外接球以及与所有棱均相切的球的半径依次为 $\frac{a}{2}$，$\frac{\sqrt{3}a}{2}$，$\frac{\sqrt{2}a}{2}$。

在 12 条棱中，异面直线有 24 对。对角线共 4 条，它们两两相交，构成 6 个对角面。

$BD_1 \perp AC$，$BD_1 \perp$ 平面 ACD_1，$BD \perp$ 平面 ACC_1A_1，平面 $ACD_1 \,//\,$ 平面 ABC_1

分别是典型的线线垂直、线面垂直、线面平行。

倘若学生熟练掌握了正方体的图式特征，那么就会很迅速地解答出“正交线面对”共有 36 个。这是因为，在正方体中每一个面有四条棱与之垂直，共构成 24 个“正交线面对”；在 6 个对角面中，每一个对角面又有 2 条面对角线与之垂直，又有 12 个“正交线面对”，所以共计 36 个。

学生很难在规定的 20 分钟内顺利完成问卷调查，问题主要集中在第 2、3、5 等题目上。

（1）不能进行简单的记数运算

正方体的 12 条棱中为什么异面直线有 24 对、对角线为什么是 4 条、对角面为什么是 6 个，学生在回答这几个问题时候，方法五花八门，绝大多数都试图逐个去列举，可是由于缺乏空间想象力，终究无功而返。这说明学生缺乏简单的记数意识与办法，三个人每两人都要握手一次，共握手多少次？因为每个人都要和另外两个人各握手一次，有 6 次，考虑到重复，答案是 3 次。异面直线、对角线、对角面的数目都可以按照这个办法来记数，但是很少有学生这样操作。

（2）不能形成样例意识

正方体中典型的垂直与平行关系有很多，其中有一些是起到“骨架”作用的，而这些学生都不怎么熟悉，反映出在学习过程中抓不到重点。$BD_1 \perp AC$ 是最重要的垂直关系，从它开始，辅以正方体的对称特征，十分自然就能得到 $BD_1 \perp$ 平面 ACD_1。

在立体几何的教学中如何培养学生的空间想象力，是我们一直关注的话题。这不能依靠题海战术来解决，恰当使用图式理论，帮助学生形成图式，再予以精制以及记忆，之后通过题组训练，当然这种训练必须有针对性，这样才是有效的办法。

【案例 8】一个优秀学生圆锥曲线概念图式的构建过程（远程辅导）

2013 年暑假，朋友的孩子远在数百公里以外的另外一座城市就读高二（面临高三），让我辅导他的数学。路途遥远不便前往，恰好最近学会使用了 mathQ 这个软件，这也是一种即时通讯软件，它最大的优点是支持在线输入数学公式。通知他在电脑上下载安装，经过测试决定对他进行远程辅导。以下是我们两个人的聊天内容，除了纠正个别错别字（数学符号错误）以外没做任何修饰。

masir 2013-07-27 09：15：19

我今天给你讲讲椭圆。

gdzyzx 2013-07-27 09：13：40

嗯。

masir 2013-07-27 09：15：55

椭圆要注意三个问题：（1）定义，一看到是椭圆的题目，先要反应到椭圆的定义。

gdzyzx 2013-07-27 09：14：28

到焦点和为 $2a$ 。

masir 2013-07-27 09：16：16

（2）椭圆的图形特征。

gdzyzx 2013-07-27 09：15：40

圆形特征即是？

gdzyzx 2013-07-27 09：16：36

还有这个啊！

masir 2013-07-27 09：19：13

是啊！

gdzyzx 2013-07-27 09：17：49

画错了怎么撤销？

masir 2013-07-27 09：20：44

你在纸上画个椭圆。

gdzyzx 2013-07-27 09：19：40

masir 2013-07-27 09：21：42

$\frac{x^2}{a^2}+\frac{y^2}{b^2}=1(a>b>0).$

masir 2013-07-27 09：22：02

现在要你准确绘制两个焦点。

masir 2013-07-27 09：22：06

会不?

masir 2013-07-27 09：22：13

很准确的焦点位置。

gdzyzx 2013-07-27 09：21：00

量取 a 和 b.

masir 2013-07-27 09：22：53

然后?

gdzyzx 2013-07-27 09：21：43

过短轴端点作长度为 a 的直线交于 x 轴。

gdzyzx 2013-07-27 09：21：51

交点即为焦点。

masir 2013-07-27 09：23：49

不错！

masir 2013-07-27 09：24：38

那么，椭圆图形中，有几条线段长度为 a，哪些线段长度为 b，哪些线段长度为 c?

masir 2013-07-27 09：24：59

长度为 a 的有 6 条。

gdzyzx 2013-07-27 09：23：20

b 2 条。

gdzyzx 2013-07-27 09：23：22

？

gdzyzx 2013-07-27 09：23：27

c 2 条？

masir 2013-07-27 09：25：23

我找一个椭圆的图形。

masir 2013-07-27 09：25：49

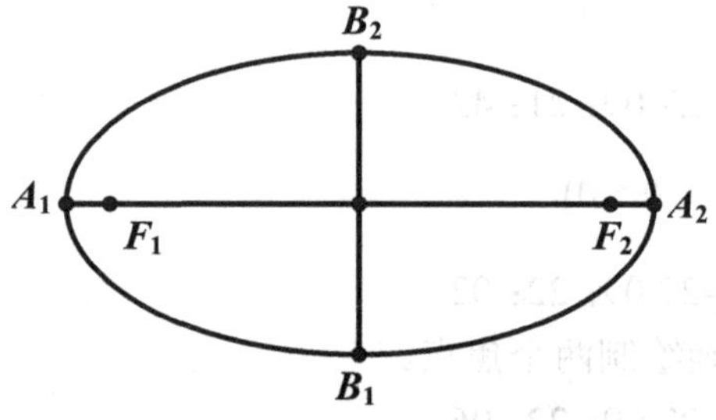

masir 2013-07-27 09：26：23

近地点和远地点知道吧。

gdzyzx 2013-07-27 09：25：00

B_1， B_2 和 A_1， A_2？

masir 2013-07-27 09：27：30

点 A_2 到 F_2 距离最近。

gdzyzx 2013-07-27 09：25：59

到 A_1.

gdzyzx 2013-07-27 09：26：02

最远。

masir 2013-07-27 09：27：56

点 A_1 到 F_2 最远。

gdzyzx 2013-07-27 09：26：22

A_1 到 A_2 呢？

masir 2013-07-27 09：28：16

最近距离是 $a-c$.

masir 2013-07-27 09：28：27

最远距离为 $a+c$.

masir 2013-07-27 09：28：33

对吧。

gdzyzx 2013-07-27 09：27：36

为什么不是 A_1A_2 最远？

masir 2013-07-27 09：30：22

我们现在研究的是椭圆上哪个点到 F_2 的距离最近和最远。

masir 2013-07-27 09：30：35

神十档案：

飞行时间：在轨飞行 15 天，其中 12 天与天宫一号组成组合体。

（飞行发射初始轨道：近地点约 200 公里、远地点约 330 公里的椭圆轨道。

gdzyzx 2013-07-27 09：29：15

离焦点最近最远？

masir 2013-07-27 09：31：10

这里的近地点和远地点能用 a，c 表示吗?

masir 2013-07-27 09：31：33

对，是考查椭圆上哪个点到焦点距离最近和最远。

gdzyzx 2013-07-27 09：30：28

$a-c=200$，$a+c=330$.

masir 2013-07-27 09：32：38

应该是 $a-c=R+200$.

masir 2013-07-27 09：32：52

200 是到地球表面距离。

gdzyzx 2013-07-27 09：31：07

嗯，还有地球半径。

masir 2013-07-27 09：33：20

好了，椭圆的第（2）个问题：图形特征就这些。

masir 2013-07-27 09：33：45

现在是第（3）个问题：数量关系。

masir 2013-07-27 09：35：10

1. 点 $P(x，y)$ 在椭圆 $\frac{x^2}{a^2}+\frac{y^2}{b^2}=1(a>0，b>0)$ 上，右焦点为 $F(c，0)$，请计算 $|PF|$.

masir 2013-07-27 09：35：28

你现在用笔在纸上开始计算。

gdzyzx 2013-07-27 09：35：14

$|PF|=\sqrt{(x-c)^2+y^2}$.

masir 2013-07-27 09：37：37

要化简。

masir 2013-07-27 09：38：52

消去 yf.

gdzyzx 2013-07-27 09：40：00

$|PF|=\left|\frac{c}{a}x-a\right|$.

masir 2013-07-27 09：41：54

不错啊！

masir 2013-07-27 09：42：08

这个绝对值符号能不能去掉?

gdzyzx 2013-07-27 09：40：55

$|PF|=a-\frac{c}{a}x$.

gdzyzx 2013-07-27 09：41：32

$x\in[-a，a]$.

masir 2013-07-27 09：43：28

那么可以计算最值吗?

gdzyzx 2013-07-27 09：43：21

当 $x=-a$ 时，最大值为 $a+c$.

当 $x=a$ 时，最小值为 $a-c$.

masir 2013-07-27 09：45：13

哈！

masir 2013-07-27 09：45：28

这就解释了近地点和远地点的问题了嘛！

gdzyzx 2013-07-27 09：44：01

嗯

masir 2013-07-27 09：46：31

再问你一个问题，椭圆离心率 $e\in(0, 1)$，那么其离心率越大，椭圆是越扁还是越圆?为什么?

gdzyzx 2013-07-27 09：45：42

越扁。

masir 2013-07-27 09：48：30

为什么?怎么解释最好?

masir 2013-07-27 09：49：01

一个问题是：你能用几种公式表示椭圆的离心率?

gdzyzx 2013-07-27 09：47：17

离心率越大 c 越大 a 越小，焦点离长轴端点近且 b 减小短轴更短所以就扁了。

masir 2013-07-27 09：49：22

$e=\dfrac{c}{a}$，还有其他公式吗?

masir 2013-07-27 09：49：36

你这个解释也是不错的。

gdzyzx 2013-07-27 09：48：48

$\sqrt{1-\dfrac{b^2}{a^2}}$.

masir 2013-07-27 09：51：21

好!

masir 2013-07-27 09：51：25

还有其他表示离心率的公式没?

masir 2013-07-27 09：51：50

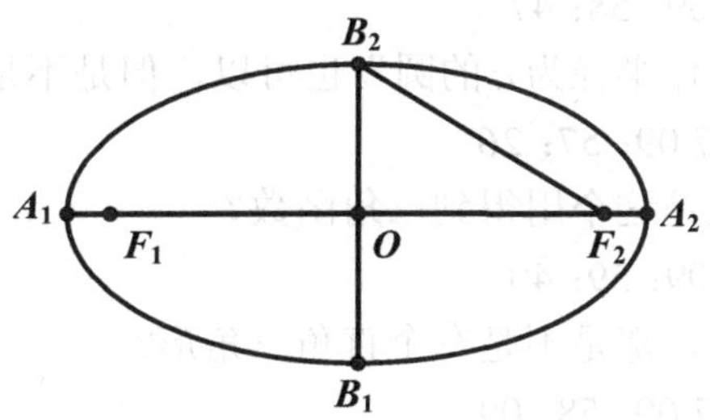

masir 2013-07-27 09：52：14

能不能用一个角的三角函数值来表示离心率?

gdzyzx 2013-07-27 09：51：17

老实说参数方程那块我不是很熟，= =，不过可以试试！

masir 2013-07-27 09：53：43

别担心，这个与参数方程关系不是很大。

masir 2013-07-27 09：54：15

你就看这个图。

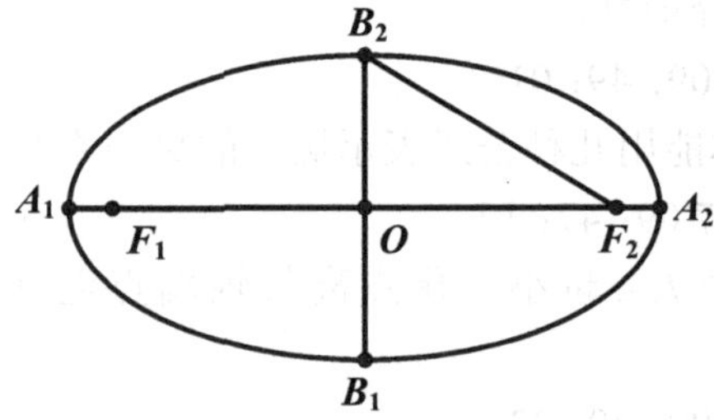

gdzyzx 2013-07-27 09：52：59

没什么感觉。

masir 2013-07-27 09：55：23

$a^2=b^2+c^2$你会想到什么?

gdzyzx 2013-07-27 09：54：16

$\cos^2 x+\sin^2 x=1$?

masir 2013-07-27 09：56：12

还有没?

gdzyzx 2013-07-27 09：55：42

以原点为圆心作半径为a的圆?

masir 2013-07-27 09：58：12

$a^2=b^2+c^2$你会想到什么?

masir 2013-07-27 09：58：47

“以原点为圆心作半径为a的圆”也可以，但是不是有点勉强?

gdzyzx 2013-07-27 09：57：26

勾股定理啊！但是这个用得到三角函数?

masir 2013-07-27 09：59：40

对啊，勾股定理，那是不是有个直角三角形?

gdzyzx 2013-07-27 09：58：09

但是可以用三角函数表达么?

masir 2013-07-27 10：00：14

难道不能用三角函数来表示离心率吗?

gdzyzx 2013-07-27 09：59：11

gdzyzx 2013-07-27 09：59：17

没头绪……

masir 2013-07-27 10：01：28

看这个 $\triangle OB_2F_2$ 的三边都是什么?

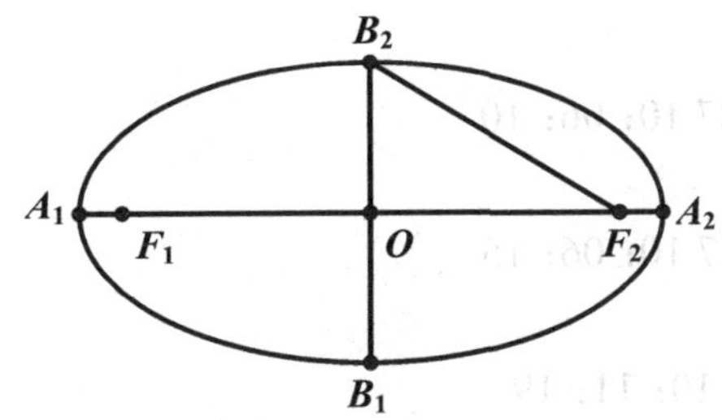

gdzyzx 2013-07-27 09：59：58

$a,b,c.$

masir 2013-07-27 10：02：08

离心率是 $\dfrac{c}{a}$ 哦。

gdzyzx 2013-07-27 10：00：40

然后？

masir 2013-07-27 10：03：20

与哪个角的三角函数值有关系呢?

gdzyzx 2013-07-27 10：01：48

$\sin\angle OF_2B_2$.

gdzyzx 2013-07-27 10：02：05

是 cos。

masir 2013-07-27 10：04：02

对了吧？

gdzyzx 2013-07-27 10：02：18

$\cos\angle OF_2B_2$

masir 2013-07-27 10：06：54

现在我们来观察：如果 $e\rightarrow$ 大，则 $\cos\angle OF_2B_2$ 大，那么角 $\angle OF_2B_2$ 会怎么变化?

gdzyzx 2013-07-27 10：05：24

变小。

masir 2013-07-27 10：07：32

那么椭圆就会越来越?

gdzyzx 2013-07-27 10：05：52

扁。

masir 2013-07-27 10：07：46

不错。

masir 2013-07-27 10：07：56

下面继续讨论。

gdzyzx 2013-07-27 10：06：10

原来这样解释。

gdzyzx 2013-07-27 10：06：15

嗯！

masir 2013-07-27 10：11：19

椭圆 $\frac{x^2}{a^2}+\frac{y^2}{b^2}=1(a>0，b>0)$ 的长轴为 A_1A_2，点 $P(x，y)$ 在椭圆上（不与 A_1，A_2 重合)，那么 $k_{PA_1}\times k_{PA_2}$ 是不是常数?

masir 2013-07-27 10：11：41

要计算。

masir 2013-07-27 10：11：58

$k_{PA_1}\times k_{PA_2}$ 就是直线斜率乘积。

gdzyzx 2013-07-27 10：11：48

最讨厌这种题。

gdzyzx 2013-07-27 10：12：03

按理说是常数，但要算一下。

masir 2013-07-27 10：13：50

不能讨厌。

gdzyzx 2013-07-27 10：12：15

嗯！

masir 2013-07-27 10：14：14

解析几何肯定是有一定的运算量的。

masir 2013-07-27 10：14：31

因为解析几何的本质就是：数形结合。

gdzyzx 2013-07-27 10：12：49

知道，每次做这题用时最长。

masir 2013-07-27 10：14：54

那是因为你平时重视不够。

gdzyzx 2013-07-27 10：13：28

嗯。

gdzyzx 2013-07-27 10：13：40

所以要找你帮我讲。

gdzyzx 2013-07-27 10：20：53

算到$\dfrac{b^2-\dfrac{b^2}{a^2}x^2}{x^2-a^2}$没头绪了。

masir 2013-07-27 10：22：45

哈哈。

masir 2013-07-27 10：23：01

你距离成功只剩下一步了。

gdzyzx 2013-07-27 10：21：32

出来了。

masir 2013-07-27 10：23：39

结果是？

gdzyzx 2013-07-27 10：22：08

$-\dfrac{b^2}{a^2}$.

masir 2013-07-27 10：24：02

masir 2013-07-27 10：24：37

那么，我们来研究椭圆基本知识中的最后一个问题：通径。

masir 2013-07-27 10：24：54

听说过通径这个词吗？

gdzyzx 2013-07-27 10：23：15

貌似听过。

masir 2013-07-27 10：26：20

过椭圆$\dfrac{x^2}{a^2}+\dfrac{y^2}{b^2}=1(a>0,\ b>0)$的右焦点做垂直于长轴的弦$MN$，那么线段$MN$就是椭圆的通径。

masir 2013-07-27 10：26：32

你现在计算下通径的长度吧。

gdzyzx 2013-07-27 10：27：31

$\frac{2b^2}{a}$.

masir 2013-07-27 10：29：25

不错！

masir 2013-07-27 10：29：37

以上就是椭圆的知识组块。

masir 2013-07-27 10：30：06

就是说，一提起椭圆，你要想到这些知识。

masir 2013-07-27 10：30：18

概括下就是三个方面：

masir 2013-07-27 10：30：22

（1）定义。

masir 2013-07-27 10：30：28

（2）图形特征。

masir 2013-07-27 10：30：34

（3）数量特征。

gdzyzx 2013-07-27 10：29：00

嗯！

gdzyzx 2013-07-27 10：29：12

有种豁然开朗的感觉。

masir 2013-07-27 10：31：03

巧媳妇难为无米之炊。

masir 2013-07-27 10：31：32

如果你头脑里关于椭圆的“观念”很少很少，那怎么能解答数学题目？

masir 2013-07-27 10：32：00

你现在有两个任务：

gdzyzx 2013-07-27 10：30：17

确实，会觉得没有头绪和方向。

masir 2013-07-27 10：32：15

（1）整理下刚才咱们研究的东西；

masir 2013-07-27 10：32：40

（2）仿照这样的结构去思考下双曲线相应的内容。

gdzyzx 2013-07-27 10：31：13

双曲线会有图形特征？

masir 2013-07-27 10：33：26

椭圆和双曲线的学习办法是相似的。

masir 2013-07-27 10：33：49

完全可以用学习椭圆的办法来学习双曲线哦！

gdzyzx 2013-07-27 10：32：09

嗯！

masir 2013-07-27 16：25：58

双曲线的问题与椭圆类似。

masir 2013-07-27 16：26：06

也要研究三个方面：

masir 2013-07-27 16：26：10

（1）定义。

masir 2013-07-27 16：26：17

（2）图形特征。

masir 2013-07-27 16：27：37

首先，要熟练绘制双曲线，一般来说，绘制双曲线 $\frac{x^2}{a^2}-\frac{y^2}{b^2}=1(a>0,\ b>0)$，要先绘制出实轴、虚轴，再绘制矩形。

gdzyzx 2013-07-27 16：26：16

一般没画矩形。

masir 2013-07-27 16：28：07

然后绘制出矩形对角线所在直线，就是渐近线。

masir 2013-07-27 16：28：20

那不好，一定要先绘制矩形。

gdzyzx 2013-07-27 16：26：40

嗯！

masir 2013-07-27 16：29：19

绘制好双曲线后，就如同椭圆那样去观察，长度为 a，b，c 的线段。

masir 2013-07-27 16：29：36

其中长度为 c 的应该有 6 条了吧。

gdzyzx 2013-07-27 16：27：58

嗯！

masir 2013-07-27 16：30：05

长度为$c-a$，$c+a$的线段能找到吧。

gdzyzx 2013-07-27 16：28：35

$c+a$在哪？

masir 2013-07-27 16：30：38

就是右顶点到左焦点的距离嘛！

gdzyzx 2013-07-27 16：29：08

啊？

gdzyzx 2013-07-27 16：29：14

对哦！

masir 2013-07-27 16：31：40

现在你猜测下，焦点到渐近线的距离应该是谁？

gdzyzx 2013-07-27 16：30：37

$c-a$.

masir 2013-07-27 16：32：34

焦点到渐近线的距离应该是谁？

masir 2013-07-27 16：32：50

焦点到渐近线的距离哦！

gdzyzx 2013-07-27 16：32：51

b.

masir 2013-07-27 16：34：50

你是怎么证明的？

gdzyzx 2013-07-27 16：33：16

点到直线距离。

gdzyzx 2013-07-27 16：33：23

三角形。

masir 2013-07-27 16：35：10

哈！

masir 2013-07-27 16：35：16

三角形全等？

gdzyzx 2013-07-27 16：33：44

嗯。

masir 2013-07-27 16：35：45

该第（3）个了。

masir 2013-07-27 16：35：53

双曲线中的数量关系。

gdzyzx 2013-07-27 16：34：12

这么少图形特征？

masir 2013-07-27 16：36：25

就这些图形特征，双曲线要求要低一些。

masir 2013-07-27 16：37：10

双曲线中的数量关系（1）离心率公式，两个$e=\frac{c}{a}=\sqrt{1+\frac{b^2}{a^2}}$.

gdzyzx 2013-07-27 16：35：40

嗯！

masir 2013-07-27 16：37：33

（2）通径与椭圆的一样。

gdzyzx 2013-07-27 16：37：16

嗯！

gdzyzx 2013-07-27 16：37：19

确实。

masir 2013-07-27 16：39：23

（3）双曲线$\frac{x^2}{a^2}-\frac{y^2}{b^2}=1(a>0，b>0)$的实轴为$A_1A_2$，点$P(x，y)$为双曲线上一点（不与实轴端点重合），那么$k_{PA_1}\times k_{PA_2}$也是常数。

gdzyzx 2013-07-27 16：37：55

我算下。

masir 2013-07-27 16：39：52

这个常数是？

masir 2013-07-27 16：40：03

先不用算，要找规律。

masir 2013-07-27 16：40：25

椭圆与双曲线中的数量关系，要么一模一样。

masir 2013-07-27 16：40：32

要么就差一个符号。

masir 2013-07-27 16：40：37

这是规律，命中注定的规律，这是由它们的定义决定的。椭圆是距离之和为常数，而双曲线是距离之差为常数。

gdzyzx 2013-07-27 16：39：03

我记得之前好像看到过。

gdzyzx 2013-07-27 16：39：16

就是正负的那个。

masir 2013-07-27 16：41：09

教材上有这样的习题。

gdzyzx 2013-07-27 16：40：05

没什么印象。

想到了，这个常数肯定是$\dfrac{b^2}{a^2}$.

masir 2013-07-27 16：44：28

（4）双曲线上任意一点到两渐近线距离乘积为常数哦！

gdzyzx 2013-07-27 16：46：50

我算着是$\dfrac{b^2(x_0-b^2)}{ac}$.

masir 2013-07-27 16：48：49

这是哪个？

gdzyzx 2013-07-27 16：47：10

不见得常数啊！

masir 2013-07-27 16：49：22

计算的有错误？

masir 2013-07-27 16：49：28

一定是常数。

masir 2013-07-27 16：50：41

渐近线为$bx-ay=0$，$bx+ay=0$.

masir 2013-07-27 16：51：45

距离乘积为$\dfrac{|bx_0-ax_0|}{\sqrt{a^2+b^2}}\times\dfrac{|bx_0+ax_0|}{\sqrt{a^2+b^2}}$。

gdzyzx 2013-07-27 16：50：14

对啊！

masir 2013-07-27 16：52：02

化简。

masir 2013-07-27 16：52：38

等于$\dfrac{|b^2x_0^2-a^2y_0^2|}{c^2}$.

gdzyzx 2013-07-27 16：51：14

$\frac{b^2(x_0-b^2)}{ac}$.

gdzyzx 2013-07-27 16：51：23

消去 y。

gdzyzx 2013-07-27 16：51：28

得这个。

masir 2013-07-27 16：53：47

而 $\frac{x^2}{a^2}-\frac{y^2}{b^2}=1 \Rightarrow b^2x^2-a^2y^2=a^2b^2$.

masir 2013-07-27 16：54：07

不要消去 y。

gdzyzx 2013-07-27 16：52：39

啊啊啊啊！原来算错了。

gdzyzx 2013-07-27 16：52：53

右边没有变成 a^2b^2.

gdzyzx 2013-07-27 16：52：58

怪不得。

masir 2013-07-27 16：55：13

gdzyzx 2013-07-27 16：53：46

$\frac{a^2b^2}{c^2}$.

masir 2013-07-27 16：56：24

对！

gdzyzx 2013-07-27 16：55：45

还有什么要注意的么？

masir 2013-07-27 16：57：38

没啦！不过我再和你交流一个问题，初中我们把函数 $y=\frac{k}{x}(k\neq 0)$ 的图像叫做双曲线吧？那么这条双曲线上任意一点到两条渐近线的距离乘积也是常数嘛！

gdzyzx 2013-07-27 16：56：01

抛物线？

masir 2013-07-27 16：57：48

就这些啦！

masir 2013-07-27 16：58：10
抛物线主要是绘制图形。
gdzyzx 2013-07-27 16：57：01
then？
masir 2013-07-27 16：59：04
你一般怎么绘制抛物线？
masir 2013-07-27 16：59：28
先画焦点，再画准线。
gdzyzx 2013-07-27 16：57：58
额，这个画出焦点准线，然后直接画抛物线。
masir 2013-07-27 16：59：44
接下来，是绘制通经两个端点。
masir 2013-07-27 17：00：09
这样画抛物线很粗糙。
masir 2013-07-27 17：00：36
抛物线也是有通径的哦！
gdzyzx 2013-07-27 16：59：16
$2p$？
masir 2013-07-27 17：01：05
对！
masir 2013-07-27 17：01：21
抛物线中有两个正方形。
gdzyzx 2013-07-27 17：0157
哪两个？
masir 2013-07-27 17：03：04
你画出通径。
masir 2013-07-27 17：03：35
从通径两端向准线做垂线。
gdzyzx 2013-07-27 17：02：01
嗯，看到了。
masir 2013-07-27 17：03：51
就会出现了。
masir 2013-07-27 17：04：17
抛物线的几何特征。

masir 2013-07-27 17：06：29

关于抛物线的问题，你可以参考下这里 http：//myzone.sciyard.com/showarticle2.aspx? spaceid=9&&courseid=12&&logid=57

就这样笔者和他利用 mathQ 聊了差不多两个半小时，基本达到了目的，帮助他重新构建了椭圆、双曲线以及抛物线的概念图式。

通常这三种圆锥曲线的概念图式都是由三部分构成：定义、图形特征、数量特征。从聊天过程可以看到，他原来的概念图式中仅仅包含曲线的定义，图形是随意绘制，数量关系只有关于离心率的表达式（一个），这样的概念图式在浩瀚的解析几何题海中势必显得苍白无力。

依据笔者多年观察，很多教师忽略圆锥曲线图形的绘制，这是导致学生不能区别双曲线（一个分支）与抛物线的主要原因。解析几何最大的特点就是数形结合，通过绘制图形完全可以巩固回忆曲线的性质，这是必须加强的。

离心率是圆锥曲线最重要的概念之一，要启发学生运用不同的形式进行表示，这样才能深刻理解离心率变化对曲线形状的影响。

样例在圆锥曲线概念图式中的作用是非常大的，这个学生最缺少的是典型样例。一般来说，对于程度比较好的学生，教师更要为其提供内涵丰富的样例，因为他们有能力去进一步研究，在解决新问题的时候会自觉提取储存的经典样例。

5.2 关于数列部分概念图式掌握以及应用情况的调查分析

数列是一种特殊的函数，与其相关的知识比较多，而且具有知识交汇的特点，在应试教育“一步到位”理念的影响下，教学要求很容易被拔高，过早地进行针对“高考” 的综合性训练，从而影响了基本内容的学习和加重了学生负担。事实上，学习是一个不断深化的过程，新课程的教学要求是螺旋上升。数列通常都是在高一完成（必修的学习顺序可以调整），作为基础阶段的学习，应致力于打好基础并进行有效的针对训练，在后续的学习中通过对本章内容的不断应用来获得巩固和提高，最后在高三数学总复习时，通过知识的系统梳理和进一步的综合训练使对本章内容的掌握上升到一个新的档次。为此，本章教学的重点应该放在基本概念（图式）的形成、精制以及提取三个方面，此外要特别注意一些容易膨胀的地方。例如在学习数列的递推公式时，不要去搞涉及递推公式变形的论证、计算问题，只要求体会递推思想（方法图式），会根据递推公式求出数列的前几项就行了。在研究数列求和问题时，不要涉及过多的技巧，侧重两个典型求和方法（裂项、错位相减）的图式记忆以及应用。结合某次测验（以数列为主）的成绩，我们抽取了 15 名学生进行调查。他们的成绩分布比较均匀，好、中、差各占三分之一左右，调查方式主要是访谈，目的是能够更清楚地了解他们对基本数学概念（图式）的掌握以及应用情况，对象为高一学生（班级不同、教师不同），是在全部学完数列内容并单元复习检测之后进行的。

测试题 1：

在给出的下列关系式中，能肯定是等差数列的有哪些？

①数列$\{a_n\}$，$a_{n+2}-a_{n+1}=2$

②数列$\{b_n\}$，$b_{n+1}+3=b_n$

③数列$\{x_n\}$，$x_n-3=x_{n+1}$

④数列$\{y_n\}$，$y_{n+2}+y_n=2y_{n+1}$

测试目的：

了解等差数列概念的教学效果，分析甄别学生关于这一定义图式的掌握情况。

测试结果以及分析：

有 4 名学生需要经过简单的运算或者是变形才能获得正确答案，另有三名学生能够确定等差数列，但是在回答公差时出现错误。

通过了解，这 4 名学生关于等差数列定义的理解以及记忆只有“后一项与前一项的差是常数，则该数列是等差数列”，与他们对比的是，另外 11 名学生都能够从其他角度来形容（定义）等差数列。

数学概念通常都有其他的等价形式，这就是前面我们所谈到的概念系（概念域），也是概念的内涵或者外延。等差数列概念是通过具体的事例抽象出来的，它的形成本身具有一定的难度。如果只能从一个角度来形容，图式就会很单薄，将会直接影响概念的应用。

测试题 2：

给出一些数列的通项公式（前n项和公式），能指出哪些是等差数列？哪些是等比数列吗？

①数列$\{a_n\}$，$a_n=3-2n$

②数列$\{b_n\}$，$b_n=3\times 2^{2n+1}$

③数列$\{x_n\}$，$S_n=-n^2+2n-3$

④数列$\{y_n\}$，$S_n=3+3\times 2^n$

测试目的：

了解等差等比数列通项以及前n项和公式的教学效果，分析甄别学生关于相应公式图式的掌握情况。

测试结果以及分析：

本题组测试成绩明显劣于前者，突出体现在问题②③④上。对问题②，选择了几位回答错误的学生，通过了解，发现他们对于 $b_n=3\times 2^{n-1}$，$b_n=3\times 2^n$ 类的通项公式，能马上肯定其为等比数列，而面对 $b_n=3\times 2^{2n+1}$ 时，就有了一定的困难。这说明他们基本掌握了等比数列通项公式的图式，也能形成记忆，那么影响他们正确回答问题的障碍究竟在哪里呢？启发他们将 $b_n=3\times 2^{2n+1}$ 化成 $b_n=m\times q^{n+p}$ 的形式，几位学生都不能顺利完成。显然，对于图式的理解以及记忆，他们是过关的，主要问题出现在图式提取的环节上，指数运算的熟练程度影响了问题的解答。

有 6 位学生不能正确回答问题③④，通过谈话了解到他们普遍存在的问题是极少注意等差等比数列前 n 项和公式的变形，比较喜欢记忆 $S_n=\dfrac{n(a_1+a_n)}{2}$，觉得这个公式简洁，对于另一个公式 $S_n=na_1+\dfrac{n(n-1)}{2}d$ 却很少关注它的其他形式。而等比数列前 n 项和公式 $S_n=\dfrac{a_1(1-q^n)}{1-q}(q\neq 1)$，几位学生仅仅知道还可以表示成 $S_n=\dfrac{a_1-a_nq}{1-q}$，对最能体现公式特征的 $S_n=\dfrac{a_1}{1-q}-\dfrac{a_1}{1-q}\times q^n$ 闻所未闻。

测试题 3：

数列 $\{a_n\}$，$a_1=1$，$a_{n+1}=\dfrac{a_n}{2a_n+1}$。求通项公式 a_n。

测试目的：

了解等差数列概念的运用情况，分析影响学生顺利提取等差数列概念图式的因素。

测试结果以及分析：

从前 2 次测试表现优秀的学生中筛选了 6 位学生参加本题目的访谈，当然也参考了他们的单元检测成绩。可以肯定的是这 6 位学生对等差数列的有关概念的掌握情况都是过关的，记忆情况良好，也就是说，图式的形成以及精制阶段都是合格的。

3 位学生可以迅速解决问题，从谈话了解到，他们曾经解决过类似问题，知道通过变形可以化为等差数列。让他们回忆首次面对类似题目时的情景，均表示当时不会解答，是得到教师的点拨之后才产生的思路。

对于本次没能顺利解答此题目的 3 名学生，我是采用这样的方式点拨的。

师：现在我要写出一个关于数列的表达式，希望你们看了之后有所联想。

（出示问题）已知数列 $\{a_n\}$，$a_1=1$，$\dfrac{1}{a_{n+1}}-\dfrac{1}{a_n}=3$，求其通项公式。

3 人都能回答出数列 $\left\{\dfrac{1}{a_n}\right\}$ 是公差为 3 的等差数列。

师：现在我告诉你们一个秘密，这个秘密就是：教师一般会怎么来出题考学生。

我要把这个式子搞得乱一点，去掉分母，$a_{n+1}-a_n=3a_na_{n+1}$，如果我写出的是这样的式子，你能像“变魔术”一样，变形出一个等差数列吗？

他们3人的表现说明，这也不是问题。

师：既然你们表现这么优秀，那我干脆扮演一个更“狠”的角色，把式子搞得更乱一些。

（出示问题）已知数列$\{a_n\}$，$a_1=1$，$a_{n+1}=\dfrac{a_n}{3a_n+1}$，求其通项公式。

3人稍微迟疑了一下，但是很快将其变形，得到了一个等差数列。

始终以来，我一直思考这样一个问题：数列特别是求通项公式的教学应该怎么进行组织才最有效？记得20世纪80年代刚刚步入教师行列，当时“递推数列”风靡一时，为了学生能够更好地掌握这个内容，笔者曾经下了很大的功夫，归纳了各种类型“递推数列求通项公式”的例子，然后逐个讲解，再配以适当的练习。这样下来，一些成绩比较好的学生能够掌握其中的大多数问题，但是对于中等以下的学生依然困难重重。经过反复思考，觉得问题可能出现在学生缺乏事先的思考过程。

后来，改变了一下讲授方式。先把自己归纳好的资料印发给学生，在他们有了充分的思考之后再进行讲解，然后组织训练。本以为这样会大大改善学习状况，殊不知效果还是不怎么理想。

问题究竟出在哪里？在对数学图式有了一定的了解之后，笔者大胆进行了如下的尝试。

5.3 基于图式的求数列通项公式的教学

一个科学的做法，就是当你有了构思之后一定要从整体上来设计和把握。教学对象为高中一年级的一个重点班，相对与普通班级的学生，这个班整体水平没有太大优势，但是有部分十分优秀的学生。

整个数列的教学分三个阶段，当然图式观点贯穿始终。

第一阶段：数列基本概念的学习。除了传统地要求学生积极参与教学过程之外，在这个阶段着重体现数列各个概念图式的形成以及精制。

第二阶段：本阶段主要完成以下教学任务。

①数列$\{a_n\}$中，$a_1=2$，$a_{n+1}=2a_n+3$，求a_n。

②数列$\{a_n\}$中，$a_1=1$，$a_{n+1}=a_n+2^n$，求a_n。

③数列$\{a_n\}$中，$a_1=1$，$a_{n+1}=a_n+2n$，求a_n。

前两个阶段的教学基本形成了求递推数列通项公式这一问题的图式，这个图式包括等差（等比）数列的定义，此外还有一些常用的方法（取倒数、待定系数法、累加等）。同时通过一组题目来检查学生掌握情况，当确认绝大多数学生顺利完成前两个阶段的学习任务之后，再进行第三阶段的学习。

第三阶段：如果说在前两个阶段教师是主角，那么在这个阶段学生将做为活动的主要参与者。

以下是配合第三阶段教学所设计的学案。

【教学设计】

递推数列通项公式求法

编写人：　　　　　　审稿人：　　　　　　编写时间：

【学习目标】

目标 1：进一步巩固等差等比数列的图式；

目标 2：能够编制一些比较简单的递推数列试题；

目标 3：体验数学中的转化思想。

【学习过程】

1. 等差（比）数列概念图式回顾

（1）数列$\{a_n\}$中，$a_1=2$，$\dfrac{1}{a_{n+1}}-\dfrac{1}{a_n}=3$，求$a_n$。

（2）数列$\{a_n\}$中，$a_1=2$，$a_{n+1}+2=3(a_n+2)$，求a_n。

（3）数列$\{a_n\}$中，$a_1=1$，$\dfrac{a_{n+1}}{2^{n+1}}=\dfrac{a_n}{2^n}+2$，求$a_n$。

（4）数列$\{a_n\}$中，$a_1=1$，$a_{n+1}=a_n+2n$，求a_n。

（5）数列$\{a_n\}$中，$a_1=1$，$\dfrac{a_{n+1}}{a_n}=\dfrac{n}{n+1}$，求$a_n$。

（6）数列$\{a_n\}$中，$a_1=1$，$\dfrac{a_{n+1}}{n+1}+2=3\left(\dfrac{a_n}{n}+2\right)$，求$a_n$。

（7）数列$\{a_n\}$中，$a_1=1$，$a_{n+1}+n+1=2(a_n+n)$，求a_n。

【设计意图】依据建构主义学习观，学生头脑中必须有一定的知识储备之后，才能顺利解决新的问题。从图式理论角度来看，这些知识储备就是相应的一些图式。这些问题的设置都围绕着等差（比）数列的概念图式，例如等差数列的概念图式“后一项与前一项的差为常数”，我们发现一些学生不能感悟到这里的“后一项”可以是任意一种含自然数n表达式，此外当“后一项”确定后就可以写出“前一项”，但是必须遵循“步调一致”的原则（如上页 7 题）。我们把累加（乘）法以及换元法作为求通项公式方法图式中的典型样例，通过这几道习题检测学生是否了解这些基本方法，为本节课的教学提供第一手资料。

2. 教师点拨

（1）为什么形如 $a_{n+1}=2a_n+3$ 的递推关系叫做“一阶线性递推”？

【设计意图】 $a_{n+1}=2a_n+3$ 也是一个图式，而“一阶线性递推”就是其典型的图式特征。

（2）同学们，你们想不想知道命题人是如何命制以下试题的？

①数列 $\{a_n\}$ 中，$a_1=2$，$a_{n+1}=3a_n+4$，求 a_n。

②数列 $\{a_n\}$ 中，$a_1=2$，$a_{n+1}=\dfrac{2a_n}{a_n+2}$，求 a_n。

③（2011 年广东高考试题）设 $b>0$，数列 $\{a_n\}$ 满足 $a_1=b$，$a_n=\dfrac{nba_{n-1}}{a_{n-1}+2n-2}$ $(n\geqslant 2)$，求数列 $\{a_n\}$ 的通项公式。

【设计意图】 教师只有通过“图式回顾”对学情进行了充分了解之后，才能进行本环节的教学。这里与传统递推数列教学有很大的区别，不是直接“抛售”名目繁多的办法，而是向学生“泄露”专家命制高考试题的过程，这首先就会极大地激发学生的兴趣。现在的学生不愿意停留在“怎么办”的层面上，而是积极去追寻“为什么”。例如第（3）题，专家应该是这样命制的：

构思一个公比为 $\dfrac{2}{b}$ 的等比数列，把它的后一项设置为 $\dfrac{n}{a_n}+\dfrac{1}{2-b}$，则前一项为 $\dfrac{n-1}{a_{n-1}}+\dfrac{1}{2-b}$（步调一致），这里应该考虑 $b\neq 2$（学生在解题的时候就要分类讨论，这可以增加一些难度），那么就可以写成：$\dfrac{n}{a_n}+\dfrac{1}{2-b}=\dfrac{2}{b}\left(\dfrac{n-1}{a_{n-1}}+\dfrac{1}{2-b}\right)$，适当整理就有了递推式 $a_n=\dfrac{nba_{n-1}}{a_{n-1}+2n-2}(n\geqslant 2)$，再配备适当的首项的值，一道精彩的高考试题就出炉了。等比数列概念图式是命题的基础，是出发点。

3. 学生活动

活动 1：两个人一小队，互相命题，并将题目及解答写在下面空白处

【你的命题及解答】　　　　　　　　【你队友的命题及解答】

活动 2：小组之间，互相命题，并将题目及解答写在下面空白处

【你的小组命题及解答】　　　　　　【对方小组的命题及解答】

活动 3：将你小组有代表的题目及解答，或者疑问，或者挑战全班的题目写到前后两个黑板上。

【设计意图】充分体现学生是主体，是主动探究知识而不是被动去接受。如果学生能命制试题（哪怕是简单的模仿），那么他也就明白该如何去解答。通过这样的活动，最基本的目的是可以加深学生对等差（比）数列概念图式的理解，可以让学生充分体会求数列通项公式中的转化思想。

堂堂清：

目标 1：了解一阶线性递推数列的概念。**掌握情况**（　　）

目标 2：学会命制一些求数列通项公式的试题。**命制情况**（　　）

目标 3：体验数学中的转化思想。**掌握情况**（　　）

4. 课后自主检测（略）

【教学反思】

传统的数列教学一般是把等差（等比）数列的学习与递推数列的学习分开的，后者在高一（或高二）只做简单的渗透，对象是一些数学成绩优秀的学生。

递推是一种重要的表示数列的办法，而通过递推式求通项公式一直是热点。高考曾经在 20 世纪 80 年代达到顶峰，之后销声匿迹了十几年，近年又有抬头趋势。“递推数列求通项”要不要讲、什么时候讲，一直有争议。一个普遍的做法

就是在高三数学总复习时候，设置专题，帮助学生归纳各种类型的递推数列求通项公式的办法，再通过反复的训练以期望学生能够掌握。这种做法效果如何呢？通过对近几年学生解答高考中有关递推数列求通项试题情况的追踪调查，可以发现这种做法效果甚微。以 2008 年广东高考理科试题为例，题目如下：

设 p，q 为实数，α，β 是方程 $x^2-px+q=0$ 的两个实根，数列 $\{x_n\}$ 满足 $x_1=p$，$x_2=p^2-q$，$x_n=px_{n-1}-qx_{n-2}$（$n=3,4,\cdots$）。

（1）证明：$\alpha+\beta=p$，$\alpha\beta=q$；

（2）求数列 $\{x_n\}$ 的通项公式；

（3）若 $p=1$，$q=\dfrac{1}{4}$，求 $\{x_n\}$ 的前 n 项和 S_n。

这是一个二阶线性递推数列，在高三备考中肯定是当做重点内容来复习的，可是学生的解答情况却不乐观。由于教师在讲授该内容的时候，是“抛售型”的，直接引入“待定系数法”，学生的学习只是停留在“模仿”阶段，机械地套搬固定的解题模式，不能以图式的形式储存在长时记忆中，时间一长就会遗忘。

经过长时间的摸索，我们认为，递推数列求通项公式完全可以组织学生学习，而且学习时间就安排在必修五，与等差等比数列的学习同时进行。之所以这样安排，是基于图式的一种教学整体设计。递推数列只是等差等比数列定义的深化，而递推数列求通项公式本来就不应该有那么多令学生眼花缭乱的办法，只有一个：就像“变魔术”一样，利用所给出的递推关系式“变换”出等差等比数列，这就是数学中的整体与转化意识。

刘谦变魔术绝对不是“空手套白狼”，他需要一定的道具。我们“变魔术”求通项公式也需要一些道具，这就是教学设计中的“图式回顾”环节。下面简要介绍。

道具一：取倒数

样例：数列 $\{a_n\}$，$a_1=1$，$a_{n+1}=\dfrac{a_n}{2a_n+1}$，求 a_n。

当然，我们强烈希望，教师们在帮助学生分析这个样例的时候，切记不可直接“抛售”解法，这也是本书一直坚持的观点，因为直接“抛售”与数学图式的形成是矛盾的，两者是水火不相容的。

一个聪明的办法，就是向学生揭密该题目的命制过程，这将极大地引发学生的好奇心，从这个角度来讲，本教学设计的前期铺垫至关重要。

在教师的引导下，学生必须清楚等差（等比）数列定义图式，用文字语言描述，应该是：后一项与前一项的差为常数、前一项加上常数等于后一项、后一项减常数等于前一项、任意相邻三项均成等差数列。不能认为这种表征过于啰嗦，这恰是我们所提倡的，因为检验一个数学概念掌握情况最好的标准就是能否用更多的语言来形容它。

这还不够，要把上面的文字语言转化成符号语言：$a_{n+1}-a_n=d$，$a_n+d=a_{n+1}$，$a_{n+1}-d=a_n$，$2a_n=a_{n-1}+a_{n+1}(n\geqslant 2)$。

还有更重要的一个环节，就是用“圆圈”表示后一项，“方框”表示与之对应的前一项，那么等差数列的定义就是：○–□ $=d$，“圆圈”中你可以随意填入一个表达式，只要它能够作为一个数列的后一项，当后一项确定，就可以在“方框”中填入前一项。

可能命题人是这样操作的：在“圆圈”中填入$\dfrac{1}{a_{n+1}}$，相应的在“方框”中写上$\dfrac{1}{a_n}$，取常数$d=2$。写出来就是$\dfrac{1}{a_{n+1}}-\dfrac{1}{a_n}=2$，显然数列$\left\{\dfrac{1}{a_n}\right\}$是公差为2的等差数列。

直接使用$\dfrac{1}{a_{n+1}}-\dfrac{1}{a_n}=2$，这可以测试中等程度以下学生对等差数列概念图式的掌握情况。如果测试对象是一些比较优秀的学生，那就要把明显的图式特征隐藏，这可以将$\dfrac{1}{a_{n+1}}-\dfrac{1}{a_n}=2$变形成$a_{n+1}=\dfrac{a_n}{2a_n+1}$，变形办法只是“取倒数”而已。

以上这些一定要展示给学生，让学生知道绝大多数题目都可能是这样被命题人创造出来的，学生就不仅“知其然”，而且还“知其所以然”。

道具二：待定系数

样例：数列$\{a_n\}$，$a_1=2$，$a_{n+1}=3a_n+2$，求a_n。

同样，等比数列的概念图式也要完成三个阶段。

后一项与前一项的比为常数、前一项乘以常数等于后一项、后一项除以常数等于前一项、任意相邻三项均成等比数列。

$\dfrac{a_{n+1}}{a_n}=q$，$a_nq=a_{n+1}$，$\dfrac{a_{n+1}}{q}=a_n$，$a_n{}^2=a_{n-1}a_{n+1}(n\geqslant 2)$。

用“圆圈”表示后一项，“方框”表示与之对应的前一项，那么等比数列的定义就是：$\dfrac{○}{□}=q$，○$=q\times$□。“圆圈”中你可以随意填入一个表达式，只要它能够作为一个数列的后一项，当后一项确定，就可以在“方框”中填入前一项。

听过很多教师讲授待定系数法，很少有教师去揭示它的来历：在“圆圈”中填入$a_{n+1}+1$，相应的在“方框”中写入a_n+1，取公比$q=3$，写出来就是$a_{n+1}+1=3(a_n+1)$，为了增加一些干扰因素，将其变形为$a_{n+1}=3a_n+2$，这就是该题目的命制过程，显然解题就是命制的“逆过程”，即只要先设常数λ使之满足

$a_{n+1}+\lambda=3(a_n+\lambda)$，然后再确定$\lambda$的具体数值。一阶线性递推数列求通项公式之所以要使用待定系数法，这就是原因。

道具三：步调一致

样例：数列$\{a_n\}$中，$a_1=1$，$a_{n+1}=2a_n+2^{n+1}$，求a_n。

同上，必须向学生交代这个题目的命制过程。还是回到等差数列，我们在“圆圈”中填入$\frac{a_{n+1}}{2^{n+1}}$，这是后一项，那么就要在“方框”中写入$\frac{a_n}{2^n}$，取常数$d=1$，写出来就是$\frac{a_{n+1}}{2^{n+1}}=\frac{a_n}{2^n}+1$，整理即得$a_{n+1}=2a_n+2^{n+1}$。

这里必须向学生指出“步调”须“一致”，后一项中含2^{n+1}，那么前一项必须含有2^n。

要引导学生变换思路，在递推关系式$a_{n+1}=2a_n+2^{n+1}$两侧同除以其他式子是否可以呢？例如同除以2^n，$\frac{a_{n+1}}{2^n}=\frac{2a_n}{2^n}+2$，“步调”须“一致”，修改为$\frac{a_{n+1}}{2^n}=\frac{a_n}{2^{n-1}}+2$，依然会出现等差数列。再实验几次，学生就会发现在式子两侧同除以其他也可以，只要保证“步调一致”即可。

道具四：累加法（累乘法）

样例：数列$\{a_n\}$中，$a_1=1$，$a_{n+1}=a_n+2n$，求a_n。

累加法是一个源自教材的办法，依据项数n的变化，罗列出若干式子，分别将其左右两端相加，即可求得通项公式。要引导学生观察能够使用累加法（累乘法）式子的特征，其实就是注意表达式的图式结构。

道具五：换元法

这是高中最重要的数学方法，在求数列通项公式中适当使用换元法，可以令数学表达式更简洁，当然也就更突出其图式特征。

以上六个道具都属于基本技能，要组织学生进行适当的训练，目标就是能够在具体问题中顺利提取，当学生达到要求后，方可进入下一环节，就是本教学设计的“学生活动”模块。

“学生活动”模块的主要特色是小组之间、组内同学之间互相命题并给出解答，这是与传统递推数列求通项公式学习方式最大的区别。由于前期工作比较充分，所以这一环节进行得比较顺利。以下是学生命制出的一些比较优秀的试题：

（1）数列$\{a_n\}$中，$a_1=2$，$a_{n+1}=\frac{(n+1)a_n}{4a_n+3n}$，求通项公式$a_n$。

（2）数列$\{a_n\}$中，$a_1=2$，$a_{n+1}=3a_n+2^n$，求通项公式a_n。

（3）数列$\{a_n\}$中，$a_1=1$，$a_{n+1}=\left(1+\frac{1}{n}\right)a_n+n^2+n$，求通项公式$a_n$。

（4）数列$\{a_n\}$中，$a_1=1$，$a_2=3$，$a_na_{n-2}-2=2(a_{n-1}-1)(a_{n-1}+1)$，求通项公式$a_n$。

（5）数列$\{a_n\}$中，$a_1=2$，$a_{n+1}^2+2n(a_{n+1}-4a_n+1)+2a_{n+1}-4a_n^2-3n^2=0$，求通项公式$a_n$。

当然，因为受水平所限制，个别同学操作起来显得稍微困难，他们命制的试题还处于模仿阶段。而另外一些表现出色的同学将这种活动延续到课外，在以后的一段时间里不断有学生拿着命制好的试题来考其他同学，甚至考教师。这种活动极大地激发了学生学习数学的积极性，更重要的是，因为全程由他们亲身参与，靠自己习得了求递推数列通项公式的办法，所以印象深刻，形成长时记忆。

为了更好地挖掘一些优秀学生的潜力，后来我们又组织了一次以“递推数列”为主题的研究性学习活动，学生们以小组为单位明确分工，搜集资料、整理解答、制作 PPT、确定主题发言人。在交流展示的时候，同学们异常踊跃，大家对“特征方程法”“不动点法”有了更清晰的认识，顺利完成了递推数列求通项公式的学习。

事实证明，递推数列求通项公式是完全可以组织学生学习的，但是必须注意策略。我们建议，应该将这一内容作为等差等比数列概念图式的深化，而不是直接给出固定的解题套路；应该充分发挥学生的主体参与意识，而不是由教师唱独角戏。只有这样，才能够体现递推数列的数学教育价值。

5.4　基于图式的数学实验课教学

所谓数学实验课，就是学生通过实验的手段来获得相关的数学知识。在信息技术广泛使用的今天，这种教学手段正在逐渐被使用。一些比较复杂的数学图式如果依靠传统手段往往很难被学生接受，即使接受了也是一种被动，并不是一个主动构建的过程。

在解析几何中我们重点研究直线、圆、椭圆、双曲线以及抛物线，教材上并没有过多涉及它们之间的微妙联系。但事实上这五种曲线（直线）应该以一个整体的形态储存在学生头脑中，或者说这五种曲线又构成一个比较大的数学图式，在这个图式中它们互相依赖又互相独立，充分体现了对立统一的客观规律。下面我们来看一个笔者曾经设计的教学案例。

广东仲元中学数学科研学案

编号：Sxxx2-1

编写人：马力仲
审　核：高二数学备课组　　编写时间：2012-10-26
协编人：严运华　　使用人：
说　明：

《五环学习法》下数学实验课操作流程

五环学习法下的数学实验的研学案一般由以下五个环节构成：

一、数学实验预习案

数学实验不同于物理化学等学科的实验，预习是其重要的一个环节，属于问题解决的范畴。

二、数学实验手册

指出本次数学实验具体的操作步骤。

三、数学实验报告

数学实验属于“发现”教学法，通过实验进行探究，能够发现一些结论，将这些发现填写在实验报告上，并附相应的证明。

四、展示交流

本课程一般都是在数学实验室中进行，可以利用多媒体广播系统，主要通过转播的方式，可以是某两个学生之间，也可以是小组与小组之间，也可以是全班同学之间。

五、课外作业

课题：五种曲线（直线、圆、椭圆、双曲线与抛物线）相互之间的关系
课型：数学实验课

【学习目标】

高中解析几何重点研究直线、圆、椭圆、双曲线以及抛物线，而它们相互之间也不是孤立的，本节实验课的学习目标就是借助于《几何画板》来发现这种依存关系。

【学习过程】

一、数学实验预习案

1. 回忆旧知

（1）请同学们回忆椭圆、双曲线、抛物线的定义以及简单的性质，这将是你顺利进行数学实验的基础。

（2）两圆半径分别为 R，r，其中 $R>r$，圆心距为 d。当两圆外切时 $d=$_______，当两圆内切时 $d=$________.

【设计意图】

根据桑代克的准备律，要有意识地为学生提供可能用到的预备知识。这次实验将多次利用两圆的位置关系中的数量特征，本环节可以帮助学生顺利进行知识的迁移，在进行问题解决的时候可以顺利激发原有的认知结构。

2. 自主学习

教师：同学们我们知道通过折纸可以得到椭圆，在信息技术大量使用的今天，更要学会利用计算机来绘制并研究圆锥曲线。请同学们依次完成下面的实验。

问题情景

如图 5-9 所示，定点 A 在定圆 O 内，点 M 在圆 O 上移动，线段 MA 的垂直平分线与直线 OM 交于点 P，请思考动点 P 的轨迹形状并说明理由。如定点 A 在圆外呢？

如图 5-10 所示，动圆 P 与定圆 O_1，O_2 均相切（外切），请思考点 P 的轨迹形状并说明理由。

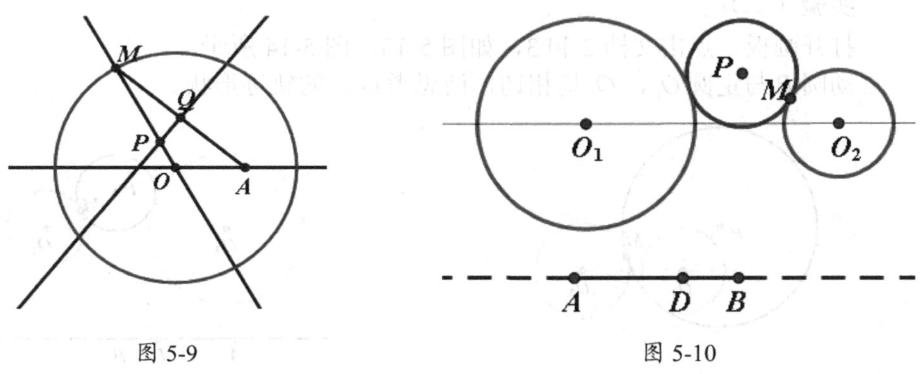

图 5-9　　　　图 5-10

我们知道两圆相切有外切与内切之分，而定圆 O_1，O_2 的位置关系也可以是相离、内含，此外定圆 O_1，O_2 的半径大小也可以做一些适当的调整。你能提出另外一些问题吗？比如把动圆与定圆外切改为内切或者改变一下两个定圆的位置关系，等等。

如图 5-11 所示，动圆 P 与定圆 O 外切，而且与定直线 L 相切（P 在 L 右侧），请思考点 P 的轨迹形状并说明理由。

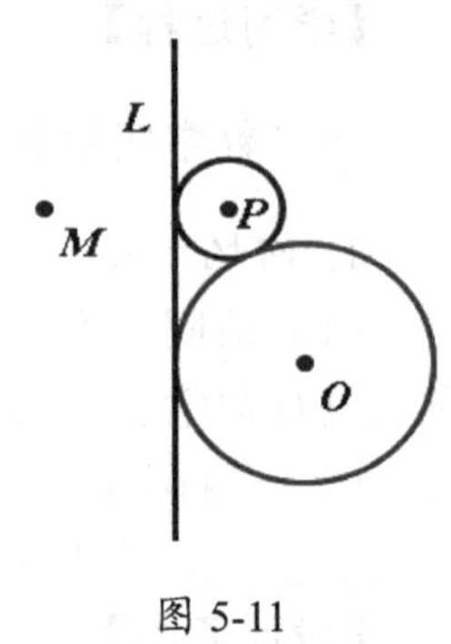

图 5-11

说明：

这是一份数学实验之前的预习案，请每位同学提前做好准备，并在小组内进行深入讨论。如果你（或你所在的小组）能够提出另外一些问题，那就证明你们更优秀。

3. 数学实验手册

实验（一）：

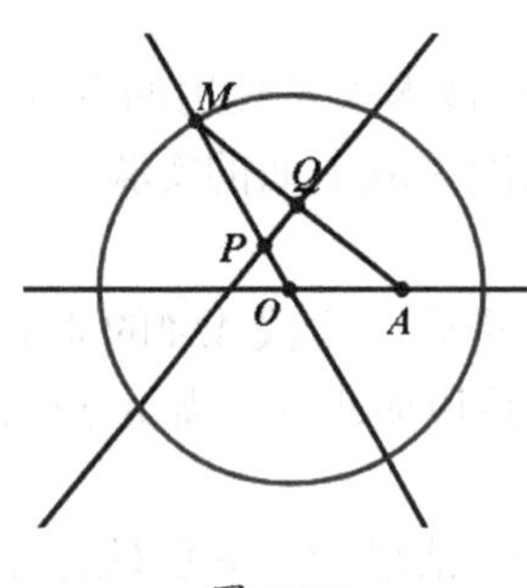

图 5-12

打开画板，点击文档 1，如图 5-12 所示。

定点 A 在定圆 O 内，点 M 在圆 O 上移动，线段 MA 的垂直平分线与直线 OM 交于点 P，请思考动点 P 的轨迹形状。

实验步骤：

（1）用箭头工具选择点 P，之后点开“显示”菜单中“追踪中点”，拖动点 M，观察点 P 的轨迹形状。

（2）用鼠标将点 A 分别拉到圆上和圆外，重复以上操作。

实验（二）：

打开画板，点击文档 2 和 3，如图 5-13、图 5-14 所示。

动圆 P 与定圆 O_1，O_2 均相切，请思考点 P 的轨迹形状。

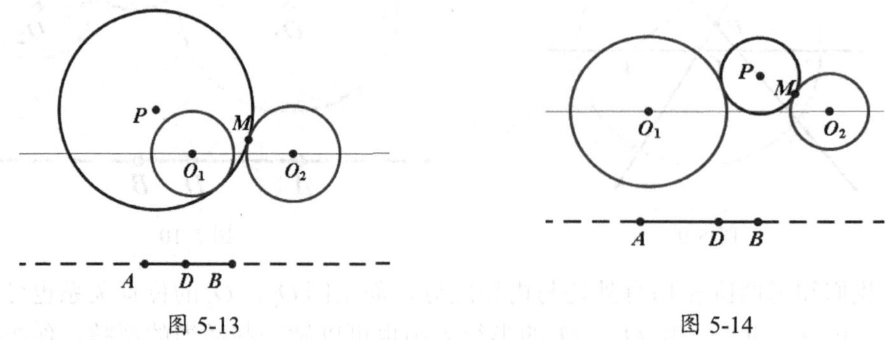

图 5-13　　图 5-14

实验步骤：

（1）用箭头工具选择点 P，之后点开“显示”菜单中“追踪交点”，拖动点 M，

观察点 P 的轨迹形状。

（2）用箭头工具选择点 O_1 或 O_2，左右拖动，可以改变两个定圆的位置，再重复 1 的工作。

（3）用箭头工具选择点 A 或 B，左右拖动，可以改变两个定圆的半径，再重复（1）的工作。

实验（三）：

打开画板，点击文档 4，如图 5-15 所示。

动圆 P 与定圆 O 外切，而且与定直线 L 相切（P 在 L 右侧），请思考点 P 的轨迹形状。

实验步骤：

用箭头工具选择点 P，之后点开“显示”菜单中“追踪交点”，拖动点 M，观察点 P 的轨迹形状，并思考。

实验（选做）：

打开画板，点击文档 5，如图 5-16 所示。

圆 O 的方程为 $x^2+y^2=r^2$，$A_1(-r,\ 0)$，$A_2(r,\ 0)$。点 $S(x_1,\ y_1)$，$S_1(x_1,\ -y_1)$ 是圆上的两个动点，直线 $A_1S\cap A_2S_1=P$，请思考动点 P 的轨迹形状。

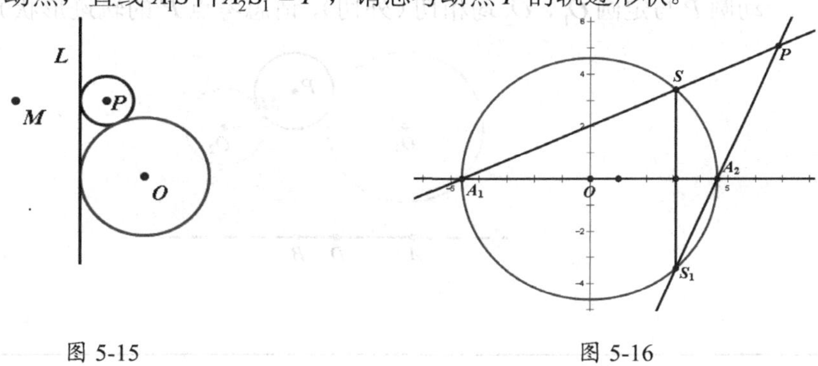

图 5-15　　　　图 5-16

实验步骤：

用箭头工具选择点 P，之后点开“显示”菜单中“追踪交点”，拖动点 S，观察点 P 的轨迹形状并思考。

使用说明：提出问题比解决问题更重要，针对选做实验，你能再提出类似的问题吗？

【设计意图】由回忆折纸中的椭圆学生可以体会到数学与生活密切的关系，教师点出实验课题之后可以激发学生使用计算机探究圆锥曲线的积极性。圆锥曲线中有许多数量上的特征，同时它们之间也存在互相依存的特点，而这些通过传统教学手段是很难达到或发现的。

4. 数学实验报告

班级　　　　　　　　　　组别　　　　　　　　　　组员

<table>
<tr><td>
实验（一）
定点 A 在定圆 O 内，点 M 在圆 O 上移动，线段 MA 的垂直平分线与直线 OM 交于点 P，请思考动点 P 的轨迹形状并说明理由。若定点 A 在圆外、圆上呢？
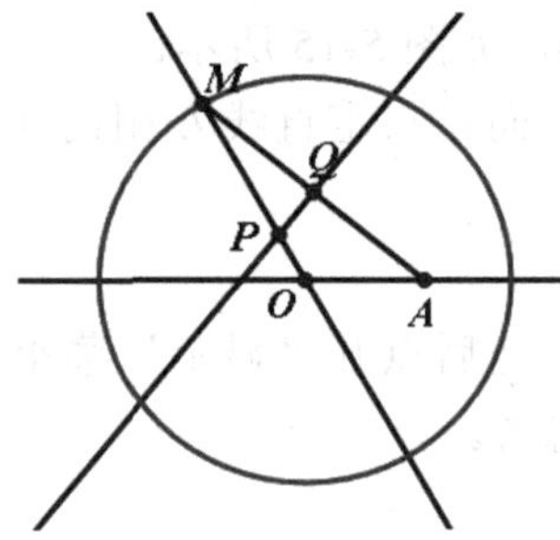

</td></tr>
<tr><td>
实验（二）
动圆 P 与定圆 O_1，O_2 均相切（外切），请思考点 P 的轨迹形状并说明理由。
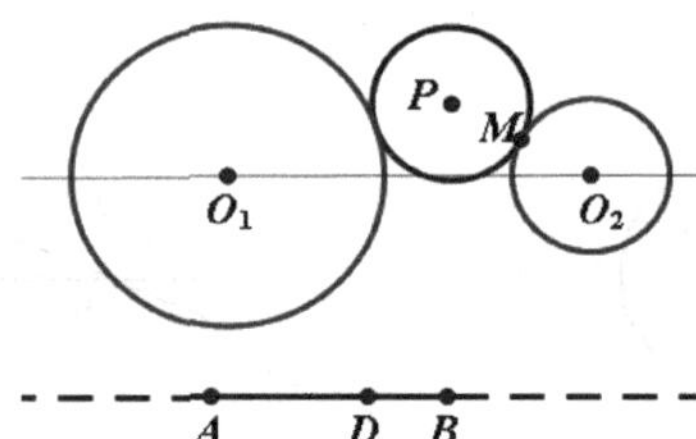

</td></tr>
<tr><td>
实验（三）
动圆 P 与定圆 O 外切，而且与定直线 L 相切（P 在 L 右侧），请思考点 P 的轨迹形状并说明理由。
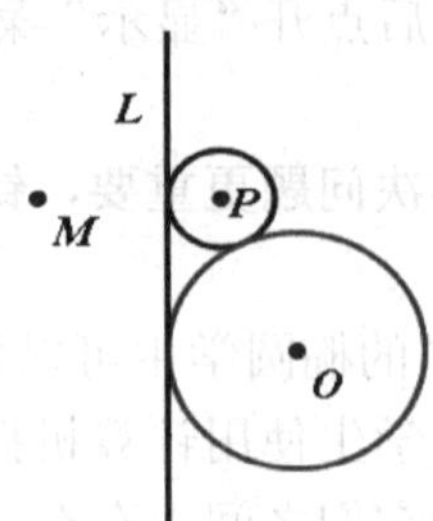

</td></tr>
</table>

5. 课外作业

（1）已知椭圆的焦点是 F_1，F_2，P 是椭圆上的一个动点，如果延长 F_1P 到 Q，使得 $|PQ|=|PF_2|$，那么动点 Q 的轨迹是（　）

A. 圆　　B. 椭圆

C. 双曲线的一支　　D. 抛物线

（2）动点 P 与定点 $A(-1,\ 0)$，$B(1,\ 0)$ 的连接的斜率之积为 $k(k\neq 0)$，则 P 点的轨迹是（　）

A. 圆　　B. 椭圆一部分

C. 双曲线的一支　　D. 以上答案都不正确

（3）设 P 为椭圆 $\dfrac{x^2}{a^2}+\dfrac{y^2}{b^2}=1$ 上一点，过右焦点 F_2 作 $\angle F_1PF_2$ 的外角平分线的垂线，垂足为 Q，则点 Q 的轨迹是（　）

A. 直线　　B. 抛物线　　C. 圆　　D. 双曲线

（4）动点 P 在圆 $C:(x+1)^2+y^2=9$ 上，$A(1,\ 0)$，动点 M,N 满足 $\overrightarrow{AP}+2\overrightarrow{PM}=\vec{0}$，$\overrightarrow{MN}\cdot\overrightarrow{AP}=0$，$\overrightarrow{PC}=\lambda\overrightarrow{PN}$，则动点 N 的轨迹为（　）

A. 半圆　　B. 抛物线　　C. 椭圆　　D. 双曲线

（5）动点 S 在直线 $l:x=-1$ 上，$F(1,\ 0)$，过点 S 做直线 l 的垂线与线段 SF 的垂直平分线交于点 P，求点 P 的轨迹方程。

（6）一动圆与圆 $x^2+y^2+6x+5=0$ 外切，同时与圆 $x^2+y^2-6x-91=0$ 内切，求动圆圆心的轨迹方程。

（7）一动圆与圆 $x^2+y^2-4x=0$ 外切，同时与 y 轴相切，求动圆圆心的轨迹方程。

（8）一条双曲线 $\dfrac{x^2}{2}+y^2=1$ 的左、右顶点分别为 A_1，A_2，点 $P(x_1,y_1)$，$Q(x_1,-y_1)$ 是双曲线上不同的两个动点。求直线 A_1P 与 A_2Q 交点的轨迹 E 的方程。

【设计意图】斯金纳认为，行为之所以发生变化，是由于强化作用的结果，人的学习是否成立关键在于强化。当一个操作发生之后，紧接着呈现一个强化刺激时，那么，这个操作的强度（概率）就增加，这就是强化理论。求轨迹（曲线）方程是解析几何的重点更是难点，当学生利用信息技术对圆锥曲线进行充分研究之后，再提供适量的强化练习，可以加深他们对相关知识的理解。

本教学设计已经经过两轮使用，效果很好。通过数学实验学生充分了解到动圆与两个定圆相切，可以产生椭圆或者双曲线，利用定圆、定直线以及动圆又能绘制出抛物线，他们不由得惊叹数学的神奇。更重要的是极大地丰富了学生头脑中已经形成的五种曲线的概念图式，使已经得到的数学图式得到更进一步的精制，而这种精制如果依靠传统手段是绝对达不到的。

5.5　基于图式理论的高考数学试题分析

高考数学学科考试说明指出：普通全国高等学校招生全国考试，是由合格的高中毕业生和具有同等学历的考生参加的选拔性考试。命题要注重考查考生的数学基础知识、基本技能和数学思想方法，考查考生对数学本质的理解水平，体现课程标准对知识与技能、过程与方法、情感态度与价值观等目标要求。命题要注重试题的创新性、多样性和选择性，具有一定的探究性和开放性。既要考查考生的共同基础，又要满足不同考生的选择要求。试卷应具有较高的信度、效度，必要的区分度和适当的难度。

高考具有明确的导向作用，深入分析高考试题，相当于从实践角度再次领会考试说明，能够帮助广大一线数学教师更准确把握课程标准要求。

本书试图从数学图式的角度，也就是从学生的认知结构出发来分析高考试题，相信对于绝大多数读者来说，这是一个全新的视角。

5.5.1　对课程标准、考试说明行为动词的理解

普通高中课程标准使用的主要行为动词见表 5-1。

表 5-1　普通高中课程标准使用的主要行为动词

目标领域	水 平	行为动词
知识与技能	知道/了解/模仿	了解，体会，知道，识别，感知，认识，初步了解，初步体会，初步学会，初步理解，求
	理解/独立操作	描述，说明，表达，表述，表示，刻画，解释，推测，想像，理解，归纳，总结，抽象，提取，比较，对比，判定，判断，会求，能，运用，初步应用，初步讨论
	掌握/应用/迁移	掌握，导出，分析，推导，证明，研究，讨论，选择，决策，解决问题
过程与方法	经历/模仿	经历，观察，感知，体验，操作，查阅，借助，模仿，收集，回顾，复习，参与，尝试
	发现/探索	设计，梳理，整理，分析，发现，交流，研究，探索，探究，探求，解决，寻求
情感、态度与价值观	反应/认同	感受，认识，了解，初步体会，体会
	领悟/内化	获得，提高，增强，形成，养成，树立，发挥，发展

目前很多省份都是自主命题，在课程标准的框架下各自颁布考试说明，但基本要求是一样的，这里我们以某省 2013 年理科数学考试说明为例。

（考试说明）对知识的要求依次是了解、理解、掌握三个层次。

（1）了解：要求对所列知识的含义有初步的、感性的认识，知道这一知识内容是什么，按照一定的程序和步骤照样模仿，并能（或会）在有关问题中识别和认识它。

这一层次涉及的主要行为动词有：了解、知道、识别、模仿、会求、理解等。

（2）理解：要求对所列知识内容有较深刻的理性认识，知道之所见的逻辑关系，能够对所列知识作正确的描述说明并用数学语言表达，能够利用所学的知识内容对有关问题作比较、判别、讨论，具备利用所学知识解决简单问题的能力。

这一层次涉及的主要行为动词有：描述，说明，表达，推测，想象，比较，判别，初步应用等等。

（3）掌握：要求能对所列的知识内容能够推导证明，能够利用所学知识对问题进行分析、研究、讨论，并且加以解决。

这一层次涉及的主要行为动词有：掌握、导出、分析、推导、证明，研究、讨论、运用、解决问题等。

很多教师都觉得课程标准与考试说明中的行为动词不好把握，例如“了解”与“理解”的本质区别在哪里？达到什么程度才算是“掌握”？这也是笔者多年来一直困惑的问题，后来接触到图式理论，觉得从图式的角度来理解这些行为动词更形象一些。

【了解】“了解”即为知道，对相应的数学概念、公式只要知道是怎么样的概念和公式就可以了。

例 1（2009 年广东理科）

若函数 $y=f(x)$ 是函数 $y=a^x(a>0,a\neq1)$ 的反函数，且 $f(2)=1$，则 $f(x)=$（　）

A. $\log_2 x$　　B. $\log\frac{1}{2}x$　　C. $\frac{1}{2^x}$　　D. $2x^2$

【解析】

新课程标准中反函数的要求已经降低为“了解”层次，这一道题只要知道 $y=\log_a x$ 与 $y=a^x$ 与互为反函数即可。了解这些，此题目自然就可以解决了。如果这个层次的知识点平时很少得到训练，那么教师在考前提醒的时候就要重点指出，以引起考生的注意。否则本应该“了解”的知识却“不了解”，导致很容易的题目也丢分。此外，一些教师可能不清楚高考在考查知识上的层次要求，将一些“了解”的知识点盲目扩充加深。同样是关于反函数的题目，例如“已知函数 $y=f(x)$ 的反函数为 $y=\log_2(1-x)+1$，求 $f(2)$”。这道题目明显就超出了“了解”层次的要求，是不适合作为训练素材的。类似超出要求的题目在一些教学辅助资料中比比皆是，要注意选择。从数学图式角度看，属于“了解”层次的知识点，只需要形成这个图式即可，往往不需要进一步的精致。

【理解】理解的含义是：要知道概念和公式是怎么产生的，还要知道它们可以解决什么问题。

例 2（2012 年湖南理科）

已知复数 $z=(3+\mathrm{i})^2$（i 为虚数单位），则 $|z|=$ ________。

【解析】

复数模的概念属于“理解”的层次，本题目就很好地体现了考试大纲对这一概念的要求。不是简单的计算模，而是具有一定的综合性。学生必须懂得复数的运算、复数模的定义以及计算方法，类似的知识点在备考中很容易忽视，有的考生甚至到了参加“一模”的时候还不知道复数的模如何计算。无形中降低了层次要求，这种危险的做法在备考中要尽量避免。

从数学图式角度：属于“理解”层次的知识点，在形成图式之后，还需要进一步精致。例如复数的模，至少需要知道它的几何意义。

【掌握】“掌握”是最高层次要求，这里要体现“灵活”。

例 3（2013 年浙江文科）

函数 $f(x)=\sin x\cos x+\frac{\sqrt{3}}{2}\cos 2x$ 的最小正周期和振幅分别是（　　）

A. π，1　　B. π，2　　C. 2π，1　　D. 2π，2

【解析】

二倍角的正余弦公式属于“掌握”层次。不仅要知道公式是怎么推导的，还要掌握三种使用途径：正向使用、逆向使用、变形使用。将“$\sin x\cos x$”变形成“$\frac{1}{2}\sin 2x$”就是逆向使用，此外还用到二角和（差）正余弦的逆向使用，“掌握”层次要求的内容都是重点考查的，在备考中要引起足够的重视。从数学图式角度看，属于“掌握”层次的知识点，是必须经过精制的，这还不够，还要具备一定的元认知知识，这样才能顺利提取。

我们可以用更形象的明白、记住、会用来对应了解、理解、掌握三个层次要求，了解即为明白，知道数学图式是怎么形成的，对于更高要求的图式要进行精制；理解即为记住，运用科学的记忆方法，将数学图式储存在头脑中，并与原有的认知结构融合，形成新的认知图式；掌握即为会用，这里主要是图式提取，当学生面对新问题时，能够积极调动储存在长时记忆中相应的数学图式，使问题得到顺利解决。

一个普遍存在的问题是：我们经常听学生抱怨“教师，公式定理我都记得，可是为什么还是不会解题？”笔者也曾经看到有的教师反复组织学生默写数学公式，可是效果甚微。运用图式理论来分析，我们可以这样认为：这些同学记忆的只是未经精制的数学概念图式，当然就不会有出招必胜的效果。

5.5.2　图式角度下的高考数学试题分析

数学图式就是人的认知结构，一个数学概念只有以图式的形式储存在头脑中，才能顺利解决新问题。高考是具有选拔性质的考试，试题命制的出发点就是学生已经具备了什么样的图式，或者是应该具备什么样的图式。此外，只有从图式的角度理解数学概念，才能认识其本质，而高考重在考查学生对数学本质的理解水平，从这个角度来讲，必须从数学图式出发，来分析高考数学试题，这才能真正发挥高考的导向作用。

深入分析 1951 年至今的高考数学试题，我们可以发现，前 30 年的试题重在对数学基础知识的考查，或者说考查到的数学图式只需要形成即可，往往不需要精制就能取得理想的成绩。

进入 20 世纪 80 年代，随着数学教育研究的深入，人们越来越认识到基础数学教育必须加强学生对数学本质的理解，这种观点逐渐在高考试题中得到体现，下面我们结合具体的试题予以说明。

1. 重在对数学公式结构的考查

数学公式是人们在研究自然界物与物之间时发现的一些联系，并通过一定的方式体现出来的一种表达方法。数学公式是表示自然界不同事物数量之间的或等或不等的联系，它确切地反映了事物内部和外部的关系，是我们从一种事物到达另一种事物的依据，能使我们更好地理解事物的本质和内涵。每一个数学公式都有其特定的结构，要从图式角度来理解、记忆、使用公式。公式的储存应该是以图式（结构）的形式，这样才能在解决具体数学问题时候顺利进行提取。

例 1（1985 年全国理科）

设 $a_n=\sqrt{1\times 2}+\sqrt{2\times 3}+\cdots+\sqrt{n(n+1)}(n=1,2,\cdots)$，证明不等式 $\dfrac{n(n+1)}{2}<a_n<\dfrac{(n+1)^2}{2}$.

【解析】

解题信息主要来自于 $\dfrac{n(n+1)}{2}$，其具备等差数列前 n 项和公式的图式特征，所以设计思路进行适当放缩：$\sqrt{n(n+1)}>\sqrt{n^2}=n$。

例 2（1995 年全国理科）

等差数列 $\{a_n\}$，$\{b_n\}$ 的前 n 项和分别为 S_n 与 T_n，若 $\dfrac{S_n}{T_n}=\dfrac{2n}{3n+1}$，则 $\lim\limits_{n\to\infty}\dfrac{a_n}{b_n}$ 等于（　）

A. 1　　B. $\dfrac{\sqrt{6}}{3}$　　C. $\dfrac{2}{3}$　　D. $\dfrac{4}{9}$

【解析】

等差数列前 n 项和公式的图式特征为 S_n 为 n 的二次函数（常数项为零），如果考生了解这些，就可以令 $S_n=2n^2$，$T_n=3n^2+n$，继而求得 a_n，b_n。

例 3（1995 年全国理科）

求 $\sin^2 20° + \cos^2 50° + \sin 20° \cos 50°$ 的值。

【解析】

所求的式子具备余弦定理的图式特征，等价变换成：

$\cos^2 20° + \cos^2 50° - 2\cos 120° \cos 20° \cos 50°$.

构造圆内接四边形即可。

例 4（1996 年全国理科）

$\tan 20° + \tan 40° + \sqrt{3}\tan 20° \tan 40°$ 的值是（　）。

【解析】

观察两角和的正切公式(变形)：$\tan\alpha + \tan\beta + \tan(\alpha+\beta)\tan\alpha\tan\beta = \tan(\alpha+\beta)$ 遵循“结构稳定，字母可变”的图式特征，我们将其中的角用 20°，40° 进行替换即可得到答案。

例 5（2002 年北京春季高考）

在△ABC 中，已知 A，B，C 成等差数列，求 $\tan\dfrac{A}{2} + \sqrt{3}\tan\dfrac{A}{2}\tan\dfrac{C}{2} + \tan\dfrac{C}{2}$ 的值。

【解析】

两个角和与差的正切公式 $\tan(\alpha \pm \beta) = \dfrac{\tan\alpha \pm \tan\beta}{1 \mp \tan\alpha\tan\beta}$ 作为一个典型的图式，形成之后必须得到精制，包括逆向、变形。例如：$\tan\alpha + \tan\beta + \tan(\alpha+\beta)\tan\alpha\tan\beta = \tan(\alpha+\beta)$，显然例 4 的答案为 $\sqrt{3}$，当年一些考生就是直接填写答案的，因为他们很熟悉两角和正切公式的图式特征。

例 6（2010 年浙江文科）

函数 $f(x) = \sin^2\left(2x - \dfrac{\pi}{4}\right)$ 的最小正周期是________。

【解析】

二倍角余弦公式的变形之一为 $\sin^2 x = \dfrac{1-\cos 2x}{2}$，教师必须交代给学生，公式中的 x 就像一只空盒子，里面可以装载任何数学表达式，只要它有意义，着就是公式教学必须遵守的原则，本题目就是将 x 换成 $2x - \dfrac{\pi}{4}$ 后的结果。

例 7（2013 年广东理科）

已知抛物线 C 的顶点为原点，其焦点 $F(0,\ c)(c>0)$ 到直线 $l: x-y-2=0$ 的距离为 $\dfrac{3\sqrt{2}}{2}$。设 P 为直线 l 上的点，过点 P 作抛物线 C 的两条切线 $PA,\ PB$，其中 $A,\ B$ 为切点。

（1）求抛物线 C 的方程；

（2）当点 $P(x_0,y_0)$ 为直线 l 上的定点时，求直线 AB 的方程；

（3）当点 P 在直线 l 上移动时，求 $|AF|\cdot|BF|$ 的最小值。

【解析】

第（2）问所求的直线 AB 方程，就是通常所说的“切点弦方程”，本题目设计精巧，可以认为它来源于教材。必修 2 直线与圆中有如下问题：

过圆 $x^2+y^2=r^2$ 上一点 $P(x_0,\ y_0)$ 的切线方程为 $xx_0+yy_0=r^2$；

过圆 $x^2+y^2=r^2$ 外一点 $P(x_0,\ y_0)$ 引两条切线，切点分别为 A，B，则切点弦 AB 的方程为 $xx_0+yy_0=r^2$（证明略）。

两个问题条件不同，但是答案竟然一模一样！数学公式竟然也具备大自然似的“鬼斧神工”，令人惊叹。

那么怎么来理解（圆的）切点弦方程 $xx_0+yy_0=r^2$ 的图式特征呢？

我们将圆的方程 $x^2+y^2=r^2$ 做一点小的变形：$x\cdot x+y\cdot y=r^2$，那么只需分别将其中一个 x，y 更换成 x_0，y_0，即得圆 $x^2+y^2=r^2$ 的切点弦方程 $xx_0+yy_0=r^2$。

类似可以处理下面问题：

过圆 $(x-a)^2+(y-b)^2=r^2$ 外一点 $P(x_0,\ y_0)$ 引两条切线，切点分别为 A，B，则切点弦 AB 的方程为 $(x-a)(x_0-a)+(y-b)(y_0-b)=r^2$。

第（2）问是抛物线的切点弦方程，又应该具备什么样的图式特征呢？

过圆 $x^2=2py(p>0)$ 外一点 $T(x_0,\ y_0)$ 引两条切线，切点分别为 A，B，则切点弦 AB 的方程是什么？

继续做一些变换：$x\cdot x=p(y+y)$，那么我们只需分别将其中一个 x，y 更换成 x_0，y_0，即得抛物线 $x^2=2py(p>0)$ 的切点弦方程 $xx_0=p(y+y_0)$。

类似地，可以直接写出椭圆以及双曲线的切点弦方程。

过去我们一直强调，在理解的基础上记忆数学公式，这还不够。必须引导学生观察数学公式的结构（图式）特征，事实证明单纯的理解记忆，是远远达不到高考对数学公式的考查要求的。

例 8（2012 年广东理科）

设数列 $\{a_n\}$ 的前 n 项和为 S_n，满足 $2S_n=a_{n+1}-2^{n+1}+1$，$n\in\mathbf{N}^*$，且 a_1，a_2+5，a_3 成等差数列。

（1）求 a_1 的值；

（2）求数列 $\{a_n\}$ 的通项公式；

（3）证明：对一切正整数 n，有 $\dfrac{1}{a_1}+\dfrac{1}{a_2}+\cdots+\dfrac{1}{a_n}<\dfrac{3}{2}$.

例 9（2007 年四川文科）

已知函数 $f(x)=x^2-4$，设曲线 $y=f(x)$ 在点 $(x_n, f(x_n))$ 处的切线与 x 轴的交点为 $(x_{n+1},0)$，其中 x_1 为正实数。

（1）用 x_n 表示 x_{n+1}；

（2）若 $a_1=4$，记 $a_n=\lg\dfrac{x_n+2}{x_n-2}$，证明数列 $\{a_n\}$ 为等比数列，并求数列 $\{x_n\}$ 的通项公式；

（3）若 $x_1=4, b_n=x_n-2$，T_n 是数列 $\{b_n\}$ 的前 n 项和，证明 $T_n<3$。

例 10（2007 年陕西文科）

已知实数列 $\{a_n\}$ 是等比数列，其中 $a_7=1$，且 a_4，a_5+1，a_6 成等差数列。

（1）求数列 $\{a_n\}$ 的通项公式；

（2）数列 $\{a_n\}$ 的前 n 项和记为 S_n，证明：$S_n<128(n=1,2,3,\cdots)$。

【解析】

等比数列前 n 项和（$q\neq1$）公式是一个重要的公式型图式：$S_n=\dfrac{a_1(1-q^n)}{1-q}$，最能体现其图式特征的是它的一个变形：$S_n=\dfrac{a_1}{1-q}-\dfrac{a_1}{1-q}\times q^n$，

可以用“○”和“□”来比喻：S_n =○−○×□^{n}，“□”中的数字是公比，而“○”中的数字是相同的，为 $\dfrac{a_1}{1-q}$。

例 8、例 9、例 10 三题的最后一问均可以这样来设计思路：

若是等比数列，则其和可以写为 S_n =○−○×□^{n}，如果“○”“□”中的数字皆为正数，当然 S_n =○−○×□^{n}<○。

（事实上，对于例 10，第一问可以求得 $a_1=64$，$q=\dfrac{1}{2}$，其和 $S_n=128-128\times\left(\dfrac{1}{2}\right)^n$，自然 $S_n<128$。）

如果不是等比数列，则可以考虑进行适当的放缩，放缩成等比数列，然后与例 10 同样处理。

首先看例 8，前两问可以求得 $a_n=3^n-2^n$，这不是等比数列，但是与等比数列有一定联系，所以可以考虑将数列 $\left\{\dfrac{1}{3^n-2^n}\right\}$ 适当放大，即 $\dfrac{1}{3^n-2^n}<b_n$，数列 $\{b_n\}$ 是一个等比数列，其公比设为 q，须满足 $\dfrac{b_1}{1-q}=\dfrac{3}{2}$.

应该先猜测公比 q，考虑到数列 $\{3^n\}$，$\{2^n\}$ 为等比数列，可以断定 $q=\frac{1}{2}$ 或 $\frac{1}{3}$，代入 $\frac{b_1}{1-q}=\frac{3}{2}$ 检验后发现 $b_n=\frac{1}{3^{n-1}}$，那么只要证明 $\frac{1}{3^n-2^n}<\frac{1}{3^{n-1}}$ 即可。

而在例 9 中，首先求得 $b_n=\frac{4}{3^{2^{n-1}}-1}$，思路同例 7，寻求一个等比数列 $\{c_n\}$，使其满足 $b_n=\frac{4}{3^{2^{n-1}}-1}<c_n$，而数列 $\{c_n\}$ 的前 n 项和为 $3-3\times q^n$，其中 q 为其公比。

显然，这三个问题的解决，得益于对等比数列前 n 项和公式的图式特征，学习数学公式，我们都十分重视其来历，也就是图式的形成过程，同样更要留意得到的数学公式的结构特征，这既能挖掘数学表达式的简洁美，更能体会数学的本质。

2. 重在对典型方法结论特征的考查

高中数学有很多重要的数学方法，高三备考时，教师们对这些方法都给予了足够的重视，但是，我们看到教师们重视的往往是这些方法的“过程”，而对实施这些方法之后产生的结论（结果）特征重视不够，缺少对结果的回味，也丧失了辛勤劳动之后品尝胜利果实的幸福感。

例 1（2004 年湖北理科）

已知数列{Z}的前 n 项和 $S_n=a\left[2-\left(\frac{1}{2}\right)^{n-1}\right]-b\left[2-(n+1)\left(\frac{1}{2}\right)^{n-1}\right](n=1,2,\cdots)$, 其中 a，b 是非零常数，则存在数列 $\{x_n\}$，$\{y_n\}$ 使得（　）

A. $a_n=x_n+y_n$，其中 $\{x_n\}$ 为等差数列，$\{y_n\}$ 为等比数列

B. $a_n=x_n+y_n$，其中 $\{x_n\}$ 和 $\{y_n\}$ 都为等差数列

C. $a_n=x_n\cdot y_n$，其中 $\{x_n\}$ 为等差数列，$\{y_n\}$ 为等比数列

D. $a_n=x_n\cdot y_n$，其中 $\{x_n\}$ 和 $\{y_n\}$ 都为等比数列

【解析】

“错位相减”是一个典型的数学方法，来源于等比数列前 n 项和的推导过程。对于该方法，教师们都十分重视，可以反复组织学生训练。但是缺少对实施“错位相减”之后结果的观察，其实“错位相减”之后产生的结果本身是一个结论型的图式，具有一定的特征。本题目的解答不需要利用 S_n 去求解 a_n，这将陷入繁杂的运算之中。观察到给出的 S_n 的表达式完全具备“错位相减”之后结果的图式特征，自然会选择正确答案 C。

例 2（2013 年广东理科）

设数列 $\{a_n\}$ 的前 n 项和为 S_n，已知 $a_1=1$，$\frac{2S_n}{n}=a_{n+1}-\frac{1}{3}n^2-n-\frac{2}{3}$，$n\in\mathbf{N}^*$。

（1）求 a_2 的值；

（2）求数列$\{a_n\}$的通项公式；

（3）证明：对一切正整数n，有$\frac{1}{a_1}+\frac{1}{a_2}+\cdots+\frac{1}{a_n}<\frac{7}{4}$。

【解析】

由第（1）、（2）问可以得到$a_n=n^2$，第（3）问的顺利解答建立在对“裂项法”是否熟悉的基础上，特别是需要对实施“裂项法”之后得到的结果的图式特征有一定的了解。我们知道，实施“裂项法”求和之后通常会得到一个类似于$T_n=M-f(n)$的数学表达式，其中M为常数，如果$\forall n\in\mathbf{N}^*$, $f(n)>0$，那么肯定会有$T_n<M$，这就是思路的来历。

当$n=1$时，$\frac{1}{a_1}=1<\frac{7}{4}$；

当$n=2$时，$\frac{1}{a_1}+\frac{1}{a_2}=1+\frac{1}{4}=\frac{5}{4}<\frac{7}{4}$；

当$n\geqslant 3$时，$\frac{1}{a_n}=\frac{1}{n^2}<\frac{1}{(n-1)n}=\frac{1}{n-1}-\frac{1}{n}$

此时

$$\begin{aligned}\frac{1}{a_1}+\frac{1}{a_2}+\cdots+\frac{1}{a_n}&=1+\frac{1}{4}+\frac{1}{3^2}+\frac{1}{4^2}+\cdots+\frac{1}{n^2}<1+\frac{1}{4}+\left(\frac{1}{2}-\frac{1}{3}\right)+\cdots+\left(\frac{1}{n-1}-\frac{1}{n}\right)\\&=1+\frac{1}{4}+\frac{1}{2}-\frac{1}{n}=\frac{7}{4}-\frac{1}{n}<\frac{7}{4}\end{aligned}$$

综上所述，对于一切正整数n，有$\frac{1}{a_1}+\frac{1}{a_2}+\cdots+\frac{1}{a_n}<\frac{7}{4}$。

我们仅以“错位相减”和“裂项法”为例，来说明观察重视典型数学方法结果的图式特征的重要性。培养学生善于“观察”本身就是我们基础数学教育若干目标之一，这不能用“题海战术”来取代，因为它会遗失数学的美感。

3. 重在对函数记号的考查

函数记号$y=f(x)$是高中数学重要的数学符号之一，它的图式含义是：自变量x被对应关系f“起作用”，作用的结果是y，故记做$y=f(x)$，因此y与$f(x)$含义实质是一样的，只是形式不同。此外，还可以解释成在函数图像上这个点的坐标为(x, y)，也可以写成$(x, f(x))$。

函数内容是高考命题的热点，在考查函数各种性质的同时，也没有忽视对其记号图式理解水平的考查，所以在这里是有一定层次的。

例 1（1992 年全国理科）

如果函数 $f(x)=x^2+bx+c$ 对任意实数 t 都有 $f(2+t)=f(2-t)$，那么（　）

A. $f(2)<f(1)<f(4)$　　B. $f(1)<f(2)<f(4)$

C. $f(2)<f(4)<f(1)$　　D. $f(4)<f(2)<f(1)$

【解析】

解答本题目可能会有三种现象：

现象一：一些考生可能在备考中解决过类似的问题，知道由 $f(2+t)=f(2-t)$，可以得出该函数的对称轴为 $x=2$，继而得到正确答案，但对于为什么 $x=2$ 是对称轴，未必清楚，显然这是题海战术加死记硬背的结果。

现象二：一些考生可能会将 $f(2+t)=f(2-t)$ 展开并整理得到，通过一定的运算得到函数 $f(x)=x^2-4x+c$，然后予以解答，这需要些时间。

现象三：一些考生由 $f(2+t)=f(2-t)$ 会联想到图像上的两个点（$(2+t,f(2+t))$，$(2-t,f(2-t))$），而这两个点纵坐标相同，所以它们的对称轴为 $x=2$。

那么命题者的意图是什么呢？显然是希望像第三类学生那样，给我们一个导向，多注重函数记号的图式理解，在理解的基础上记忆。

例 2（2008 年广东理科）

已知函数 $f(x)=A\sin(x+\varphi)(A>0,\ 0<\varphi<\pi)$，$x\in\mathbf{R}$ 的最大值是 1，其图像经过点 $M\left(\frac{\pi}{3},\ \frac{1}{2}\right)$。

（1）求 $f(x)$ 的解析式；

（2）已知 α，$\beta\in\left(0,\ \frac{\pi}{2}\right)$，且 $f(\alpha)=\frac{3}{5}$，$f(\beta)=\frac{12}{13}$，求 $f(\alpha-\beta)$。

例 3（2010 年广东理科）

已知函数 $f(x)=A\sin(3x+\varphi)\ (A>0,\ x\in(-\infty,\ +\infty),\ 0<\varphi<\pi)$ 在 $x=\frac{\pi}{12}$ 时取得最大值 4。

（1）求 $f(x)$ 的最小正周期；

（2）求 $f(x)$ 的解析式；

（3）若 $f\left(\frac{2}{3}a+\frac{\pi}{12}\right)=\frac{12}{5}$，求 $\sin a$。

例 4（2011 年广东理科）

已知函数 $f(x)=2\sin\left(\frac{1}{3}x-\frac{\pi}{6}\right)$，$x\in\mathbf{R}$。

（1）求 $f\left(\frac{5\pi}{4}\right)$ 的值；

（2）设α，$\beta\in\left[0,\ \dfrac{\pi}{2}\right]$，$f\left(3\alpha+\dfrac{\pi}{2}\right)=\dfrac{10}{13}$，$f(3\beta+2\pi)=\dfrac{6}{5}$，求$\cos(\alpha+\beta)$的值。

例 5（2012 年广东理科）

已知函数$f(x)=2\cos\left(\omega x+\dfrac{\pi}{6}\right)$(其中$\omega>0$ $x\in\mathbf{R}$)的最小正周期为10π。

（1）求ω的值;

（2）设α，$\beta\in\left[0,\ \dfrac{\pi}{2}\right]$，$f\left(5\alpha+\dfrac{5}{3}\pi\right)=-\dfrac{6}{5}$，$f\left(5\beta-\dfrac{5}{6}\pi\right)=\dfrac{16}{17}$，求$\cos(\alpha+\beta)$的值。

例 6（2013 年广东理科）

已知函数$f(x)=\sqrt{2}\cos\left(x-\dfrac{\pi}{12}\right)$，$x\in\mathbf{R}$。

（1）求$f\left(-\dfrac{\pi}{6}\right)$的值;

（2）若$\cos\theta=\dfrac{3}{5}$，$\theta\in\left(\dfrac{3\pi}{2},\ 2\pi\right)$，求$f\left(2\theta+\dfrac{\pi}{3}\right)$。

【解析】

广东高考数学试题（三角部分）近年多次出现诸如$f\left(2\theta+\dfrac{\pi}{3}\right)$这样的函数记号，对于这一现象，很多一线教师颇有微词。笔者经常光顾的一些论坛、QQ群都有针对这一现象的争论，赞同者比较少，绝大多数教师持反对意见，认为毫无新意。这种理解是片面的，更是错误的。新课程标准强调要让学生理解数学的本质，而对于函数来说，它的本质就是对应关系，这种对应关系是通过函数记号被表示出来的，学生应该以图式的形式来理解，所以这样的命题风格应该提倡，并继续保持下去。

4. 重在对数学概念本质的考查

百度词条关于数学概念是这样描述的：它是人脑对现实对象的数量关系和空间形式的本质特征的一种反映形式，即一种数学的思维形式。

在数学中，作为一般的思维形式的判断与推理，以定理、法则、公式的方式表现出来，而数学概念则是构成它们的基础。正确理解并灵活运用数学概念，是掌握数学基础知识和运算技能、发展逻辑论证和空间想象能力的前提。

正确地理解和形成一个数学概念，必须明确这个数学概念的内涵——对象的“质”的特征及其外延——对象的“量”的范围。一般来说，数学概念是运用定义的形式来揭露其本质特征的。

学生应该以图式的形式接受数学概念，概念图不能等同于概念图式。数学概念的学习需要有一定的过程，而这个过程就是概念图式形成、精制的一条流水线，而精制后的概念图式的主线就是其本质的表征，所以高考考查数学概念往往以该概念的本质为切入点。

例 1（2010 年湖北理科）

将参加夏令营的 600 名学生编号为：001，002，…，600，采用系统抽样方法抽取一个容量为 50 的样本，且随机抽得的号码为 003。这 600 名学生分住在三个营区，从 001 到 300 在第 I 营区，从 301 到 495 住在第Ⅱ营区，从 496 到 600 在第Ⅲ营区，三个营区被抽中的人数依次为（　）

A. 26，16，8，　　　　B. 25，17，8

C. 25，16，9　　　　D. 24，17，9

【解析】

本题目考查的是统计中的系统抽样方法，而系统抽样的本质是等差数列，首项为 3、公差为 12、共计 50 项。本题目就是解决这 50 项分布在区间[1，300]，[30，495]，[496，600]中各有多少的问题，它不是简单地、浅层次地考查系统抽样，而是深入到本质，这就是说我们在平时的教学中，对于系统抽样的概念图式必须精制到其本质为等差数列这一环节。

例 2（2010 年广东理科）

某食品厂为了检查一条自动包装流水线的生产情况，随机抽取该流水线上 40 件产品作为样本，称出它们的质量（单位：克），重量的分组区间为（490，495]，（490，495]，…，（510，515]，由此得到样本的频率分布直方图，如图 5-20 所示。

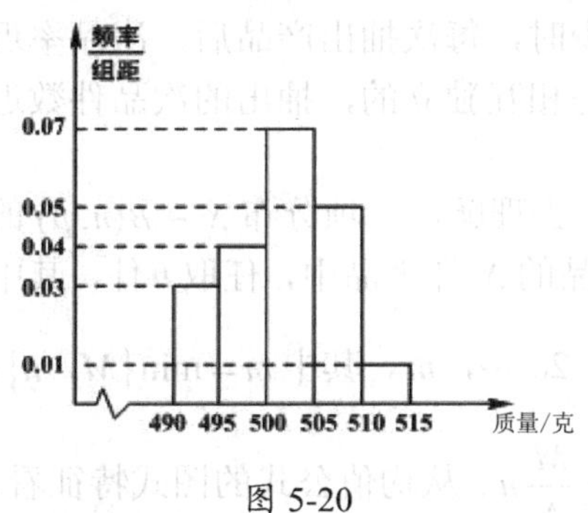

图 5-20

（1）根据频率分布直方图，求质量超过 505 克的产品数量。

（2）在上述抽取的 40 件产品中任取 2 件，设 Y 为质量超过 505 克的产品数量，求 Y 的分布列。

（3）从流水线上任取 5 件产品，求恰有 2 件产品的质量超过 505 克的概率。

【解析】

由第（1）、（2）问可以求得质量超过 505 克的产品个数为 12 件。

本题目对考生基本概念本质掌握的考查重点在第（3）问，高考结束后网络上流传的答案很多都是错误的，好几年过去了，但是关于第（3）问应该如何解答依然有很多学生甚至是教师都不怎么清楚。有数学教师针对这种争议专门写了文章“是二项分布还是超几何分布”发表在杂志上，可见该问题的典型性。

二项分布与超几何分布是高中概率统计中重点研究的两种分布，它们之间在本质上有什么区别？有何联系？

新课程人民教育出版社选修 2-3（A 版）习题 2.2 中特意安排了如下一道习题：

某批 n 件产品的次品率为 2%，现从中任意地依次抽出 3 件进行检验，问：

（1）当 $n=500$，$n=5000$，$n=50000$ 时，分别以放回和不放回的方式抽取，恰好抽到 1 件次品的概率各是多少？

（2）根据（1），你对超几何分布与二项分布的关系有何认识？

简解如下：

如果有放回，可以看成是 3 次独立重复试验，则抽到的次品数 $X\sim B(3,0.02)$，恰好抽到 1 件次品的概率为 $P(X=1)=\mathrm{C}_3^1\times0.02\times(1-0.02)^2\approx0.057624$.

如果无放回，抽到的次品数 X 是随机变量，X 服从超几何分布，其分布与产品的总数有关。

当 $n=500$ 时，次品数为 10，则 $P(X=1)=\dfrac{\mathrm{C}_{10}^1\mathrm{C}_{490}^2}{\mathrm{C}_{500}^3}\approx0.057853;$

当 $n=5000$ 时，次品数为 100，则 $P(X=1)=\dfrac{\mathrm{C}_{100}^1\mathrm{C}_{4900}^2}{\mathrm{C}_{5000}^3}\approx0.057647;$

当 $n=50000\mathrm{F}$ 时，次品数为 1000，则 $P(X=1)=\dfrac{\mathrm{C}_{1000}^1\mathrm{C}_{49000}^2}{\mathrm{C}_{50000}^3}\approx0.057626.$

根据结果，可以看出，当产品的总数很大时，超几何分布近似为二项分布。其原因是，因为产品总数很大而抽检的产品较少时，每次抽出产品后，次品率近似不变。这样就可以近似看成每次抽样的结果是相互独立的，抽出的次品件数近似服从二项分布。

事实上，还可以从两种分布的期望（均值）去理解，二项分布 $X\sim B(n,p)$ 的均值为 $EX=np$；（超几何分布）在含有 M 件次品的 N 件产品中，任取 n 件，其中恰有 X 件次品，则 $P(X=k)=\dfrac{\mathrm{C}_M^k\mathrm{C}_{N-M}^{n-k}}{\mathrm{C}_N^k}$，$k=0$，1，2，…，$m$，其中 $m=\min\{M,\ n\}$，且 $n\leqslant N$，$M\leqslant N$，n，M，$N\in\mathbf{N}^*$，其均值 $EX=\dfrac{M}{N}n$。从均值公式的图式特征看，两者是一致的。

这就是从本质上去理解超几何分布与二项分布的关系，学生习得两种分布的概念图式之后，教师必须创设情景，通过比较进一步精制图式，其中务必使学生清楚，当产品数量比较大、而抽取的产品又比较小时，两种分布的结果是接近的，这时就可以用二项分布来估计结果。

因此，第（3）问应该按照二项分布来解答。

例 3（2009 年湖北理科）

设球的半径为时间 t 的函数 $R(t)$，若球的体积以均匀速度 c 增长，则球的表面积的增长速度与球半径（　）

A. 成正比，比例系数为 c　　B. 成正比，比例系数为 $2c$

C. 成反比，比例系数为 c　　D. 成反比，比例系数为 $2c$

例 4（2009 年广东理科）

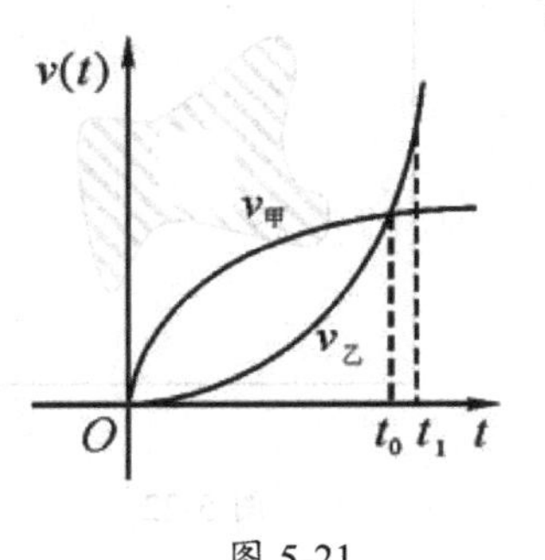

图 5-21

已知甲、乙两车由同一起点同时出发，并沿同一路线（假定为直线）行驶。甲车、乙车的速度曲线分别为 $v_{甲}$ 和 $v_{乙}$（如图 5-21 所示），那么对于图中给定的 t_0 和 t_1，下列判断中一定正确的是（　）

A. 在 t_1 时刻，甲车在乙车前面

B. t_1 时刻后，甲车在乙车后面

C. 在 t_0 时刻，两车的位置相同

D. t_0 时刻后，乙车在甲车前面

【解析】

导数是微积分中的重要基础概念，当自变量的增量趋于零时，其值为因变量的增量与自变量的增量之商的极限。导数的本质是瞬时变化率，反映了函数随自变量变化的快慢程度，这是其概念图式的核心。

许多高考试题对导数的考查只是停留在表面，主要以导数的运算为主，或者利用导数研究函数。而例 3 不同，它着重考查学生对导数概念本质的理解，测量考生知识结构中导数概念图式的精准程度，其解答过程如下：

由题意可知球的体积为 $V(t)=\dfrac{4}{3}\pi R^3(t)$，则 $c=V'(t)=4\pi R^2(t)R'(t)$，由此可得 $\dfrac{c}{R(t)R'(t)}=4\pi R(t)$，而球的表面积为 $S=4\pi R^2(t)$，

所以 $v_{表}=S'(t)=4\pi R^2(t)=8\pi R(t)R'(t)$，即

$$v_{表}=8\pi R(t)R'(t)=2\times4\pi R(t)R'(t)=\frac{2c}{R(t)R'(t)}R'(t)=\frac{2c}{R(t)}，故选 D。$$

对于定积分，“牛顿—莱布尼茨公式”是其概念图式的重要组成部分，但仅有它是远远不够的，因为定积分的本质是：在每一个局部小范围内“以直代曲”“以不变应万变”和“逼近”的思想，这种本质体现在变速运动上，就是求运动的路程（位移）。

在t_1时刻，$S_{甲}=\int_0^{t_1} v_{甲}\mathrm{d}t$，$S_{乙}=\int_0^{t_1} v_{乙}\mathrm{d}t$，再结合图形，可以知道正确答案为A。

新课程标准对导数、定积分的处理充分考虑了学生的认知水平，删掉了一些形式化的运算，将重点放在帮助学生认识概念的本质上，建立良好的概念图式，为升入大学后的进一步学习打好基础。

例5（2007年海南理科）

如图5-22所示，面积为S的正方形$ABCD$中有一个不规则的图形M，可按下面方法估计M的面积：在正方形$ABCD$中随机投掷n个点，若n个点中有m个点落入M中，则M的面积的估计值为$\frac{m}{n}S$，假设正方形$ABCD$的边长为2，M的面积为1，并向正方形$ABCD$中随机投掷10000个点，以X表示落入M中的点的数目。

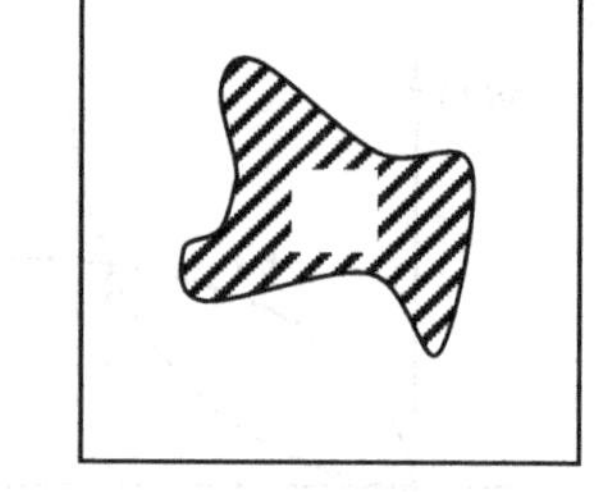

图5-22

（1）求X的均值EX；

（2）求用以上方法估计M的面积时，M的面积的估计值与实际值之差在区间$(-0.03, 0.03)$内的概率。

附表：$P(k)=\sum_{t=0}^{k}\mathrm{C}_{10000}^{t}\times 0.25^{t}\times 0.75^{10000-t}$

k	2424	2425	2574	2575
$P(k)$	0.0403	0.0423	0.9570	0.9590

【解析】

概率的本质就是统计现象，而统计现象的特点就是多种不同事件发生可能性的分布，概率就是对这种分布性的描述。对一个样本集合，总体来观察，就是一种统计，得出的统计规律就是概率。

概率的本质不是简单的计算某些给定事件的概率，试验、模拟、统计才是构成其概念图式的重要因素。

本题目是近些年高考概率试题中少有的精品，从另外一个角度来说，概率的本质就是频率，它是客观存在的，而通过频率所进行的估计确是主观的，该题对概率的考查充分体现了这一点，所以我们认为这是一道好题。

例6（2009年浙江理科）

已知函数$f(x)=x^3-(k^2-k+1)x^2+5x-2$，$g(x)=k^2x^2+kx+1$，其中$k\in\mathbf{R}$。

（1）设函数$p(x)=f(x)+g(x)$，若$p(x)$在区间$(0, 3)$上不单调，求k的取值范围；

（2）设函数 $q(x)=\begin{cases}g(x),x\geqslant 0\\f(x),x<0\end{cases}$ 是否存在 k，对任意给定的非零实数 x_1，存在唯一的非零实数 x_2（$x_2\neq x_1$），使得 $q'(x_2)=q'(x_1)$ 成立？若存在，求 k 的值；若不存在，请说明理由。

【解析】

第（2）问中的导函数 $y=q'(x)$ 为一分段函数，是否存在实数 k，对任意的非零实数 x_1，存在唯一的非零实数 x_2（$x_2\neq x_1$）使得 $q'(x_2)=q'(x_1)$？实质上是否存在实数 k 使确定函数 $y=q'(x)$ 的映射为“二对一”的映射。

为了更方便学生理解，我们曾经组织他们进行数学实验，利用几何画板绘制动态的图像，从映射（对应）这个角度去探究，学生很容易寻找到十分简洁的办法，大大优于标准答案中过于形式化的解答过程。

映射是函数概念图式的核心，是其本质。新课程淡化了对映射的要求，但是十分强调利用映射来理解函数概念的意义，这就是未来高考试题对函数概念考查的一个典型方向。

例 7（2008 年浙江理科）

已知 $\boldsymbol{a}$，$\boldsymbol{b}$ 是平面内两个互相垂直的单位向量，若向量 $\boldsymbol{c}$ 满足 $(\boldsymbol{a}-\boldsymbol{c})(\boldsymbol{b}-\boldsymbol{c})=0$，则 $|\boldsymbol{c}|$ 的最大值是（　　）。

A. 1　　B. 2　　C. $\sqrt{2}$　　D. $\dfrac{\sqrt{2}}{2}$

例 8（2013 年广东文科）

设 $\vec{a}$ 是已知的平面向量且 $\vec{a}\neq\vec{0}$，关于向量 $\vec{a}$ 的分解，有如下四个命题：

①给定向量 $\vec{b}$，总存在向量 $\vec{c}$，使 $\vec{a}=\vec{b}+\vec{c}$；

②给定向量 $\vec{b}$ 和 $\vec{c}$，总存在实数 λ 和 μ，使 $\vec{a}=\lambda\vec{b}+\mu\vec{c}$。

③给定单位向量 $\vec{b}$ 和正数 μ，总存在单位向量 $\vec{c}$ 和实数 λ，使 $\vec{a}=\lambda\vec{b}+\mu\vec{c}$；

④给定正数 λ 和 μ，总存在单位向量 $\vec{b}$ 和单位向量 $\vec{c}$，使 $\vec{a}=\lambda\vec{b}+\mu\vec{c}$。

上述命题中的向量 $\vec{b}$，$\vec{c}$ 和 $\vec{a}$ 在同一平面内且两两不共线，则真命题的个数是（　）。

A. 1　　B. 2　　C. 3　　D. 4

【解析】

在例 7 中，如果对 $(\boldsymbol{a}-\boldsymbol{c})(\boldsymbol{b}-\boldsymbol{c})=0$ 进行代数形式的展开，将会比较麻烦。比较好的办法是利用题目给出的信息构造一个四边形或者建立直角坐标系，这样就能顺利获得解答。

同样例 8 也应该从图形的角度去思考，向量加减法的图式是围绕平行四边形（三角形）来展开的，深入思考，这就是一个将“残缺”的平行四边形如何补充完整的问题。

平面向量的本质就是“数形结合”，它既具备代数形式的特点，同时也具备几何形式的直观性。条件中尽管给出的是代数形式，但“**a**，**b** 是平面内两个互相垂直的单位向量”又暗示了明显的几何背景。学生解答平面向量试题受阻的原因大多是不能进行代数与几何形式的相互转化，也就是说，他们关于向量的认知图式不是很完整，缺少对本质的把握。从这个角度来看，这样的试题就具有很好的导向作用。

对数学概念的考查历来是高考命题的出发点，我们还想以递推数列为例，综观历年各地高考试题，涉及递推数列的试题层出不穷，为什么命题专家对其情有独钟？因为这类试题可以蕴涵着很多数学思想方法，其中“化归”是灵魂，一条主线就是可以考查学生等差等比数列概念图式的理解以及运用水平，这在前面我们已经用比较多的篇幅给予了介绍，在此不再赘述。

6. 重在对过程型图式的考查

过程型图式是个人没有有意识提取线索，只能借助某种作业形式间接推论其存在的一种“如何操作”的图式。过程型图式是一套办事的操作步骤，是关于“怎么办”的知识。在学习过程性知识的第一个阶段，是习得过程性知识的陈述性形式，新知识进入原有的命题网络，与原有知识形成联系。第二阶段，经过各种变式练习，使储存于命题网络中的陈述性知识转化为以产生式系统表征和贮存的程序型图式。第三阶段，过程型知识依据线索被提取出来，解决“怎么办”的问题。

高中数学有很多过程型的图式，例如前面我们曾经提到过的利用单调性判断函数单调性、判断函数奇偶性、利用导数研究函数极值、求两曲线的交点、线性回归分析等，这些也都是高考考查的重点之一。

例 1（2011 年湖南理科）

设 $m>1$，在约束条件 $\begin{cases} y\geqslant x \\ y\leqslant mx \\ x+y\leqslant 1 \end{cases}$ 下，目标函数 $z=x+my$ 的最大值小于 2，则 m 的取值范围为（　）

A. $(1, 1+\sqrt{2})$　　　　B. $(1+\sqrt{2}, +\infty)$

C. $(1, 3)$　　　　D. $(3, +\infty)$

【解析】

含参数的线性规划问题一直是高三数学备考中的难点，这让许多学生知难而退。突破这个难点的最好办法是组织学生体会其中的过程型图式。

一般来说，解答这类问题的过程型图式为：

第一步，将目标函数改为“斜截式”，这样更有利于观察。

第二步，必须清楚，按照“图解法”进行直线平移的时候，是不是越向上移动，目标函数值越大？

第三步，直线（目标函数）的位置（倾斜程度）一定要摆放正确。

按照这个程序型图式去思考，就能很容易获得正确答案。

我们知道，线性规划本身就是一个过程型图式，当运用“图解法”的时候，一般情况下最优解是在可行域顶点处，只要逐个将顶点（顶点不是很多的情况下）代入就能够找到最优解。这是美国数学家G·B丹齐克于 1947 年首先提出的，它的理论根据是：线性规划问题的可行域是n维向量空间$\boldsymbol{R}^n$中的多面凸集，其最优值如果存在必在该凸集的某顶点处达到。

当约束条件无参数时，完全可以按照上述“逐个代入顶点”的办法来寻找最优解，这属于容易题。这种“逐个代入”的办法对含参数的线性规划试题作用甚微，对思维要求比较高，考生必须依据另外一套“过程型图式”，才能顺利进行问题解决。

例 2（2010 年辽宁文科）

已知函数 $f(x)=(a+1)\ln x+ax^2+1$。

（1）讨论函数 $f(x)$ 的单调性；

（2）设 $a\leqslant -2$，证明：对任意 $x_1,x_2\in(0,+\infty)$，$|f(x_1)-f(x_2)|\geqslant 4|x_1-x_2|$。

【解析】

利用导数讨论函数单调性，一直是高考考查的热点，每年都有很多省份的试题是围绕这一方面来测量考生的综合分析问题能力，试题的设置往往具有很强的区分度，能够很好地甄别出表现突出的考生。

导数讨论函数单调性，也是一个典型的过程型图式。

第一步，观察函数定义域；

第二步，对所给定的函数求导数，并令导数为零，得到一个关于x的方程。

以下的思索步骤是：这个方程有没有根？有几个根？在不在函数定义域中？

这就是解答本题目第（1）问的过程型图式。

很多一线教师不注意归纳这些过程型图式，而是组织学生盲目、一味地进行训练，导致学生疲惫不堪。学习数学最重要的是观察其规律，寻找在本质上相似的东西，对于解题方法也不例外，因为一些经典的解题方法就是程序性知识，将它们适当归纳就可以形成储存在学生头脑中的过程型图式。

由第（1）问可以知道，当$a\leqslant -2$时，函数$f(x)$是单调递减的，所以设$x_1\geqslant x_2$，则$f(x_1)\leqslant f(x_2)$，那么$|f(x_1)-f(x_2)|\geqslant 4|x_1-x_2|$等价于$f(x_2)-f(x_1)\geqslant 4x_1-4x_2$，即等价于$f(x_2)+4x_2\geqslant f(x_1)+4x_1$，所以产生思路：

令$g(x)=f(x)+4x$，下面只需要证明函数$g(x)$是单调递减即可。

用定义研究函数单调性，也是高中数学中一个重要的过程型图式。长期以来，高三数学在进行函数专题复习的时候，一个普遍的现象就是忽略了函数单调性的定义，过分突出导数的运用，这是不恰当的，是一种本末倒置的做法。本题目在第（2）问的设计上独树一帜，要求考生恰当利用单调性的定义进行分析、观察之后再利用导数确定其函数单调区间，相对于传统办法，具有很好的导向作用。

例 3（2012 年广东理科）

设 $a<1$，集合 $A=\left\{x\in\mathbf{R}\middle|x>0\right\}$，$B=\left\{x\in\mathbf{R}\middle|2x^2-3(1+a)x+6a>0\right\}$，$D=A\cap B$。

(Ⅰ)求集合 D (用区间表示);

(Ⅱ)求函数 $f(x)=2x^3-3(1+a)x^2+6ax$ 在 D 内的极值点。

【解析】

先来谈一段往事。2007 年笔者有幸参加了当年的高考阅卷工作，被分配批改理科第 20 题，题目如下：

已知 a 是实数，函数 $f(x)=2ax^2+2x-3-a$，如果函数 $y=f(x)$ 在区间 $[-1,1]$ 上有零点，求实数 a 的取值范围。

阅卷组印发的参考答案尽管有十几种，但大都相似，很多答案仅仅区别在“讨论点”的设置顺序上，而且十分繁杂。学习完参考答案回到住处，总感觉这个题目可以做点文章，依据自己多年累积下来的解题习惯，开始尝试研究“运动中的不变量”，果不其然！这个函数图像是经过两个定点 $\left(\dfrac{\sqrt{2}}{2},\sqrt{2}-3\right)$，$\left(-\dfrac{\sqrt{2}}{2},-\sqrt{2}-3\right)$ 的，于是一个十分简便的解法就产生了。

第二天，将整理好的解法交给了题组长，得到赞许，孙道椿教授戏称“这是另一种不动点”。接下来的阅卷中我们一直期盼着能有类似的解法出现，十分遗憾，全省几十万考生，无一人使用这种办法来求解。

我们仍用此思路来解答 2012 年广东理科试题。

设函数 $g(x)=2x^2-3(1+a)x+6a$，先研究当 a 在区间 $(-\infty,1)$ 变化时，函数 $g(x)$ 中的“不变量”。

首先，$g(x)=2x^2-3(1+a)x+6a=2x^2-3x-3a(x-2)$，

令 $x=2$，则 $g(2)=2$，说明函数 $g(x)$ 图像经过定点 $M(2,2)$；

其次，$g(x)=2x^2-3(1+a)x+6a=2\left[x-\dfrac{3(1+a)}{4}\right]^2+\dfrac{-9a^2+30a-9}{8}$，

设其顶点坐标为 (x,y)，则 $x=\dfrac{3(1+a)}{4},y=\dfrac{-9a^2+30a-9}{8}$。

消去 a，得到 $y=-2x^2+8x-6=-2(x-2)^2+2$，说明二次函数 $g(x)$ 的顶点 N 在抛物线 $h(x)=-(x-2)^2+2\left(x<\frac{3}{2}\right)$ 上运动。

评注：这些都是隐藏在题目中的条件，将它们挖掘出来，对解决本题很有帮助。

进一步观察，发现抛物线 $h(x)=-(x-2)^2+2\left(x<\frac{3}{2}\right)$ 恰好经过点 (1，0)，如图 5-23 所示。至此，第（1）问讨论哪些情况一目了然，而且第（2）问的极值点判断也可以同时进行。

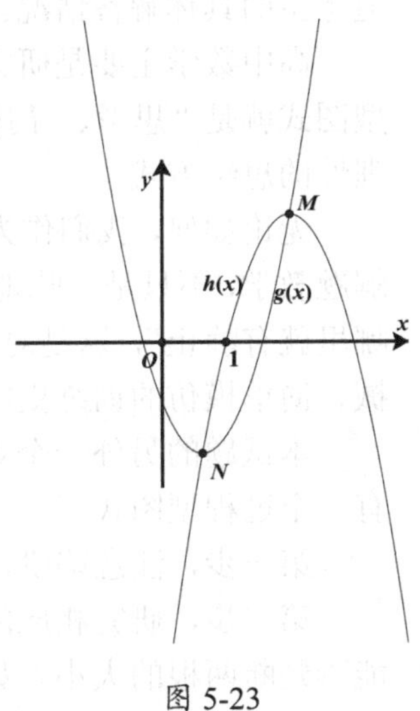

图 5-23

$f'(x)=6(x-a)(x-1)$，由于 $a<1$，所以函数 $f(x)=2x^3-3(1+a)x^2+6ax$ 在 $\mathbf{R}$ 上必有两个极值点 a，1。现在只需要判断这两个极值点 a，1是否属于区间 D 即可。

函数 $g(x)=2x^2-3(1+a)x+6a$ 的判别式为 $\Delta=3(a-3)(3a-1)$，考虑到 $a<1$，有如下分类：

①函数 $g(x)$ 的顶点 N 在抛物线 $h(x)=-(x-2)^2+2\left(1<x<\frac{3}{2}\right)$ 上移动时，即 $\frac{1}{3}<a<1$ 时，$\Delta<0$，$B=\mathbf{R}$，那么 $D=A\cap B=(0,+\infty)$，显然 a，$1\in D$，在 D 内有两个极值点。

②当函数 $g(x)$ 的顶点 N 在抛物线 $h(x)=-(x-2)^2+2(x\leqslant 1)$ 上移动并且 $g(0)>0$ 时，即 $0<a\leqslant\frac{1}{3}$ 时，$\Delta\geqslant 0$，必有 $x_1=\frac{3(1+a)-\sqrt{3(a-3)(3a-1)}}{4}>0$，$x_2=\frac{3(1+a)+\sqrt{3(a-3)(3a-1)}}{4}>0$，而且 $x_1\leqslant x_2$。

此时，$B=(-\infty,x_1)\cup(x_2,+\infty)$，那么 $D=A\cap B=(0,x_1)\cup(x_2,+\infty)$，又 $g(1)=3a-1\leqslant 0$，$g(a)=3a(1-a)>0$，显然 $a\in D$，$1\notin D$，在 D 内有一个极值点。

③当函数 $g(x)$ 的顶点 N 在抛物线 $h(x)=-(x-2)^2+2(x\leqslant 1)$ 上移动并且 $g(0)\leqslant 0$ 时，即 $a\leqslant 0$ 时，$\Delta>0$，必有 $x_1=\frac{3(1+a)-\sqrt{3(a-3)(3a-1)}}{4}<0$，$x_2=\frac{3(1+a)+\sqrt{3(a-3)(3a-1)}}{4}>0$，而且 $x_1<x_2$。

此时，$B=(-\infty,x_1)\cup(x_2,+\infty)$，那么 $D=A\cap B=(x_2,+\infty)$，又 $g(1)=3a-1<0$，显然 $a\notin D$，$1\in D$，在 D 内无极值点。

2012 年高考结束后，关于本题的解答，很多网友都发表了看法，但是能够从“动中窥静”的角度提供见解的并不多。因为没有参加当年的阅卷工作，所以不知道考生的具体解答情况。

高中数学主要是研究各种“变量”，在解决此类问题的时候，一个固定的过程型图式就是“思考、寻找其中的不变量”，这既是一种基于哲学的视角，也是一种理性的思维方式。

无论如何，我们作为数学教师，是有责任培养、训练学生解决问题的能力的。解题教学，不只是一味地题海训练。函数教学本质就是变量的教学，“哪里有运动，哪里就有静止”，这是对立统一的规律，从这个角度来俯瞰解题，肯定比单纯、机械、简单模仿的训练更能够让学生抓住本质。

本试题的另外一个难点聚焦在解含参数的（一元二次不等式）方面，这里也有一个过程型图式。

第一步，注意陷阱，例如二次项系数是否可以为零；

第二步，研究相应的方程，这个方程有没有根？有几个根？如果是两个根，能否判断两根的大小？如果再辅以相应的函数图像，思路就会更清晰。引导学生这样来归纳过程型图式，能够更好地体现教师的主导地位。

以上我们从五个方面对高考数学试题进行了分析，一份高考试题出炉后，无论是命题专家还是一线数学教师都在关心一个问题，那就是考生测试的水平如何？这一方面取决于试题的覆盖面以及难度，更重要的因素是考生具备什么样的数学图式，在考场上能否顺利进行图式的提取。高考考的是学生，同时也测量我们一线数学教师的教学艺术，特别是教育理念。我们常说的一句话是“以不变应万变”，这个“不变”是什么呢？可以肯定地回答，它不是什么“解题术”，而是学生所学到的数学概念的本质，而这些数学概念的本质就是学生习得的数学图式。我们必须改善自己的教学，在传授知识的同时帮助学生形成、精制数学（概念）图式，这才是科学有效的。

5.6 图式理论指导下的高三数学复习策略

关于高三数学总复习，目前绝大多数学校采用的是“三轮”复习方案：第一轮复习知识点，夯实基础；第二轮专题讲座，串讲串练；第三轮综合模拟，提高应试水平。这种操作模式已经延续多年，无论是在理论上还是在现实都有深远的影响，这也是符合循序渐进、螺旋上升的学习规律的。

那么，事实如何？效果怎样？学生的成绩起伏不定、教师抱怨复习过的知识与方法学生没有掌握、学生郁闷听教师讲解时十分明白，但是自己解题却无从下手。无奈之下只好加大训练量，作业试卷满天飞、统测模拟经常有，试卷经过批改发到学生手中，要求一些学生再次解答一遍。辛辛苦苦、折折腾腾，待到高考发榜时，依然是有人欢笑有人哭。教师在思索：如此的消耗战术取得这样的战果，投入与产出的性价比究竟有多高？正确的备考策略、科学的复习方案究竟怎样落实在课堂上才是最有效的？本小节我们试图用图式理论来回答诸如此类的疑问，明确高三数学复习各个环节的任务以及目标。

为了方便读者阅读，我们再简要回顾下图式的有关理论。

图式理论是一种关于人的知识是怎样被表示出来，以及这些特征如何以特有的方式进行应用的理论。按照建构主义学习观，学习新知识的过程就是学习者头脑中原有的相关图式变得丰厚的过程。皮亚杰把认知图式的发展过程称为主体的建构。在他看来，客体只有通过主体结构的加工改造后才能被主体所认识，而主体对客体的认识程度完全取决于主体具有什么样的认知图式。

数学的概念图式应该由通俗的文字语言、简约的数学符号、信息丰富的几何图形以及必要的框图来组成。必须清楚，单纯的定义、公式只是图式的一部分。如果我们把解决问题需要的公式、概念性知识称为知识基础，那么图式就是从这些支撑点出发并变得丰厚的结果。

获得较好图式必须经过两个阶段：形成和精制。图式是在以往经验的旧知识与新信息相互联系的基础上，通过“同化”与“顺应”而形成的，显然形成阶段就是新授课时师生共同探讨概念生成的阶段，此时要求学生一定要体验过程。头脑中的图式形成之后，不是一成不变的，而是不断演化的。如果用该图式来解决问题，必须对已经形成的图式做出扩展、限制以及修正，这就是图式的精制过程。图式的精制是一个缓慢的过程，起初建立的图式比较单薄，但随着概念的深入学习以及应用，它就会逐渐得到完善。

数学概念的图式应该包括陈述性知识、程序性知识、策略性知识。陈述性知识是指个人具有有意识的提取线索而能直接陈述的知识，是用来描述世界，回答“世界是什么”问题的知识。程序性知识是个人没有有意识提取线索，只能借助某种作业形式间接推论其存在的知识。程序性知识是一套办事的操作步骤，是关于“怎么办”的知识。策略性知识是指学习者在学习情境中对任务的认识、对学习方法的选择和对学习过程的调控。它是由学习方法、学习调控和元认知等要素构成的监控系统。

对于高三学生来说，已经经历了图式的形成阶段。尽管可能有些遗忘，但是经过初步复习，头脑中有关数学概念的基本图式是很容易得到重现的。那么经过第一轮复习后的高三学生的概念图式是否已经形成？形成的图式是否得到精制？我们下面来看几个案例，并结合图式理论进行分析。

笔者2010、2011连续两年担任高三数学教师，为了本书的写作，进行了一些比较系统的调查，掌握了比较丰富的原始资料。

案例1：计算$\tan 600^\circ$。

分析：这是某次月考中的一道选择题，年级（理科）平均4.02分，属于容易题。抽取了10位学生（0、5分各5人）进行了访谈。得零分的5位同学中2位是由于诱导公式没有记住只能胡乱猜答案，另有3位同学记得诱导公式但是在使用过程中符号出错。得5分（满分）的5位同学中只有2位能够准确迅速地解决本题而且并没有机械套用诱导公式，另外3位记得诱导公式但也是经过了比较繁杂的转化才得到正确答案。

访谈过程中至少有6位同学反映诱导公式多而难记忆，对“奇变偶不变、符号看象限”的规律不知所云，遇见此类问题只能先罗列出所有的诱导公式，然后再从中进行筛选，很容易出现错误。这些同学关于诱导公式的图式过于简单，只能够用陈述性知识来进行表达。经过了解解答迅速准确的2位同学，发现他们除了熟练记忆公式以外，还能够进行“浓缩与提炼”，显然他们的图式已经步入了程序性知识的阶段。

案例2：已知数列$\{a_n\}$和$\{b_n\}$满足$a_1=b_1$，且对任意$n\in\mathbf{N}^*$都有$a_n+b_n=1$，$\dfrac{a_{n+1}}{a_n}=\dfrac{b_n}{1-a_n^2}$。求数列$\{a_n\}$和$\{b_n\}$的通项公式。

分析：本题为2010年广州市普通高中毕业班综合测试（二）中的压轴试题，求a_n表达式是关键（无错误可以得4分）。抽取了4位数学成绩比较优秀但本次考试此题目得分在4分以下的同学进行访谈。他们已经得出$\dfrac{1}{a_{n+1}}=\dfrac{1}{a_n}+1$，但后续无文，均没有意识到数列$\left\{\dfrac{1}{a_n}\right\}$是等差数列。这几位同学尽管能够陈述等差数列的概念：从第二项开始每一项与前一项的差为同一个常数，但是没有意识到这个数列可以是$\{a_n\}$，也可以是$\left\{\dfrac{1}{a_n}\right\}$，甚至是$\left\{\dfrac{b_n}{a_n+n}\right\}$，图式中陈述性的知识没有得到延伸。

案例3：已知函数$f(x)=\ln x-\dfrac{a}{x}$，$a\in\mathbf{R}$，讨论其在区间[1，e]上的单调性。

分析：本题为2011届我校某次月考试题，命制题目时都觉得第一问对于中等以上学生来说属于送分题，事实上却没有送出去。翻阅试卷发现绝大多数学生讨论方向不明确，在完成求导之后只能简单罗列一些类别。知道本题目需要分类讨论，却不知道如何下手。经过了解，这些学生关于导数研究函数性质的一些基本知识掌握得尚可，例如定义域、求导基本正确，这就是说图式中的陈述性知识是过关的，所以可以肯定他们的图式中缺乏程序性以及策略性的知识。

案例 4：关于立体几何中公理（定理）理解、记忆、运用情况的调查。

（新课程）高考理科数学考试大纲中涉及空间点、直线、平面之间位置关系的公理（定理）共有 13 条。2011 年 2 月我们曾对理科普通班级的学生做了一次调查，下面是一些统计数据。

（样本人数 30 人）

公理（定理）记忆情况，见表 5-2。

表 5-2

	用文字语言表述公理（定理）	用符号语言表述公理（定理）	用图形语言表述公理（定理）
良好	22	12	15
及格	5	8	8
不及格	3	10	7

公理（定理）运用情况，见表 5-3。

表 5-3

	线面平行	线面垂直
良好	24	16
及格	4	4
不及格	2	10

分析：表述这十三条公理（定理）的三种语言属于图式中的陈述性语言，从表 5-2 可以看到，学生用文字语言表述优于另外两种语言，而使用符号方面最不乐观。我们是用两道中等难度的试题（论证线面平行、线面垂直各一道）来测试公理（定理）运用情况的，从表 5-3 的数据看，学生对平行问题的掌握优于垂直问题。经过进一步了解发现学生在思考垂直问题时不能对有关的公理（定理）进行提炼，也就是说图式中缺乏程序性的知识。以直线与平面垂直的判定定理为例，陈述性知识就是指判定定理自身的内容，可以用三种语言来陈述：如果一条直线与平面内的两条相交直线垂直，那么该直线就与平面垂直；$a\subset\alpha,\ b\subset\alpha,\ a\cap b=\ A,\ l\perp a,\ l\perp b\Rightarrow l\perp\alpha$；（图略）在表 5-2 中表现良好的同学也有部分不能灵活进行运用，障碍在哪里？运用图式理论可以这样诊断：关于线面垂直没有建构程序性知识“一条直线如果与三角形的两条边垂直，则必与第三条边垂直”。

通过以上案例，我们发现即使完成了第一轮复习，但是依然有一小部分学生没有形成图式（或者是遗忘），而相当多的学生头脑中的图式没有得到精制。只有那些优秀生，因为有良好的认知图式，在解决问题的时候才会灵活处理。所以我们要帮助普通学生学会表示较为复杂的关系，并培养他们能通过对问题的分析达到激活已有知识的能力，使他们的知识变得活动起来，从而有效地解决问题。而对于差生，首先要帮助他们增加适量的知识储备，能够解决力所能及的问题。

基于以上分析，我们就可以更准确地把握高考数学复习思路，在第一轮的复习中一定要帮助学生形成、精制概念图式，这也就是高三总复习所谓“抓基础”宗旨之所在。当学生的图式形成并得到精制后，一定要“抓落实”，帮助学生理解记忆。所谓“精选材料、有效训练”，是指训练学生提取图式。只有这样，学生才能顺利进行学习三步曲“明白、记住、会用”的过渡。

学生头脑中的数学图式必须得到精制后，才能形成程序性甚至是策略性知识，在精制的过程中不能忽略教师的重要作用。教师可以通过系统复习以及平时的测验讲评与学生一起共同提炼一些关键性内容，将其充实到学生现有的图式中，这样相关的数学图式就可以得到精制。

高中数学的概念图式可以分为发散型、概括型以及过程型。

1. 概括型图式的精制

概括是形成概念的一种思维过程和方法。即在思想上从某些具有一些相同属性的事物中抽取出本质属性，再推广到具有这些属性的一切事物，从而形成关于这类事物的普遍概念。所以概括型图式就是把某一类数学知识或问题中共有的，能够起到关键性作用的概念、公理（定理）、法则、符号、图形进行提炼的结果。概括型图式必须有代表性，易于记忆，方便迁移。如同新授课一样，也要让学生亲历精制的过程。

高三学生普遍感到论证立体几何中的垂直关系比较困难，求做二面角的平面角也不是一件容易的事情。经过调查分析，我们发现是学生头脑中相关的图式没有进行很好的精制。

在第一轮复习，可以设置如下一组习题：

（1）判断下列命题真假：

①直线l与平面α，三角形ABC在平面α上，如果$l\perp AB$，$l\perp AC$，则$l\perp BC$。

②平面$\alpha\perp$平面β，$\alpha\cap\beta=l$，直线$a\subset\alpha$，$a\perp l$，则$a\perp\beta$。

（2）三棱锥四个面中最多有几个直角三角形？（启发学生制作模型，操作、论证）

（3）三棱锥$PABC$中，$PA\perp$平面ABC，$BC\perp PB$。请找出所有的线线垂直、线面垂直、面面垂直关系。

（4）三棱锥$PABC$中，$PA\perp$平面ABC，$BC\perp PB$。请找出（或作出）所有二面角的平面角。

（5）三棱锥$PABC$中，$PA\perp$平面ABC，作出二面角$P-BC-A$的平面角。

师生共同归纳概括，就会精制出关于垂直（二面角）的一个概念图式，该图式仅包含一段文字“垂直三角形两边的直线必垂直第三条边”和一个几何体“四个面均为直角三角形的三棱锥”。事实证明，该图式既便于记忆，也利于提取（应用）。

再如《几何证明选讲》中的相交弦定理、切割线定理、割线定理以及垂径定理都可以用概括型图式来记忆以备提取。

2. 发散型图式的精制

发散又称“辐射”“放射”“多向”“扩散”或“求异”，是指从一个目标出发，沿着各种不同的途径去思考，探求多种答案的思维，与聚合思维相对。不少心理学家认为，发散思维是创造性思维最主要的特点，是测定创造力的主要标志之一。对于一些数学概念，如果只要求学生理解记忆它的原始定义，是远远不够的，这样的概念图式过于单薄。正因为如此，一些学生才会发出“概念公式都记得，但是不会解题”的感慨。有些概念只有适当进行发散，才能加深理解。那么如何精制发散型图式？我们以奇函数概念为例。

设置如下习题：

（1）判断下列函数是否是奇函数：$f(x)=x^3+2x^2$，$f(x)=\dfrac{2}{x}$，$f(x)=\sin x$。

（2）说出函数 $f(x)=x-\dfrac{1}{x}$ 图像的对称性（关于原点，x 轴，y 轴）。

（3）函数 $f(x)=1+\dfrac{a}{2^x+1}$ 为奇函数，则实数 $a=$________。

（4）证明下列函数为奇函数：$f(x)=\lg\dfrac{1-x}{1+x}$，$f(x)=\dfrac{2^x+1}{2^x-1}$，$f(x)=\lg(\sqrt{1+x^2}+1)$。

通过以上题目的训练，就可以达到对奇函数的概念图式进行精制的目的。精制后的图式可以由下列内容组成：

①奇函数图像特征；

②对于奇函数，若自变量互为相反数，那么函数值也互为相反数；

③满足 $f(x)+f(-x)=0$（x 为定义域内任何数值）；

④ $-f(x)=f(-x)$，$f(-x)=-f(x)$；

⑤如果定义域含 0，必有 $f(0)=0$；

⑥三个重要的奇函数：$f(x)=\lg\dfrac{1-x}{1+x}$，$f(x)=\dfrac{2^x+1}{2^x-1}$，$f(x)=\lg(\sqrt{1+x^2}+1)$。

实践表明，如果学生关于奇函数的概念图式仅有④是不可能顺利解决一些稍微复杂的问题的，而有②这样的文字语言加以描述，可以更深入地理解奇函数的概念。

同样，对于等差数列的概念必须进行如下的发散：从第二项开始，每一项与前一项的差等于同一个常数；从第一项开始，每一项加同一个常数等于后一项；从第二项开始每一项减同一个常数等于前一项；从第二项开始任意相邻三项，中间一项是前后两项的等差中项，并配备相应的符号表达式：$a_{n+1}-a_n=d$，$a_n+d=a_{n+1}$，$a_{n+1}-d=a_n$，$2a_n=a_{n-1}+a_{n+1}$，更要指出这里的数列$\{a_n\}$可以是任何数列。只有这样，当学生面对$\dfrac{1}{a_{n+1}}=\dfrac{1}{a_n}+1$时，才能顺利提取等差数列的概念。

3. 过程型图式的精制

过程是指事物发展所经过的程序阶段，也是将输入转化为输出的系统。显然过程型图式主要以程序性知识为主，该图式精制的第一个阶段，是习得过程性知识的陈述性形式，新知识进入原有的命题网络，与原有知识形成联系。第二阶段，经过各种变式练习，使储存于命题网络中的陈述性知识转化为以产生式系统表征和贮存的程序性知识。第三阶段，过程性知识依据线索被提取出来，解决“怎么办”的问题。例如用定义来证明函数单调性的过程性图式：

（1）设x_1，$x_2\in(a, b)$，$x_1<x_2$；（2）比较$f(x_1)$，$f(x_2)$大小；（3）结论（单调递增或递减）。

类似的过程性图式（奇偶性判断、充要条件判断等等）一般都已经在教材中呈现，而另外一些图式需要在解题教学中进行精制。那么如何精制过程型图式？这里以2011年广东高考文科试题为例。

设$a>0$，讨论函数$f(x)=\ln x+a(1-a)x^2-2(1-a)x$的单调性。

在评讲试题时，教师必须帮助学生还原思路并进行“削枝强干”的工作，提取出一道程序。其中的求函数导数、求根公式、判断根以及导数值的符号等都是细枝末叶，可以不纳入图式。整体上考虑有以下重要环节：求函数定义域、方程有没有实数根（令导数为零产生的方程）、方程有几个实数根、这些根是否在函数定义域中。这就是此类问题的过程型图式，再进一步精制，可以用以下口诀来记忆：定义域、有没有、有几个、要不要。

定义域：$(0, +\infty)$；

有没有：求导数并令其为零，得到关于x的方程$2a(1-a)x^2-2(1-a)x+1=0$。该方程有无实数根？顺利进入第一层讨论；

有几个：该方程可以是一元一次方程，也可以是一元二次方程，那么最多有两个不相等的实数根；

要不要：在有根的情况下，判断根是否在函数定义域中。

此过程型图式具有代表性，导数研究函数基本都可以依据其来操作，再匹配一定数量的训练，相信学生就能够比较顺利地解决此类问题了。

“知识+认知过程”是布鲁姆认识目标分类学的核心思想，他所指的四类知识（事实性知识、概念性知识、程序性知识、元认知知识）实际上就是学生头脑中的数学图式。在六种认知过程中，布鲁姆将“记忆”列于首位，是因为“记忆”是人们对具体事物（发散型图式）和普遍原理（概括型、过程型图式）的回忆，是一切学习活动的重要环节，是达到认识目标的基础。因此，我们在高三复习的过程中必须引导学生精制图式、帮助学生记忆图式、训练学生提取图式，这就是高三数学备考的整体目标。

5.7　图式角度下的数学创新试题

数学创新试题又称为新定义试题，也可以叫做新情景试题或者是信息迁移试题。这种试题的特点就是重新定义中学数学教材中未曾出现过、学生没有学过的新概念、新运算、新符号，要求学生利用已有的知识、能力进行阅读理解，并结合新概念解决问题。值得注意的是数学创新试题已经成为高考的热点之一，受到越来越多省份的高考命题专家的青睐，近年来绝大多数省份高考数学都增加了数学创新试题的份量。与此同时也有许多专家学者包括一线数学教师对数学创新试题展开了研究，取得了比较丰硕的成果。纵观这些文章，大多集中在归纳数学创新试题有哪些类型等层面，鲜有从认知的角度来研究。

图式是学习者的认知结构，解决新问题的过程就是学生相关知识或方法的图式的运用过程。从图式角度来看，数学创新试题就是为学生提供了一个自主学习的场景，要求学生通过题目所给出的信息自觉解决问题，这个过程包括图式的形成、图式的精制以及图式的提取三个阶段。

例 1　对任意两个非零的平面向量$\vec{\alpha}$和$\vec{\beta}$，定义$\vec{\alpha}\cdot\vec{\beta}=\dfrac{\vec{\alpha}\cdot\vec{\beta}}{\vec{\beta}\cdot\vec{\beta}}$，若平面向量$\vec{a}$，$\vec{b}$满足$|\vec{a}|\geqslant|\vec{b}|>0$，$\vec{a}$，$\vec{b}$的夹角$\theta\in\left(0,\ \dfrac{\pi}{4}\right)$，且$\vec{a}\cdot\vec{b}$和$\vec{b}\cdot\vec{a}$都在集合$\left\{\dfrac{n}{2}\middle|n\in\mathbf{Z}\right\}$中，则$\vec{a}\cdot\vec{b}=$（　）

A. $\dfrac{1}{2}$　　B. 1　　C. $\dfrac{3}{2}$　　D. $\dfrac{5}{2}$

【解析】“$\vec{\alpha}\cdot\vec{\beta}=\dfrac{\vec{\alpha}\cdot\vec{\beta}}{\vec{\beta}\cdot\vec{\beta}}$”就是一个图式，考生在原有认知结构的基础上对这一图式有了初步的认识，其中关于“向量投影”的知识得到“激发”，使得该图式得

到了精制：$\vec{\alpha}\cdot\vec{\beta}$ 的含义就是 $\vec{\alpha}$ 在 $\vec{\beta}$ 上的投影除以 $|\vec{\beta}|$，这样就完成了图式由形成到精制的过程，而后就是图式的提取以及应用了。

例2　对于 $n\in\mathbf{N}^*$，将 n 表示为 $n=a_0\times 2^k+a_1\times 2^{k-1}+a_2\times 2^{k-2}+\cdots+a_{k-1}\times 2^1+a_k\times 2^0$，当 $i=0$ 时，$a_i=1$，当 $1\leqslant i\leqslant k$ 时，a_i 为 0 或 1。记 $I(n)$ 为上述表示中 a_i 为 0 的个数（例如 $1=1\times 2^0, 4=1\times 2^2+0\times 2^1+0\times 2^0$；$I(1)=0$，$I(4)=2$，则

（1）$I(12)=$________　　（2）$\sum\limits_{n=1}^{127}2^{I(n)}=$________

【解析】这是 2011 年湖南高考理科试题，为什么设置两问，显然命题者的意图是通过第一问来检测考生能否形成图式，而第二问的解答取决于考生的图式能否得到精制。笔者在所任教班级也曾经用此题目进行过测试。很多学生都可以完成第一问，这说明学生能够顺利形成新数学概念的图式，但是第二问的解答情况确十分糟糕，全班 54 名同学仅有 4 人正确。

阻碍学生思路的原因首先是不能将 $n=a_0\times 2^k+a_1\times 2^{k-1}+a_2\times 2^{k-2}+\cdots+a_{k-1}\times 2^1+a_k\times 2^0$ 与二进制联系起来。我们知道在必修 3 中一个典型的算法案例就是十进制与二进制的互化，因为学生已经将这部分知识遗忘，所以直接导致无法进行图式的精制，这样一来学生获得的只是没有精制的图式，自然就很难下手。一个有趣的现象，能够正确解答的 4 位同学中有 2 位是一直参加信息技术奥赛培训的，他们告诉我，一拿到题目就知道这个题目的背景就是二进制，所以解答起来就比较顺手。

例 3　图 5-24 是某汽车维修公司的维修点环形分布图。公司在年初分配给 A, B, C, D 四个维修点某种配件各 50 件。在使用前发现需将 A, B, C, D 四个维修点的这批配件分别调整为 40，45，54，61 件，但调整只能在相邻维修点之间进行，那么要完成上述调整，最少的调动件次（n 件配件从一个维修点调整到相邻维修点的调动件次为 n）为（　　）

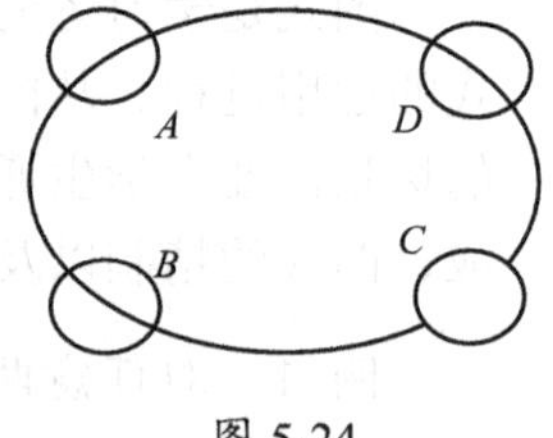

图 5-24

A. 15　　B. 16　　C. 17　　D. 18

【解析】

“调动件次”是本题目涉及到的一个新概念，学生在解答题目时候，首先要形成关于这个概念的图式。当然完全可以采取“特殊化”的办法来理解“调动件次”这个概念，例如维修点 A 分别向 B、D 调整过去 1、3 件，其余维修点不做调整，那么调动件次为 1+2=3。如果学生能够这样去思考，就说明他已经具备了独立自主形成图式的能力。

“调动件次”这个概念的图式用文字语言叙述应该是“各个维修点向相邻维修

点调整的零件数之和”，如果学生能够意识到这一点，那么他就可以解决问题了，当然解决的办法可能是将一些调整办法一一列举出来，再从中找到符合要求的“调动件次”。

受考试时间限制，对于绝大多数考生来讲，可能是没有时间对“调动件次”这个概念图式进行精制的，那么他们的解答时间可能会长一些。而对于个别数学思维比较好的考生是可以完成图式精制过程的，然后用精制后的概念图式进行解答，所花费的时间肯定少于前者，因此本题目具有很好的区分度。

图式的精制过程往往取决于考生的元认知水平。首先要规定四个维修点依据顺时针方向进行（零件数目）调整，A 向 D 调整 x_1 个零件、D 向 C 调整 x_2 个零件、C 向 B 调整 x_3 个零件、B 向 A 调整 x_4 个零件，这里 $x_i(i=1,2,3,4)$ 可以为负数，负数的意义就是逆时针方向调整。

那么调动件次 $\varphi=|x_1|+|x_2|+|x_3|+|x_4|$。

此时考生将储存的关于绝对值（求最值）的有关知识激活，进而转化为计算一个绝对值函数的最值问题。

例 4　若数列 $\{a_n\}$ 满足 $\dfrac{a_{n+1}^2}{a_n^2}=p(p$ 为正常数，$n\in\mathbf{N}^*)$，则称 $\{a_n\}$ 为“等方比数列”。甲：数列 $\{a_n\}$ 是等方比数列，乙：数列 $\{a_n\}$ 是等比数列，则（　　）

A. 甲是乙的充分条件但不是必要条件

B. 甲是乙的必要条件但不是充分条件

C. 甲是乙的充要条件

D. 甲既不是乙的充分条件也不是乙的必要条件

【解析】

“等方比数列”概念图式精制后是“如果一个数列各项平方之后是等比数列，那么这个数列就叫做等方比数列。”

接下来考查的是考生是否已经完成对等比数列概念图式的精制：等比数列各项平方依然是等比数列、取等比数列（每一项均为正数）各项的平方根构成的数列是否是等比数列。如果考生熟悉这些，那自然会很容易解答此问题。

例 5　中学数学中存在许多关系，比如“相等关系”“平行关系”等等。如果集合 A 中元素之间的一个关系“$-$”满足以下三个条件：

（1）自反性：对于任意 $a\in A$，都有 $a-a$；

（2）对称性：对于 a，$b\in A$，若 $a-b$，则有 $b-a$；

（3）传递性：对于 a，b，$c\in A$，若 $a-b$，$b-c$，则有 $a-c$。

则称“$-$”是集合 A 的一个等价关系。例如：“数的相等”是等价关系，而“直线的平行”不是等价关系（自反性不成立）。请你再列出三个等价关系：

【解析】

命题者已经提供了概念“$-$”的两个样例，其中一个是反例。也就是说，考生会十分容易完成对概念“$-$”图式的精制，我们在本书一直提倡精制后的图式最好是用文字语言来描述，概念“$-$”意为：

（1）a 与其本身具有“这种关系”；

（2）如果 a 与 b 具有“这种关系”，那么 b 与 a 也具有“这种关系”；

（3）如果 a 与 b 具有“这种关系”，b 与 c 具有“这种关系”，那么 a 与 c 也具有“这种关系”。

接下来就是结合自己所学习过的一些数学知识进行概念图式的提取。

例 6　设 P 是一个数集，且至少含有两个数，若对任意 a，$b \in P$，都有 $a+b$，$a-b$，ab，$\frac{a}{b} \in P$（除数 $b \neq 0$），则称 P 是一个数域。例如有理数集 $\mathbf{Q}$ 是数域；数集 $F=\left\{a+b\sqrt{2} \middle| a, b \in \mathbf{Q}\right\}$ 也是数域。有下列命题：①整数集是数域；②若有理数集 $\mathbf{Q} \subseteq M$，则数集 M 必为数域；③域必为无限集；④存在无穷多个数域。其中正确的命题的序号是（　）。

【解析】

结合题目提供的样例，考生会顺利完成对“数域”这个概念图式的精制：如果一个数集中任意两个元素的加、减、乘、除（除数不为零）依然属于这个集合，那么该集合就是数域。下面就是能否继续提供其他样例的事情了。

例 7　设 S，T 是 R 的两个非空子集，如果存在一个从 S 到 T 的函数 $y=f(x)$ 满足：

（1）$T=\left\{f(x) \middle| x \in S\right\}$；

（2）对任意 x_1，$x_2 \in S$，当 $x_1 < x_2$ 时，恒有 $f(x_1) < f(x_2)$，那么称这两个集合“保序同构”。以下集合对不是“保序同构”的是(　　)

A. $A=N^*, B=N$　　B. $A=\left\{x \middle| -1 \leqslant x \leqslant 3\right\}, B=\left\{x \middle| x=-8 \text{ 或 } 0<x \leqslant 10\right\}$

C. $A=\left\{x \middle| 0<x<1\right\}, B=\mathbf{R}$　　D. $A=\mathbf{Z}, B=\mathbf{Q}$

【解析】

“保序同构”涉及的两个条件对于学生来说应该不陌生，这里主要地是考生是否对函数定义域和值域、单调性等概念有过不同的表示经历。本书前面我们曾经针对这些概念强调过，在其图式形成以及精制过程中务必教会学生从不同角度来形成概念的表征。

例 8　在空间中，过点 A 作平面 π 的垂线，垂足为 B，记 $B=f_\pi(A)$。设 α, β 是两个不同的平面，对空间任意一点 P，$Q_1=f_\beta[f_\alpha(P)]$，$Q_2=f_\alpha[f_\beta(P)]$，恒有 $PQ_1=PQ_2$，则（　　）

A. 平面 α 与平面 β 垂直　　B. 平面 α 与平面 β 所成的(锐)二面角为 45°

C. 平面 α 与平面 β 平行　　D. 平面 α 与平面 β 所成的(锐)二面角为 60°

【解析】

这是 2013 年高考浙江理科试题，记号 $B=f_{\pi}(A)$ 的图式含义为：点 A 在平面 π 内的射影为 B，这其实也是一种对应关系。而对于记号 $f_{\beta}[f_{\alpha}(P)]$ 的理解是解决题目的关键。元认知水平比较高的考生会将其分解，令 $P_1=f_{\alpha}(P)$，即点 P 在平面 α 内的射影为 P_1，那么 $Q_1=f_{\beta}(P_1)$，即点 P_1 在平面 β 内的射影为 Q_1，至此记号 $Q_1=f_{\beta}[f_{\alpha}(P)]$ 的图式得到精制：从空间任意一点 p 向平面 α 作垂线，垂足为 P_1，再从点 P_1 向平面 β 作垂线，垂足为 Q_1。

考生必须将图式 $Q_1=f_{\beta}[f_{\alpha}(P)]$ 精制到以上程度，才能顺利解决问题。

例 9　设整数 $n\geqslant 4$，集合 $X=\{1,2,3,\cdots,n\}$。令集合 $S=\{(x,y,z)|x,y,z\in X$，且三条件 $x<y<z,y<a<x,z<x<y$ 恰有一个成立，若 (x,y,z)，(z,w,x) 都在 S 中，则下列选项正确的是（　　）

A. $(y,z,w)\notin S,(x,y,w)\notin S$　　B. $(y,z,w)\in S,(x,y,w)\notin S$

C. $(y,z,w)\notin S,(x,y,w)\in S$　　D. $(y,z,w)\notin S,(x,y,w)\notin S$

【解析】

这是 2013 年高考广东理科试题，据了解相当多的考生是用“赋值法”来获得正确答案的，当然这也是一个好办法。看到试题之后，笔者按照习惯来琢磨 $S=\{(x,y,z)|x,y,z\in Xd\}$，且三条件 $x<y<z,y<z<x,z<x<y$ 恰有一个成立的图式含义究竟是什么，经过一番思索感悟到这相当于三个互不相等的实数排列在一个圆周上，那么肯定满足“$x<y<z,y<z<x,z<x<y$ 恰有一个成立”这个条件，该题目真的是十分精彩，看起来是很陌生的情景，本质确类似于一种填写数字的游戏，是一道很不错的创新试题。

高考新情景（创新）试题是新课程标准理念指导下的产物。从前面所列举的一些试题我们可以看到这些创新试题情景是新颖的，概念是新定义的，但是做考查的知识是最基本的，研究方法也是常规的。

有研究者认为创新试题属于高考数学新题型中的阅读理解题，这也是有道理的，但这并没有点破这类试题的本质，或者说并没有指出这类试题的考查功能。

创新试题重在考查学生自主学习的能力，而学生自主学习的过程必须经过三个阶段：图式的形成、图式的精制、图式的提取。在考场上要求学生在很短的时间内连续完成这三个阶段的工作，没有平时的训练是不行的。

我们要注意到创新试题的几个显著特点：

（1）内容新。新概念、新运算、新定理（公式或法则）；

（2）抽象性。概念、运算、定理（公式或法则）的叙述往往比较简单又抽象。

而学生在独立的学习过程中看不到解释性和说明性的语言，也没有教师的点拨、讲解，这对学生的能力要求是很高的。

教师如何帮助学生提高这种自主学习能力呢？首先要适当介绍一些学习方法，甚至让学生知道数学知识储存在头脑中必须是以图式的形式才能方便提取，让学生逐步养成习惯，每学完一个新概念之后会用不同的语言进行表示，特别是文字（自然）语言，能从各个角度去理解数学概念。在学习新概念的时候，教师一定要给学生机会，让他们独立去摸索争取依靠自己的努力来获得新知识，养成积极探究的习惯。

第6章　基于图式的高中数学主干内容教学建议

普通高中课程标准指出：数学教育作为教育的组成部分，在发展和完善人的教育活动中、在形成人们认识世界的态度和思想方法方面、在推动社会进步和发展的进程中起着重要的作用。在现代社会中，数学教育又是终身教育的重要方面，它是人们进一步深造的基础，是终身发展的需要。数学教育在学校教育中具有特殊的地位，它使学生掌握数学的基础知识、基本技能、基本思想，使学生表达清晰、思考有条理，使学生具有实事求是的态度、锲而不舍的精神，使学生学会用数学的思考方式解决问题、认识世界。

课程标准对于课程的定位是：

高中数学课程是义务教育后普通高级中学的一门主要课程，它包含了数学中最基本的内容，是培养人们素质的基础课程。

高中数学课程对于认识数学与自然界、数学与人类社会的关系，认识数学的科学价值、文化价值，提高提出、分析和解决问题的能力，形成理性思维，发展智力和创新意识具有基础性的作用。

高中数学课程有助于学生认识数学的应用价值，增强应用意识，形成解决简单实际问题的能力。

高中数学课程是学习高中物理、化学、技术等课程和进一步学习的基础。同时，它为学生的终身发展，形成科学的世界观、价值观奠定基础，对提高全民族素质具有重要意义。

如果从图式理论角度看，新课程的教学目标应该是这样的：通过具体的材料，在教师的引导下，学生能够形成有关数学概念的图式，并在后续的学习过程中精制图式，通过一些检测，学生最终能够顺利提取图式。从认知心理学来看，主要是培养学生获取知识（形成概念图式）、加工知识（精制图式）的能力。对于能够进一步学习数学专业的学生来说，这种能力将对他的后续学习起到决定性作用；如果学生今后的学习（工作）即使与数学看起来毫无关系，但是他头脑中关于数学的认知图式也能够帮助其顺利地进行学习和工作。

本章我们将结合教材以及课程标准、考试说明对高中数学的主干内容提出一些教学要求，这是一种基于图式的分析，是新的尝试。对于每一个主干内容，我们是从高中三年整体的层面来把握的，这是因为有的数学概念图式的精制过程是呈螺旋上升的。因此，我们希望读者也能够从高中三年的整体来把握教学目标，不可一步到位。

6.1　基本初等函数

基本初等函数是指指数函数、对数函数、幂函数以及三角函数，这是高中重点研究的内容，也是高考考查的主干内容之一。在教学中必须按照图式形成、精制、提取的环节进行，在形成阶段要体现学生的主体，强调他们的参与；而精制环节要突出教师的主导作用，事实证明没有教师参与的精制往往没有重点，更缺乏对本质的认识；提取图式的训练一定要有针对性，避免使用题海战术，有时候量变未必能够引起质的变化。

6.1.1　函数奇偶性

【课程标准（考试说明）要求】

结合具体函数，了解奇（偶性）的含义。

【课程标准（考试说明）解读】

奇偶性是函数的重要特征，课程标准与考试说明明确要求结合具体函数来了解其含义，所以原则上不要涉及抽象函数奇（偶）性的判断。奇（偶）函数的探索一定要体现过程，在这个过程中要逐步引导学生使用三种语言进行描述。函数奇偶性的学习呈明显的螺旋上升趋势，在初中数学已经出现一些雏形，这是其概念图式的萌芽阶段，在必修一通过一些具体的函数形成其概念图式，之后在必修四通过学习正余弦函数，将其概念图式得到进一步精制。

【教学要求】

1. 图式形成阶段

（各种版本）的教科书在处理函数的奇偶性时，都体现“观察、归纳”的原则，即先给出几个特殊函数的图像，让学生通过图像直观获得函数奇偶性的认识。这里一定要体现循序渐进的原则，通常来讲，学生最先感受到的是函数图像具备某种对称性，能够有这种感受与体会的学生，其实他的头脑中已经初步形成了奇（偶）函数的图式，那就是“如果函数图像关于原点对称，则为奇函数；如果函数图像关于轴对称，则为偶函数”。这个图式还只是“形”上的，还需要从另外一个角度来认识奇偶函数，也就是说要有不同的“观念”，因为

“好”的数学概念图式的衡量标准是它的“观念”有多少，一般来讲观念越多意味着图式越完美。

之后教师要引导学生观察奇（偶）函数图像上“量”的特征，直至学生体会到“奇函数图像上对称的两个点，横坐标（纵坐标）互为相反数；偶函数图像上对称的两个点，横坐标互为相反数，而纵坐标相等.”这是连接奇偶函数概念图式“形”与“数”的桥梁，是一个重要的过渡阶段。

接下来进入“定量”描述阶段，这对于高一学生肯定是个难点，要启发学生用 x 表示其中一个点的横坐标，那么另外一个点（与前一个点对称）的横坐标为 $-x$，则两个对应点的纵坐标分别为 $f(x)$，$f(-x)$，这样就能比较顺利地形成奇偶函数的概念图式。

切记，奇偶函数是高一学生接触到的第一个比较抽象的数学概念，学生掌握得好不好，其实很好测量，只要看他能够用多少语言去描述。至少应该有以下几点：

（1）图像整体特征（对称）；

（2）图像上对应点坐标特征；

（3）用数学表达式来表示这些特征。

至于奇偶函数的定义域必须关于零对称，这属于细枝末节，不必过分强调，可以通过一些题目让学生去辨析。

2. 图式精制阶段

奇偶函数的概念图式形成之后，就可以进入精制阶段，这里一定要注意遵循螺旋上升的原则。从整体上来看，其图式精制要体现以下要求：

1）规律

为学生多提供一些素材，让他们通过演练、比较、观察发现奇偶函数的一些规律。例如判断 $y=f(x)\pm g(x)$，$y=f(x)g(x)$，$y=f(x)\pm h$，$y=af(x)$，$y=|f(x)|$ 等函数的奇偶性，其中 $f(x)$，$g(x)$ 为奇函数或偶函数。本环节尤其重要，事实证明很多学生之所以奇偶函数没有学好，其中一个重要原因就是没有发现其中的一些规律。

2）样例

以下五个典型的奇偶函数要陆续纳入学生关于函数奇偶性的概念图式中，这是样例，可以帮助学生更好地理解数学概念。

（1）$f(x)=\lg\dfrac{1-x}{1+x}$；

（2）$f(x)=\mathrm{e}^{x}+\mathrm{e}^{-x}$；

（3）$f(x)=\mathrm{e}^{x}-\mathrm{e}^{-x}$；

（4）$f(x)=\dfrac{2^x+1}{2^x-1}$；

（5）$f(x)=\lg(x+\sqrt{1+x^2})$。

3）本质

图式是对数学概念本质进行表示的一种方式，对于函数奇偶性来说，它的本质就是“替换”：用 $-x$ 替换 x 所引起的函数值的变化，这也可以用对应（映射）关系来解释。学生是否已经掌握了奇偶函数概念的本质，可以通过以下问题来测量。

例 1　函数 $f(x)=ax^3+bx+c$，$f(2)=6$，求 $f(-2)$。

例 2　奇函数 $f(x)$，当 $x>0$ 时，$f(x)=x^2-x$，求当 $x<0$ 时的解析式。

对于例 1，学生可能有三种知识层次：

第一种：$f(-x)=a(-x)^3+b(-x)+c=-ax^3-bx+c$，这种知识层次的学生在其概念图式中缺少体现奇偶函数规律性的一些陈述性知识。

第二种：$f(x)=-ax^3-bx+c$，相对于前者，这里省略了一步，如果学生是有意识省略的，那就说明他的概念图式明显优于前者，因为他发现作为奇函数，当用 $-x$“替换” x 时，负号将会出现在表达式的前面。

第三种：$f(x)-c=ax^3+bx$，则函数 $f(x)-c$ 为奇函数。学生能够具备这种知识层次，说明他们的概念图式中已经出现一些策略性的知识，并能够懂得从整体上观察函数的奇偶性，也就是说，他们对概念本质的理解会更好一些。

4）升华

奇偶函数概念图式中最典型的样例是函数 $f(x)=\sin x$，$f(x)=\cos x$，在学习这两个函数的时候，恰是一次对函数奇偶性升华的最佳时机。这是因为 $f(x)=\sin x$，$f(x)=\cos x$ 除了分别以原点（奇函数）、y 轴（偶函数）对称以外，它们也还有其他的对称轴和对称中心，在这里可以将奇偶性、周期性、图像平移者适当结合。

（1）函数 $f(x-1)$ 关于点 $P(1,0)$ 对称，则函数 $f(x)$ 为奇函数。

（2）函数 $f(x)$ 满足 $f(2+x)=f(2-x)$，$f(7+x)=f(7-x)$，则函数 $f(x)$ 为周期函数。

（3）奇函数 $f(x)$ 满足 $f(1-x)+f(x)=0$，则其为周期函数。

这些问题的处理要采取恰当的办法，不宜采取“灌输”的方式，更不能期望通过大运动量的训练来使学生掌握。首先必须清楚，选择这些问题的目的不是简单地为了提高学生的应试水平，而是进一步充实他们头脑中关于奇偶函数的概念图式。

3. 图式训练阶段

（1）以识记为目标的训练。重点在于帮助学生巩固所形成（精制）的奇偶函数概念图式，训练的方式可以是这样：学生事先制作概念图式卡片，每两个同学为一组互相提问。提问的方式应该是发散性的，例如甲同学问乙同学：×××同学，对于奇函数你能回答它的哪些问题？对于乙同学不能复述的部分，甲可以做适当的提示或者补充，效果会明显优于传统的提问方式。每节课都可以挤出几分钟时间来进行，一段时间后习得的概念图式就会储存在学生的长时记忆中。

（2）以提取为目标的训练。主题必须鲜明，重点测试学生能否顺利进行图式提取，所以不可以有偏怪试题，但是可以人为设置一些干扰因素。

6.1.2　函数单调性

【课程标准（考试说明）要求】

理解函数的单调性、最大（小）值以及几何意义，理解指数函数、对数函数的单调性，结合函数 $y=x, y=x^2, y=x^3, y=\frac{1}{x}, y=x^{\frac{1}{2}}$ 的图像，了解幂函数的变化情况，理解正弦函数、余弦函数在区间 $[0,\ 2\pi]$ 的性质（如单调性、最大值和最小值以及与 x 轴的交点等），理解正切函数在区间 $\left(-\frac{\pi}{2},\ \frac{\pi}{2}\right)$ 的单调性。

了解函数单调性和导数的关系，能利用导数研究函数的单调性，会求函数的单调性区间（其中多项式函数一般不超过三次）。

【课程标准（考试说明）解读】

函数单调性定义是指：数集 D 上的函数 $f(x)$，如果对 D 中任意的 $x_1<x_2$，有 $f(x_1)<f(x_2)$（或 $f(x_1)>f(x_2)$），则称 $f(x)$ 是 D 上的单调增函数（单调减函数），统称为单调函数。教师必须清楚这是“严格”单调函数定义，而 $f'(x)>0$ 则 $f(x)$ 递增只是单调增函数的另外一种表征。学生在初中已经形成了对单调函数的直观认识，也可以认为其函数单调性概念图式业已形成，那么在高中阶段该图式只是逐步精制而已。

1. 图式精制阶段

我们默认学生在初中已经形成单调性概念图式，这是有道理的。在单调性概念图式精制的阶段，用不同的文字语言进行表示尤其重要。通过观察一次函数（二次函数），引导学生这样描述：y 随着 x 的增大而增大，x 越大 y 也越大，y 越小 x 也越小，步调一致，水涨船高，一浪高过一浪等。学生只有通过使用更多的文字语言进行表示，他们才能更顺利进入单调性概念图式的形式化表示环节。

接下来是如何运用数学符号将文字语言的描述提升到形式化定义，该怎么样来描述“x越大y也越大、y越小x也越小”呢？用具体的数字检验肯定是不行的，这不能保证“任意性”，于是就把学生的思维引到了思考怎样表述“任意性”上来：用x_1，x_2，如果$x_1 < x_2$时，有$f(x_1) < f(x_2)$，就说函数$f(x)$是单调递增的。

到了这一步，一些教师可能就认为单调性概念图式的精制过程已经完成，这是不正确的。当有了形式化的定义之后，还缺少对单调性本质的描述。经验显示学生对数学表达式的描述，最习惯使用的是文字语言，对于高一学生来说，这种描述也可能是“半符号本文字”的。对单调递增形式化定义的描述应该是：x_1，$x_2 \in D$，如果$x_1 - x_2$与$f(x_1) - f(x_2)$的符号相同，则为递增函数。概括能力比较强的学生甚至会给出单调递增函数更精准的形式化定义：x_1，$x_2 \in D$，如果$(x_1 - x_2)[f(x_1) - f(x_2)] > 0$，则为递增函数。对于高一学生，其单调性概念图式的精制必须通过上面这样的程序。我们很清晰地看到，文字语言与形式化定义互相之间的转换贯穿始终。

学完导数之后，单调性概念图式再次得到精制。最初通过观察递增函数的图像，学生肯定能够体会到过其图像上任意一点的切线斜率均为正，此外同样都是递增函数，用导数去分析就能获得增长速度快慢的更形象的解释，此外还可以帮助学生理解“凸”“凹”函数。

以下函数是单调性概念图式中的典型样例。

（1）二次函数$f(x) = ax^2 + bx + c(a \neq 0)$；

（2）反比例函数；

（3）指数、对数、幂函数；

（4）三角函数；

（5）一元三次函数。

其中反比例函数、正切函数还有一定的反例作用，可以帮助学生修订书写单调区间时的一些错误，而一元三次函数更是用导数研究函数的经典。

2. 过程型图式的形成与精制

涉及函数单调性的过程型图式有：利用定义证明单调性、求函数最值（极值）、利用导数讨论函数单调性等。

1）二次函数的最值

二次函数在某区间上的最值是高中数学的重点也是难点，它的解决归结于学生是否形成了一个过程型图式，其中包含解决这类问题的程序型知识。

对于图式的形成与精制，我们坚决反对“抛售”的做法，所以在本书一直强调这些原则。通过具体的示例，帮住学生归纳，使他们主动发现这类问题的本质就是其对称轴与给定区间的相对位置，这就是求解二次函数最值（在给定区间）的过程型图式的核心。

例如求函数 $f(x)=x^2-2bx+b+3$，$x\in[1,\ 3]$ 的最大、最小值。

其对称轴为 $x=b$，所以在求最小值时，只需讨论 $b>3$，$b<1$，$1\leqslant b\leqslant 3$ 即可；若是求最大值，研究时更不能错失培养学生分类概括能力的机会，这是因为既可以按照四类去分，还可以将这四类概括成两类：那就是对称轴 $x=b$ 与区间“中点”的相对位置。

2）利用定义证明函数单调性

这个过程型图式是：①在区间任意找两个数 x_1，x_2，设 $x_1>x_2$。②比较 $f(x_1)$，$f(x_2)$ 大小，可以做差或做商。③给出结论。

利用定义证明函数单调性时要大量用到不等式的一些知识，所以在高一时不能要求太高，随着对不等式的进一步了解，再逐渐增加难度，所以这个过程型图式的提取训练要分层次进行。

3）利用导数讨论函数单调性

概括起来就是：定义域、有没有、有几个、要不要。这里的讨论主要是针对方程根的情况进行的，本书前面已经有比较详细的叙述，在此就不再赘述。

4）三角函数的单调区间

在基本初等函数中，三角函数的单调性处理比较特殊，在求单调区间的时候，整体思想是图式的核心。

3. 图式训练阶段

（1）以识记为目标的训练。主要是训练学生对一般函数单调性定义的理解、概念图式是否完整、三角函数单调区间的记忆水平等。具体办法可参照函数奇偶性相关部分的做法。

（2）以提取为目标的训练。主要是训练学生顺利提取函数单调性的概念图式，注意循序渐进。

6.1.3　指数函数、对数函数与幂函数

【课程标准（考试说明）要求】

1. 指数函数

通过具体实例（如细胞的分裂，考古中所用的 ^{14}C 的衰减，药物在人体内残留量的变化等），了解指数函数模型的实际背景。

（1）理解有理指数幂的含义，通过具体实例了解实数指数幂的意义，掌握幂的运算。

（2）理解指数函数的概念和意义，能借助计算器或计算机画出具体指数函数的图像，探索并理解指数函数的单调性与特殊点。

（3）在解决简单实际问题的过程中，体会指数函数是一类重要的函数模型。

2. 对数函数

（1）理解对数的概念及其运算性质，知道用换底公式能将一般对数转化成自然对数或常用对数；通过阅读材料，了解对数的发现历史以及对简化运算的作用。

（2）通过具体实例，直观了解对数函数模型所刻画的数量关系，初步理解对数函数的概念，体会对数函数是一类重要的函数模型；能借助计算器或计算机画出具体对数函数的图像，探索并了解对数函数的单调性与特殊点。

（3）知道指数函数 $y=a^x$ 与对数函数 $y=\log_a x$ 互为反函数 $(a>0,\ a\neq 1)$。

【课程标准（考试说明）解读】

指数、对数函数这部分蕴涵着丰富的数学思想方法，如推广的思想、无限逼近的思想、归纳的思想、数形结合的思想、类比的思想、转化的思想。同时，通过对人口、考古、地震、pH 值的测定等问题，充分体现了数学的应用价值。

1. 图式形成阶段

首先是形成（分数）指数幂的运算图式，这是在初中正整数指数幂运算的基础上进行的。将 2 次方根推广到 n 次方根的时候，必须强调符号 $\sqrt[n]{a}$ 的图式含义：它是一个数，其中的 a 可以是任意的数字或式子（只要有意义），将它 n 次方之后就等于 a。同样对于 $\log_a N$ 也要强调它就是一个数，如果令 $b=\log_a N$，那么 $a^b=N$，可以顺利让学生接受对数恒等式 $a^{\log_a N}=N$。这样的表征特别重要，一般情况下学生不能主动形成，必须要经过教师的点拨才能感悟到。这里有比较多的运算型图式，例如 $a^{\frac{m}{n}}=\sqrt[n]{a^m}$，$a^{-n}=\dfrac{1}{a^n}$ 等，在教学时，都要帮助学生形成图式，这样才有助于理解。

教师必须向学生指出：指数、对数运算图式中的本质就是乘与和、商与差之间的转化，这在运算法则中十分明显，还需要点破。

这里运算图式的形成是重点，它直接关系到指数、对数函数的学习，如果运算图式过关，那么函数部分的学习就会十分容易。

2. 图式精制阶段

指数、对数运算一直是学生的“软肋”，主要原因是没有对形成的运算图式进行必要的精制。对于指数运算，必须强调同一个数学式子的不同表征，例如 $4^x=2^{2x}=(2^2)^x=(2^x)^2$，$2^{-x}=\dfrac{1}{2^x}=\left(\dfrac{1}{2}\right)^x$ 等。已经具备良好的关于函数奇偶性概念图式的学生为什么不能顺利判断函数 $f(x)=\dfrac{4^x+1}{2^x}$ 的奇偶性？一个普遍的原因就是他们的指数运算图式中缺少类似的东西。通常学生对数运算的能力明显劣于指数运算，这可能是因为他们的对数运算图式中缺少足够的样例，我们可以考虑将以下样例提供给学生：

$\log_a a=1$，$\log_a 1=0$，对数值 $\log_a b$ 的符号规律；$a>1$，$b>1\Rightarrow\log_a b>0$；$0<a<1$，$0<b<1\Rightarrow\log_a b>0$；$a>1$，$0<b<1\Rightarrow$ $\log_a b<0$；$0<a<1$，$b>1\Rightarrow\log_a b<0$）；$\log_a b\times\log_b a=1$；$\log_{a^m} b^n=\dfrac{n}{m}\log_a b$。

如果有条件，还可以组织学生进行数学实验：研究函数 $y=a^x$ 与 $y=\log_a x$ 图像的交点个数，这也有助于学生对两个函数的深入理解。

经常有教师询问：抽象函数要不要教给学生？课程标准（考试说明）对于函数的奇偶性、单调性的要求都是“借助于具体函数”进行理解，貌似抽象函数有“超纲”之嫌疑。在这里，我们认为完全可以组织学生学习抽象函数，但是切入点要把握好。

首先要了解指数函数、对数函数的公理化定义：

设 $f:(0,+\infty)\to\mathbf{R}$，满足：

（1）对于任意的 x，y，有 $f(xy)=f(x)+f(y)$；

（2）对于 $a>0$ 且 $a\neq1$，有 $f(a)=1$；

（3）函数 $f(x)$ 是 $(0,+\infty)$ 上的连续函数。

那么我们称 $f(x)$ 是以 a 为底 x 的对数函数。

对于任意的实数 $a>0$，$a\neq1$，对数函数的反函数称为以 a 为底的指数函数。

这一点教师要心中有数，不必讲给学生。那么抽象函数对学生指数（对数）概念图式的精制有什么作用呢？又是如何体现的呢？

前面我们讲过指数、对数运算图式的本质就是乘与和、商与差之间的转化，这在一些抽象函数表达式中有充分的体现。

例如：$f(xy)=f(x)+f(y)$ 或 $f\left(\dfrac{x}{y}\right)=f(x)-f(y)$，引导学生观察左右两边的运算形式，一定要让学生用文字语言描述“两个自变量乘积的函数值等于它们各自的函数值之和”“两个自变量商的函数值等于它们各自的函数值之差”，这恰好是对数运算的本质，所以它们的特例就是对数函数（当然可以证明是唯一的）。

同样，对于 $f(x+y)=f(x)f(y)$ 或 $f(x-y)=\dfrac{f(x)}{f(y)}$，学生也能够发现指数函数是其特例。

可以看到利用抽象函数的特点来加深对指数、对数运算本质的理解，是可行的。

幂函数概念图式的精制主要体现在渗透类比、推广的思想，当学生掌握了五个幂函数的基本性质以后，他们就已经具备探索其他幂函数图像特征的本领了，教师在教学过程中一定要给学生这种机会。

例如探究函数 $f(x)=x^{\frac{8}{5}}$ 的图像以及简单性质。一方面可以组织学生从定义域、值域、奇偶性等角度去探索；另一方面还可以用类比推广的思路：该函数与幂函数 $f(x)=x^2$ 是相似的，这是因为两个指数“$\frac{8}{5}$，$2=\frac{2}{1}$”具有相同的结构特征，都是 $\frac{p}{q}$ 的形式，其中 p，q 为正整数，p 为偶数，q 为奇数，$p>q$。这种思想在幂函数教学中一定要渗透。

3. 图式训练阶段

（1）以识记为目标的训练。主要识记指数、对数函数图像以及性质，但是重点应该放在指数、对数运算方面。

（2）以提取为目标的训练。建议多匹配一些针对概念图式的基本题目。

6.1.4　绘制函数图像

【课程标准（考试说明）要求】

会用“列表、取值、描点、连线”绘制基本初等函数图像，能够用“五点法”绘制出函数 $y=A\sin(\omega x+\varphi)(A>0,\omega>0)$ 的图像，掌握三角函数图像的平移、伸缩变化。

【课程标准（考试说明）解读】

绘制函数图像是中学数学学习中的一种基本技能，通过对有些初等函数的学习，掌握绘制函数图像的一般方法，具体有描点、对称变换、平移变换、伸缩变换、利用平面解析几何知识等。

此外，综合分析、解决问题也是绘制函数图像过程中需要的能力。对于一些复合函数，学生需要综合运用已经学过的函数知识来解决问题，实质上这就是一个典型的提取有关图式的过程。

1. 图式的形成

高中学生绘制函数图像的过程型图式是初中相关知识的延续，在必修一部分通过接触初等函数，进一步学习绘制函数图像的一般方法，例如发现确定图像位置的一些“关键点”、图像的“走向”“凸凹”现象、增减的速度等等。

2. 图式的精制

首先要对绘制二次函数图像的办法进行精制，例如分析各个系数对图像形状位置的影响。完全可以认为平移、伸缩变化是初中有关知识的迁移，因为在初中学生通过二次函数图像的学习就领会过相应的办法。

绘制函数图像的过程型图式的精制需要一个缓慢的过程，当学生学习完直线或圆的部分之后，应该将“利用平面解析几何知识绘制函数图像”纳入其图式中，例如绘制函数 $y=\sqrt{1-x^2}$ 的图像，这样最大的好处是能够通过具体的事实使得学生感受曲线方程与函数解析式之间的区别与联系。“对勾函数” $y=x+\dfrac{a}{x}(a\in\mathbf{R}^+)$ 的图像一直得到教师们的重视，但是有一个不好的现象，就是一些教师直接抛出结果，或者是利用信息技术。我们必须注意这个函数蕴涵着非常丰富的教学资源，它是一个极好的研究性学习素材。向学生介绍它的最佳时机是学习了函数奇偶性、单调性之后，可以安排一次研究性学习活动。在教师的调控下，学生可能会通过研究其奇偶性和单调性来发现图像的一些特征，教师还可以启发他们注意观察图像是否与坐标轴有交点。更为重要的是，要引导学生从极限的角度去考虑当 $x\to+\infty$ 时函数值的变化情况。通过研究“对勾函数”图像，给学生一次综合运用函数知识研究图像的机会，这才是学习函数的目的。

当学生学习完导数之后，还要继续对学生绘制函数图像的过程型图式进行精制。这个时候，学生应该具备绘制比较复杂的函数图像的能力了，教师要多给学生一些机会，甚至明确指出：当你遇见困难的时候，不妨去研究一下该函数图像的特征，这往往是获得解题突破的着陆点。

3. 图式的训练阶段

（1）以识记为目标的训练。对于中等程度以下的学生，必须训练其对基本初等函数图像的识记程度，事实证明这是产生很多学困生的一个主要因素。例如对数函数 $y=\lg x$，笔者曾经对 10 位学生进行测试，其中 8 人绘制的图像有明显错误，包括 4 位平时成绩十分优秀的高一学生。

（2）以提取为目标的训练。有些题目，如果学生能够顺利提取基本初等函数图像，就能顺利解决，要特意安排一些这样的测试。此外要筛选一些适中的复合函数，这些函数要对学生有一定的陌生感，培养他们综合运用函数知识来绘制图像的能力。

6.2　导数研究函数

导数概念是微积分的核心概念之一，它有极其丰富的实际背景和广泛应用。

主要分四部分完成对导数的学习：导数概念及其几何意义、导数的运算、导数在研究函数中的应用、生活中的优化问题举例。学生通过大量实例，经历由平均变化率到瞬时变化率刻画现实问题的过程，体会导数的思想及其丰富内涵，感受导数在解决实际问题中的作用。

6.2.1　一元三次函数

【课程标准（考试说明）要求】

结合函数的图像，了解函数在某点取得极值的必要条件和充分条件；会用导数求不超过三次的多项式函数的极大值、极小值，以及闭区间上不超过三次的多项式函数最大值、最小值；体会导数方法在研究函数性质中的一般性和有效性。

【课程标准（考试说明）解读】

利用导数研究一元三次函数是学生学习了导数之后研究的第一个实例，是教学的重点，应该组织学生进行深入探索，全方位了解其图像特征。

1. 图式的形成

通过计算一些具体的一元三次函数的单调区间、极值（闭区间），使学生对这类函数有初步的了解，必须让学生清楚关于 x 的方程 $f(x)=0$ 的根未必是函数 $f(x)$ 的极值点，以及命题“ $f'(x)\geqslant 0 \Rightarrow f(x)$ 递增”“ $f(x)$ 递增 $\Rightarrow f'(x)>0$ ”的真假。

2. 图式的精制

一元三次函数 $f(x)=ax^3+bx^2+cx+d(a\neq 0)$ 的概念图式主要是围绕该函数图像特征的信息组合，具体如下：

（1）或者有两个极值点，或者无极值点；

（2）如果有两个极值点，那么该函数的图像（自左向右）或者是“增、减、增”（ $a>0$ ）或者是“减、增、减”（ $a<0$ ）；

（3）该函数图像是中心对称图形；

（4）一元三次函数的零点可以是一个、两个、三个。

一元三次函数概念图式的精制过程主要是观察、归纳、总结，此外要重视信息技术的应用，例如将一元三次函数与其导函数图像绘制在同一个坐标系中，设置运动参数，改变系数观察图像变化情况，会更有助于学生理解。

3. 图式的训练阶段

（1）以识记为目标的训练。易采用开放式的训练方式，如果是教师提问，话语最好是“你能表述下一元三次函数图像的特征吗？”

（2）以提取为目标的训练。教师在编制训练题目时，要注意体现一元三次函数与一元二次函数之间的关系，如果有必要，可以先训练一元二次函数相关概念图式的提取，这样可以分解难度。

6.2.2 几个基础不等式

利用导数证明不等式也是导数研究函数的重要内容之一，通常的一个过程型图式为：若证明 $f(x)>g(x)$，可以令 $h(x)=f(x)-g(x)$，然后去研究函数 $h(x)$ 的单调性以及极值，继而就能够得到所要证明的不等式。课程标准（考试说明）对利用导数证明不等式没有显性要求，但它确实又是高考考查的重点，所以十分有必要对此（用导数证明不等式）过程型图式进一步精制。

1. 图式的精制

几个基础不等式是指以下不等式：$e^x \geqslant x+1$，$\ln x \leqslant x-1$，$\sin x \leqslant x(x \geqslant 0)$，应该将它们添加在导数证明不等式的过程型图式中。

首先要求学生会证明这三个不等式，可以“作差”，还可以通过绘制图像加深理解。

下面选择一些经典试题与学生一道分析解题思路。

例 1　已知函数 $f(x)=e^x-x$(e 为自然对数的底数)。

（1）求函数 $f(x)$ 的最小值；

（2）若 $n\in\mathbf{N}^*$，证明：$\left(\frac{1}{n}\right)^n+\left(\frac{2}{n}\right)^n+\cdots+\left(\frac{n-1}{n}\right)^n+\left(\frac{n}{n}\right)^n<\frac{e}{e-1}$。

【解析】

（1）略。

（2）所证明不等式左侧的通项为 $\left(\frac{n-k}{n}\right)^n=\left(1-\frac{k}{n}\right)^n$，联想到基础不等式中的 $e^x \geqslant x+1$，可以考虑用 $-\frac{k}{n}$ 去替换其中的 x，则有 $e^{-\frac{k}{n}} \geqslant -\frac{k}{n}+1=\frac{n-k}{n}$，再结合题目特点，知需要将其两边 n 次方，得到 $\left(\frac{n-k}{n}\right)^n \leqslant e^{-k}$，再累加即可。

例 2　设函数 $f(x)=\ln x-px+1$。

（1）研究函数 $f(x)$ 的极值点；

（2）当 $p>0$ 时，若对任意的 $x>0$，恒有 $f(x)\leqslant 0$，求 p 的取值范围；

（3）证明：$\frac{\ln 2^2}{2^2}+\frac{\ln 3^2}{3^2}+\cdots+\frac{\ln n^2}{n^2}<\frac{2n^2-n-1}{2(n+1)}(n\in\mathbf{N},\ n\geqslant 2)$。

【解析】

（1）和（2）略。

（3）首先确定应该从基础不等式 $\ln x \leqslant x-1$ 入手，应该用 n^2 替换其中的 x，得到 $\ln n^2 \leqslant n^2-1$，再结合所证明不等式左侧通项的特点，自然会想到如下变换：

$\frac{\ln n^2}{n^2} \leqslant \frac{n^2-1}{n^2}=1-\frac{1}{n^2}$，接下来对$\frac{1}{n^2}$进行适当的放缩即可。

对于这几个基础不等式的运用，重点在于换元法，这符合图式的角度。每一个数学表达式中的x都可以想象成一个盒子，其中可以放入我们任意想放的“东西”。在这里，解题的突破点就是结合题目特征思索用什么样的式子来替换其中的x，这是数学学科独具的特色。

2. 图式的训练阶段

（1）以识记为目标的训练。重点在于这几个基础不等式的理解与记忆，引导学生从不同角度来观察，比如绘制有关函数图像。

（2）以提取为目标的训练。可以尝试组织学生自己编制习题，其实很容易操作，基础不等式再辅以换元法再进行适当的变换，就能命制出很精彩的试题。

6.3 三角函数以及三角变换

三角函数以及三角变换显著特点是公式比较多，如果不能对形成的公式形图式进行精制，学生就不能真正领悟其本质特点，当然在解决具体问题的时候也就可能无从下手。

6.3.1 诱导公式

【课程标准（考试说明）要求】

能够借助单位圆中的三角函数线推导出诱导公式（$\frac{\pi}{2}\pm\alpha$，$\pi\pm\alpha$的正弦、余弦、正切）。

【课程标准（考试说明）解读】

诱导公式蕴涵的数学思想方法主要是化归，将任意角的三角函数转化为锐角的三角函数，当然能够从不同的公式中提炼主线归纳概括也是重要的一个方面。

1. 图式的形成

诱导公式图式的形成一定要体现数形结合的思想，用坐标的比值来表示三角函数，继而研究$\frac{\pi}{2}\pm\alpha$，$\pi\pm\alpha$等形式的角与α的三角函数关系。

2. 图式的精制

首先必须对终边相同角的概念图式进行精制。我们知道与α终边相同的角都可以写成$\beta=2k\pi+\alpha$的形式，其中$k\in\mathbf{Z}$。学生头脑中是否已经完成对这个图式的精制、精制效果如何？可以用这样一道题目来检测：判断3120°与–2100°终边是否相同？得到很好精制的学生应该是这样判断：计算这两个角的差，再观察结果是否能被 360° 整除。

其次要将终边在坐标轴上角的形式的概念图式进行精制，如图 6-1 所示，这里充分体现分类与概括的思想：

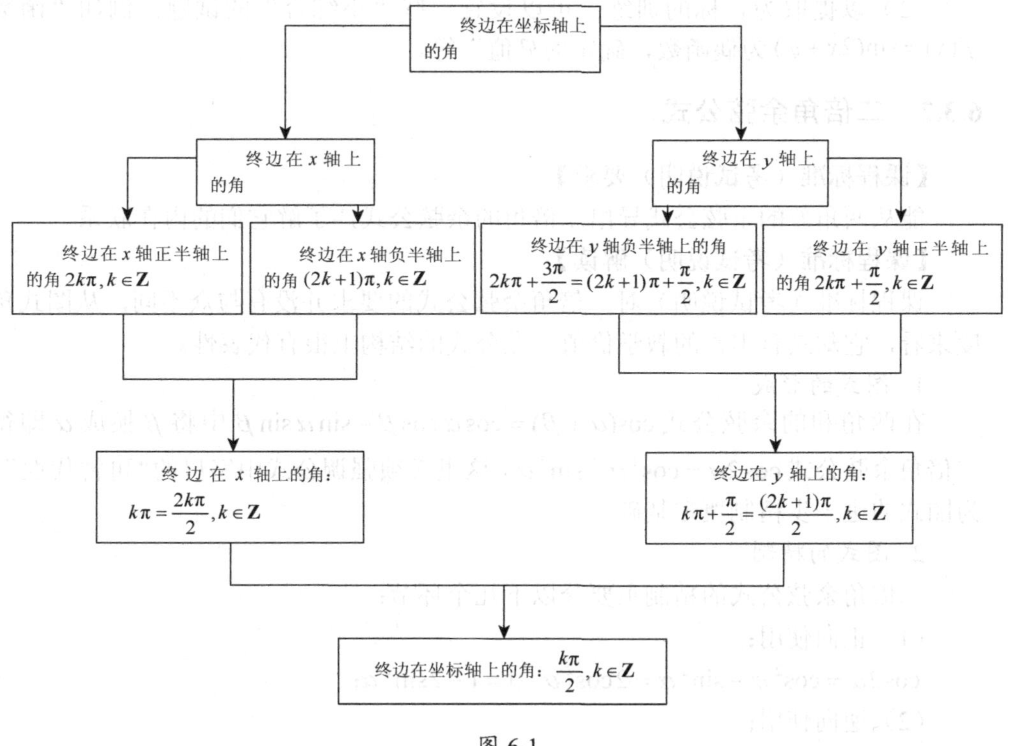

图 6-1

“奇变偶不变、符号看象限”其实就是对诱导公式概念图式的精制，但是这句话概括性太强，过于抽象，事实证明它不易被学生（特别是中下程度）所接受。教师应该用更通俗一些的语言帮助学生，例如可以这样表示诱导公式：$\sin(\varDelta+\alpha)$，如果 $\varDelta$ 中填入的是终边在 x 轴上的角，那么函数名称不变，符号为“将 α 看成锐角后 $\sin(\varDelta+\alpha)$ 的符号”，这是对“奇变偶不变、符号看象限”最形象的解释。诱导公式是否得到精制，我们还可以用这样的试题来检测：计算 $\tan 600°$。诱导公式没有得到精制的学生，他的计算就会比较啰嗦，可能会依次代入不同的公式，中间很有可能会出现符号方面的错误。而诱导公式得到精制的学生往往喜欢这样去“心算”：600° 超过“一圈”，减去 360° 得 240°，而 240° “靠近” 180°，相差 60°，$\tan 60°=\sqrt{3}$，又 240° 在第三象限，所以 $\tan 600°=\sqrt{3}$。

诱导公式的学习要体现灵活性，这取决于学生头脑中关于它的图式的储存方式，显然过于抽象的表征是不利于把握本质的。

3. 图式的训练阶段

（1）以识记为目标的训练。以题组的形式训练学生直接运用诱导公式，逐渐使学生体会几组十几个诱导公式可以概括成两类，即“是否更改三角函数名称”。

（2）以提取为目标的训练。可以设置一些“小综合”的试题，例如“函数 $f(x)=\sin(2x+\varphi)$ 为偶函数，确定的 φ 值”等。

6.3.2 二倍角余弦公式

【课程标准（考试说明）要求】

能从两角差的余弦公式导出二倍角的余弦公式，了解它们的内在联系。

【课程标准（考试说明）解读】

课程标准（考试说明）对二倍角余弦公式的要求并没有与众不同，从图式角度来看，它却具有丰富的教学价值，在公式的结构上很有代表性。

1. 图式的形成

在两角和的余弦公式 $\cos(\alpha+\beta)=\cos\alpha\cos\beta-\sin\alpha\sin\beta$ 中将 β 换成 α 即得二倍角余弦公式 $\cos2\alpha=\cos^2\alpha-\sin^2\alpha$，这里必须强调公式中字母的“可替代性”，为图式的进一步精制奠定基础。

2. 图式的精制

二倍角余弦公式的精制主要分以下几个环节：

（1）正向使用：

$\cos2\alpha=\cos^2\alpha-\sin^2\alpha=2\cos^2\alpha-1=1-2\sin^2\alpha$；

（2）逆向使用；

（3）变形使用；

$1+\cos2\alpha=2\cos^2\alpha, 1-\cos2\alpha=2\sin^2\alpha, \sin^2\alpha=\dfrac{1-\cos2\alpha}{2}, \cos^2\alpha=\dfrac{1+\cos^2\alpha}{2}$。

（4）公式中字母的可替代性。

大多数教师都十分注意二倍角余弦公式的变形，甚至用“降幂扩角公式”来形容它的图式特征，这是十分必要的，应该提倡。但是更重要的是，一定让学生知道这些公式中的角 α，β 其实就像是“盒子”，它里面可以随意放入任意形式的角，只要有意义。

笔者曾经遇见一位高一学生，成绩不理想，用这样的试题来检测“已知函数 $f(x)=\tan\left(3x+\dfrac{\pi}{4}\right)$，请写出 $f\left(\dfrac{\alpha}{3}+\dfrac{\pi}{4}\right)$ 的表达式。”他想了很久都不能正确表达。其主要原因就是不清楚其中的 x 是可以被替代的。通常来说，优秀学生完全可以独立地进行公式图式的精制，但是对于中等程度以下的学生，就必须有教师的适时介入。

3. 图式的训练阶段

（1）以识记为目标的训练。教师不应该过早帮助学生进行公式的归纳总结，要屏弃那种“一个公式、几项注意”的做法，而应先让学生通过具体的问题情景体会二倍角余弦公式的“灵活多变性”，其实每一个数学公式都要从“正向、逆向、变形”等角度引导学生进行深刻理解，在这里多花费一些时间是值得的。训练之后要进行必要的概括，更要组织学生顺利渡过“识记”关，之后再进行提取训练。

（2）以提取为目标的训练。可以多设置一些训练类似于“求函数 $f(x)=1-2\sin^2\left(x+\dfrac{\pi}{4}\right)$ 的最小正周期。”训练重点应该放在对二倍角余弦公式图式特征的把握上，因为这是数学公式的本质。

6.3.3　两角和与差的正切公式

【课程标准（考试说明）要求】

能从两角差的余弦公式导出两角和与差的正切公式，了解它们的内在联系。

【课程标准（考试说明）解读】

通常人们习惯认为两角和与差的正切公式一般不会作为高考的重点，所以在这里往往轻描淡写一带而过。这是不恰当的，在诸多三角公式中，这是仅次于二倍角余弦公式的一个公式，通过它可以加深学生对数学公式图式特征的体会。

1. 图式的形成

两角和与差正切公式的推导必须引起足够的重视，因为这个过程中蕴涵着丰富的数学思想方法。

首先是“化弦法”：$\tan(\alpha+\beta)=\dfrac{\sin(\alpha+\beta)}{\cos(\alpha+\beta)}=\dfrac{\sin\alpha\cos\beta+\cos\alpha\sin\beta}{\cos\alpha\cos\beta-\sin\alpha\sin\beta}$；

其次是“弦化切”：分子分母同除以 $\cos\alpha\cos\beta$。

将“化弦法”与“弦化切”统一在一个公式的推导过程中，这在三角中是绝无仅有的。

2. 图式的精制

与二倍角余弦公式类似，也要经过以下几个环节。

（1）正向使用：$\tan(\alpha\pm\beta)=\dfrac{\tan\alpha\pm\tan\beta}{1\mp\tan\alpha\tan\beta}$。

（2）逆向使用：

（3）变形使用。$\tan\alpha+\tan\beta+\tan(\alpha+\beta)\tan\alpha\tan\beta=\tan(\alpha+\beta)$。

这里我们重点谈谈变形公式的图式特征，全国高考曾经命制过这样一个填空题：

$\tan 20° + \tan 60° + \sqrt{3}\tan 20° \tan 60° =$ ____。一些考生是直接填写答案的，为什么？因为他们注意到了变形公式的图式特征，尽管物理、化学等自然学科也有很多公式，但是只有数学公式才具备这个特点，也就是说对于数学公式必须以图式的形式进行存储，这在本书已经多次强调过。在组织学生进行三角变换的学习过程中，如果教师有意识地培养学生“图式”的观念，那么学生就会很容易地进入“举一反三”“触类旁通”等境界，也会发现很多三角恒等式都是从一个“母题”诞生的。“$\tan 3\theta - \tan 2\theta - \tan\theta = \tan 3\theta \tan 2\theta \tan\theta$”“在非直角△$ABC$中，$\tan A \tan B \tan C = \tan A + \tan B + \tan C$”“$(1+\tan 1°)(1+\tan 2°)\cdots(1+\tan 44°)$”等都是从变形公式派生出来的试题。

3. 图式的训练阶段

（1）以识记为目标的训练。侧重于正向、逆向使用，可以设置类似于“计算$\dfrac{1-\tan 15°}{1+\tan 15°}$”的试题，启发学生注意“1”的应用。

（2）以提取为目标的训练。侧重于变形公式的使用。

6.4 不　等　式

课程标准指出：“不等关系与相等关系都是客观事物的基本数量关系，是数学研究的重要内容。建立不等观念、处理不等关系与处理等量问题是同样重要的。”在不等式的学习中，“学生将通过具体情境，感受在现实世界和日常生活中存在着大量的不等关系，理解不等式（组）对于刻画不等关系的意义和价值；掌握求解一元二次不等式的基本方法，并能解决一些实际问题；能用二元一次不等式组表示平面区域，并尝试解决一些简单的二元线性规划问题；认识基本不等式及其简单应用；体会不等式、方程及函数之间的联系。”

而在“不等式选讲”中，课程标准着重强调要领会一些不等式的几何背景，此外特别指出比较法、综合法、分析法、反证法、放缩法等技巧对于专门从事某些数学领域研究的人们是极为重要的。对于大多数学习不等式的学生来说，常常很难从复杂的恒等变换中发现数学的本质，对他们来说更重要的是通过不等式的学习来体会其中的数学思想和方法。

6.4.1 不等式的基本性质

【课程标准（考试说明）要求】

通过具体情境，感受在现实世界和日常生活中存在着大量的不等关系，了解不等式（组）的实际背景。

【课程标准（考试说明）解读】

不等式的基本性质是深入研究不等式的基础，是研究不等关系的有力工具。教材一般都是先介绍实数比较大小的事实，然后给出不等式的八条基本性质，这些基本性质（从公理化角度来看）是支撑整个不等式知识系统的基石。

1. 图式的形成

不等式基本性质概念图式的形成可以追溯到初中阶段，高中学习只是一种延续，结合整数幂以及分数指数幂将一些性质做了推广。在图式形成阶段注意数学概念的辨析，这可以让学生举出一些反例来加深对一些基本的不等关系的理解。

2. 图式的精制

不等式基本性质的概念图式其实就是对现实世界一些不等关系的抽象，这些关系可以是两个数量的大小，也可能是其倒数、平方、立方或者是绝对值的大小比较，所以仅仅有这八个基本性质还不够。我们注意到教材（人民教育出版社 A 版）所配置的课后习题具有这方面的信息，教师应该充分利用这些素材帮助学生对其概念图式进行精制。

实数 $a>b$，那么需要再添加什么条件才会有 $\frac{1}{a}<\frac{1}{b}\left(\frac{1}{a}>\frac{1}{b}\right)$？教师通过类似的开放性问题组织学生进行试验、反思、甄别，得到“两数符号相同，那么取倒数之后不等关系相反”等结论。

不等式基本性质 7：如果 $a>b>0$，那么 $a^n>b^n(n\in\mathbf{N}，n\geqslant 2)$。在这里还要考虑特殊的两种情况（$n=2,3$）。当 $n=2$ 时，由 $a^2>b^2$ 可以推出什么结论？为什么？当 $n=3$ 的时候，$a>b$ 与 $a^3>b^3$ 是否等价？事实上可以观察函数 $f(x)=x^2$，$f(x)=x^3$，利用图像特征结合函数的奇偶性以及单调性就可以对这两个特例进行很好的研究。我们知道高中学习不等式与初中的区别不仅仅在知识的容量上，最大的区别在于高中要从函数的角度来理解不等关系，那么从上面所讲述的图式精制过程可以看到，这样处理是可以使得学生顺利地将函数与不等关系结合起来。

3. 图式训练阶段

（1）以识记为目标的训练。可以设置一些陷阱，帮助学生辨析不等式基本性质中的一些特殊情况。

（2）以提取为目标的训练。影响学生提取不等式基本性质概念图式的因素有很多，但其中最关键的是一些恒等变形的技巧，可以有意识地安排一些这样的训练，但是不可过于复杂。突出常用的办法，例如配方、换元、取倒数等，更要让每一个学生明白自己的薄弱所在，这样他才会有努力的方向，我们训练的达成度才可能满意。

6.4.2 解含参数的一元二次不等式

【课程标准（考试说明）要求】

经历从实际情境中抽象出一元二次不等式模型的过程。通过函数图像了解一元二次不等式与相应函数、方程的联系。会解一元二次不等式，对给定的一元二次不等式，尝试设计求解的程序框图。

【课程标准（考试说明）解读】

一元二次不等式是高中数学不等式这部分所重点研究的内容之一，不等式、函数、方程三者之间有着密不可分的关系，这种关系主要通过一元二次不等式展示给学生。对于给定的一元二次不等式能够设计求解的程序框图，这已经说明解一元二次不等式是有一定程序的，属于过程型图式，特别是解含参数的一元二次不等式。

1. 图式的形成

先安排学生解答一些系数为具体数字的一元二次不等式，覆盖面要广，包括二次项系数为负数、（解集为）两根之间（外）、解集为一切实数、解集为空集等类型，然后和学生一起归纳解这类一元二次不等式的过程型图式。

设置一些含字母系数的一元二次不等式问题，在解决过程中有意识地引导学生注意二次项系数如果为零怎么办？在求根公式$\dfrac{-b\pm\sqrt{b^2-4ac}}{2a}$中，哪个根比较大？如果相应的方程无实数根，对应的抛物线会处于什么位置？因为系数为字母，题目中的信息就比较多，一定要引导学生善于捕捉对解决问题起关键作用的条件（甚至是隐含条件）。

2. 图式的精制

解决含参数的一元二次不等式为什么是学生的软肋？这里有两个原因，其一：综合程度比较高，要考虑相应的一元二次方程、一元二次函数与不等式之间的关系；其二：学生不能抓住进行分类讨论的本质，或者说不明白为什么讨论，自然就不清楚要分哪些情况，这是最大的难点。事实上，解（含参数）一元二次不等式的讨论根源在对应的函数和方程方面，只要清楚这一点，如何进行讨论是不难掌握的，因为它也是一个典型的过程型图式。

我们以一道题目为例：解关于x的不等式$ax^2-2ax+3>0$。

首先要注意二次项系数是字母，如果$a=0$，则$3>0$，不等式解为一切实数。因为要联系相应的函数$f(x)=ax^2-2ax+3$，所以还要注意开口方向，再考虑对应的（关于x）方程$ax^2-2ax+3=0$，还要考虑其判别式，讨论层次的划分显得尤其重要。

（1）可以先设计解决问题的程序（框图）：

这里的陷阱主要是$a=0$，$a>0$，$a<0$，这样划分同时也解决了对应抛物线

开口方向的问题；

（2）相应的方程 $ax^2-2ax+3=0$ 有没有实数根？有几个？（两根相等时记为 1 个根）如果有两个根，那么哪个根比较大？

通过这样的设计，一个很清晰的谈论层次展现在面前：

①如果 $a=0$。

②如果 $a>0$，相应方程 $ax^2-2ax+3=0$ 的判别式为 $4a^2-12a=4a(a-3)$：

a. 如果 $4a(a-3)<0$；

b. 如果 $4a(a-3)=0$；

c. 如果 $4a(a-3)>0$，即 $a>3$ 时，方程有两个根为 $x_1=\dfrac{a-\sqrt{a(a-3)}}{a}$，$x_2=\dfrac{a+\sqrt{a(a-3)}}{a}$，显然 $x_1<x_2$。

这里始终贯穿一条主线：陷阱、有没有、有几个、谁老大。这就是精制之后的解含参数的一元二次不等式的过程型图式。

当然对于学有能力的学生，还要提醒他们注意“运动中的不变量”，相应的函数 $f(x)=ax^2-2ax+3$ 是否经过定点？如果其为二次函数，那么它的顶点轨迹是什么曲线？等等。

3. 图式训练阶段

（1）以识记为目标的训练。解系数为已知数字的一元二不等式、含参数的一元二次不等式。

（2）以提取为目标的训练。利用导数求函数单调区间就需要学生能够顺利提取解含参数的一元二次不等式的过程型图式。

6.4.3 线性规划

【课程标准（考试说明）要求】

线性规划是优化问题的具体模型之一，在教学中应引导学生体会线性规划的基本思想，借助几何直观解决一些简单的线性规划问题，注意要从实际情境中抽象出二元一次不等式组，理解二元一次不等式的几何意义，能用平面区域表示二元一次不等式组。从实际情境中抽象出一些简单的二元线性规划问题，并能加以解决。

【课程标准（考试说明）解读】

线性规划的理论依据是“在平面区域内，目标函数的最值一定在其端点处取得。”由此看来这本身就是一个过程型图式。尽管课程标准（考试说明）对含参数的线性规划试题没有明确说明，但我们注意到各地高考试题中不鲜有类似问题出现，这也是学生学习线性规划的难点，因此本小节我们主要是针对解决含参数的线性规划问题来强调其图式的形成与精制。

1. 图式的形成

即使是约束条件中含有参数，但是解决起来仍然是需要绘制可行域，然后使用图解法。先提供给学生一定数量的习题，教师观察学生的解答情况，很有可能出现以下问题：

（1）因为二元一次不等式含有参数，可能有的同学在绘制（边界）直线时出现错误；

（2）盲目将可行域端点坐标代入目标函数表达式中，逐个去验算，计算量比较大；

（3）目标函数（直线）位置出错误。

这三种错误很普遍，相信教师们大多都遇见过。是什么原因导致学生普遍出现这样的错误呢？解答含参数的线性规划问题时，学生应该具备什么样的认知图式才能顺利解答呢？

2. 图式的精制

针对前面的分析，我们认为，学生能否顺利解答含参数的线性规划问题，取决于其是否具备下面的图式：

（1）有没有将目标函数改为“斜截式方程”？

（2）是否目标函数（直线）越向上移动，目标函数值越大？

（3）目标函数的位置是否摆放准确？

（4）倾斜角越大，斜率越大吗？

这实际上是“图解法”的本质所在，之所以学生出现问题，很可能是我们在教学中对“图解法”重视程度不够所导致。

3. 图式的训练阶段

（1）以识记为目标的训练。对于中等程度以下的学生要将“图解法”的有关程序性知识进行分解训练，例如结合正切曲线来识别斜率与倾斜角之间的关系、将斜率不同的直线绘制在同一个坐标系中、通过观察一些动态直线倾斜角的变化来获得斜率的取值范围等，这样可以分解难度，还能有比较高的目标达成度。

（2）以提取为目标的训练。给学生提供一些含参数的线性规划习题，训练其图式提取。

6.4.4　绝对值不等式

【课程标准（考试说明）要求】

理解绝对值的几何意义，并能利用绝对值不等式的几何意义证明以下不等式：

$|a+b|\leqslant|a|+|b|$，$|a-b|\leqslant|a-c|+|c-b|$；会利用绝对值的几何意义求解以下类型的不等式：$|ax+b|\leqslant c$，$|ax+b|\geqslant c$，$|x-c|+|x-b|\geqslant a$。

【课程标准（考试说明）解读】

对于绝对值的学习，能够求解一些不等式、解决一些最值问题，只是表面上的现象，这里一定要引导学生认识绝对值的本质。

1. 图式的形成

在初中，学生了解了绝对值符号的意义：$|x|=\begin{cases}x,x\geqslant 0\\-x,x<0\end{cases}$，其实这就是绝对值符号的概念图式：非负数的绝对值等于其本身、负数的绝对值等于其相反数。可以说在初中学生已经形成了绝对值符号的概念图式，那么在高中主要是对图式进行精制。

2. 图式的精制

1）对绝对值本质的认识

绝对值的本质是距离，$|x|$表示数轴上实数x所对应的点到原点O的距离。同样对于$|x-2|$，就是数轴上实数x所对应的点到 2 所对应点的距离。在教学中先不要急于学习三角不等式等内容，而应该结合具体的问题讲清楚绝对值的本质。

教师可以通过类似于下面的题组，来引导学生感悟绝对值的本质。

（1）说出$|x+1|+|x-2|$的最小值，并回答何时取到最小值；

（2）说出$|x+1|-|x-2|$的最大值、最小值，并回答何时取到最值；

（当学生充分解答之后，再出示下列问题）

（3）计算$\sum\limits_{i=1}^{10}|x-i|$的最小值，并回答何时取到最小值；

（4）计算$\sum\limits_{i=1}^{9}|x-i|$的最小值，并回答何时取到最小值；

（5）计算$|x-1|+|2x-1|$的最小值，并回答何时取到最小值；

（6）某地街道呈现东—西、南—北向的网格状，相邻街距都为 1。两街道相交的点称为格点。若以互相垂直的两条街道为轴建立直角坐标系，现有下述格点$(-2,2)$，$(3,1)$，$(3,4)$，$(-2,3)$，$(4,5)$，$(6,6)$为报刊零售点。请确定一个格点（除零售点外）__________为发行站，使 6 个零售点沿街道到发行站之间路程的和最短。

（7）在平面直角坐标系 xOy 中，将从点 M 出发沿纵、横方向到达点 N 的任一路径称为 M 到 N 的一条“L 路径”。如图 6-2 所示的路径 $MM_1M_2M_3N$ 与路径 MN_1N 都是 M 到 N 的“L 路径”。某地有三个新建的居民区，分别位于平面 xOy 内三点 $A(3,\ 20)$，$B(-10,\ 0)$，$C(14,\ 0)$ 处。现计划在 x 轴上方区域（包含 x 轴）内的某一点 P 处修建一个文化中心。

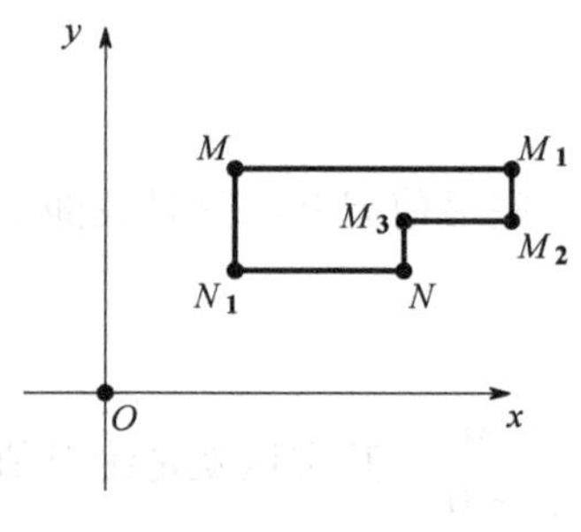

图 6-2

（Ⅰ）写出点 P 到居民区 A 的“L 路径”长度最小值的表达式（不要求证明）；

（Ⅱ）若以原点 O 为圆心，半径为 1 的圆的内部是保护区，“L 路径”不能进入保护区，请确定点 P 的位置，使其到三个居民区的“L 路径”长度之和最小。

这些问题都围绕着“距离是绝对值的本质”这个核心，只要学生能够理解这一点，解决是比较容易的。

长期以来，教师们往往喜欢把教学的重点落脚在“绝对值三角不等式”上，一种观点是既然学生初中就学过绝对值概念，那么在高中就没必要再介绍绝对值符号，而是匆匆忙忙就进入“绝对值三角不等式”的学习，这是一种离弃了数学概念图式的学习，学生学到的是缺乏对数学对象本质认识的一些知识，只能停留在模仿式解题的层次上。

2）用函数图像来诠释绝对值的本质

可以从最简单的绝对值函数 $f(x)=|x|$ 的图像开始认识，它的图像是一条折线，“折点”为 $x=0$，依次类推函数 $f(x)=|x-1|+|x-2|$，$f(x)=|x-1|+|x-2|$ 的图像有两个“折点” $x=1$，$x=2$，可以继续追问：它们的图像具有对称性吗？

绘制图像是为了更好地研究函数性质，也是对其本质获得最直观感觉的一种手段。这样展开讨论，学生自然就明白函数 $f(x)=|x-1|+|2x-1|+|3x-1|+\cdots+|2014x-1|$ 的图像有许多“折点”，其中至少有一个“折点”处在最低位置，只要找到这个“折点”就不难求其最小值，这是一种基于数学概念本质的思路。

3）绝对值三角不等式的本质

绝对值三角不等式是指：$|a-b|\leqslant|a-c|+|c-b|$，在它的证明过程中主要的变换是一种恒等变形的技巧，$|a-b|=|a-c+c-b|$，这种技巧在不等式证明中用得比较多。我们例举以下例子：

例 1　A 是定义在 $[2,\ 4]$ 上且满足如下条件的函数 $\varphi(x)$ 组成的集合：①对任意的 $x\in[1,\ 2]$，都有 $\varphi(2x)\in(1,\ 2)$；②存在常数 $L(0<L<1)$，使得对任意的 $x_1,x_2\in[1,\ 2]$，都有 $|\varphi(2x_1)-\varphi(2x_2)|\leqslant L|x_1-x_2|$。

（Ⅰ）设 $\varphi(2x)=\sqrt[3]{1+x}$，$x\in[2,\ 4]$，证明：$\varphi(x)\in A$；

（Ⅱ）设 $\varphi(x)\in A$，如果存在 $x_0\in(1,\ 2)$，使得 $x_0=\varphi(2x_0)$，那么这样的 x_0 是唯一的；

（Ⅲ）设 $\varphi(x)\in A$，任取 $x_1\in(1,\ 2)$，令 $x_{n-1}=\varphi(2x_n)$，$n=1,2,\cdots$，证明：给定正整数 k，对任意的正整数 p，成立不等式 $\left|x_{k+p}-x_k\right|\leqslant\dfrac{L^{k-1}}{1-L}\left|x_1-x_2\right|$。

在证明 $\left|x_{k+p}-x_k\right|\leqslant\dfrac{L^{k-1}}{1-L}\left|x_1-x_2\right|$ 时，需要将左侧 $\left|x_{k+p}-x_k\right|$ 进行如下变换：

$$\left|x_{k+p}-x_k\right|=\left|x_{k+p}-x_{k+p-1}+x_{k+p-1}-x_{k+p-2}+\cdots-x_{k+1}+x_{k+1}-x_k\right|,$$

之后再利用绝对值不等式进行放缩。

例 2　已知 $a_1=1$，$a_2=4$，$a_{n+2}=4a_{n+1}+a_n$，$b_n=\dfrac{a_{n+1}}{a_n}$，$n\in\mathbf{N}^*$.

（Ⅰ）求 b_1，b_2，b_3 的值；

（Ⅱ）设 $c_n=b_nb_{n+1}$，S_n 为数列 $\{c_n\}$ 的前 n 项和，求证：$S_n\geqslant 17n$；

（Ⅲ）求证：$\left|b_{2n}-b_n\right|<\dfrac{1}{64}\cdot\dfrac{1}{17^{n-2}}$。

在处理第(Ⅲ)问的时候，需要做变换 $\left|b_{2n}-b_n\right|=\left|b_{2n}-b_{2n-1}+b_{2n-1}-\cdots-b_{n+1}+b_{n+1}-b_n\right|$。

关于绝对值三角不等式的概念图式，最形象的表征应该是：A，B，C 是数轴上三个点，那么点 C 到点 A，B 的距离之和不小于点 A，B 之间的距离。这与“三角形两边之和大于第三边”是极其相似的，所以我们习惯称之为“绝对值三角不等式”。

古希腊数学家欧几里得关于距离的定义是这样的：

设 R 是一个非空集合，若对 R 中任意一对 x，y 都给定一个实数 $d(x,\ y)$ 与之对应并且满足：

（1）非负性

$d(x,\ y)\geqslant 0$，而且 $d(x,y)=0\Leftrightarrow x=y=0$；

（2）对称性：

$d(x,y)=d(y,x)$；

（3）三角不等式

$d(x,y)\leqslant d(x,z)+d(z,y),z\in R$；

则称 $d(x,y)$ 为两点 x，y 之间的距离。

笔者于 2010 年担任高三数学授课任务，在当年 5 月底承担最后一次测试的命题任务。由于这一年是首次确定将“不等式选讲”做为必考的“选考内容”，因此人们都跃跃欲试纷纷猜测命题者会在这里做什么文章。笔者也不例外，之前恰好听一大学教授讲座，他提到“绝对值的本质就是距离”，于是自己就设计了如下一道选择试题：

在平面直角坐标系中，定义 $P(x_1, y_1)$，$Q(x_2, y_2)$ 之间的“直角距离”为 $d(P, Q)=|x_1-x_2|+|y_1-y_2|$，若点 $C(x, y)$ 到点 $A(1, 3)$ 和点 $B(6, 9)$ 的“直角距离”相等，其中实数 x，y 满足 $0\leqslant x\leqslant 10$，$3\leqslant y\leqslant 9$，则所有满足条件的点 C 的轨迹长度之和是多少？

为什么可以定义“直角距离”？一个因素是恰好利用了“绝对值的本质是距离”这个事实，再者“直角距离”也符合欧几里得关于“距离”的定义：

显然 $d(P,Q)=|x_1-x_2|+|y_1-y_2|\geqslant 0$，也满足对称性 $d(P,Q)=d(Q,P)$，那么是否满足“三角不等式”呢？

设点 $R(x_0,y_0)$，下面我们证明 $d(P,Q)\leqslant d(P,R)+d(R,Q)$，即只要证明：

$|x_1-x_2|+|y_1-y_2|\leqslant|x_1-x_0|+|y_1-y_0|+|x_0-x_2|+|y_0-y_2|$

$\Leftarrow|x_1-x_2|\leqslant|x_1-x_0|+|x_0-x_2|$ 而且 $|y_1-y_2|\leqslant|y_1-y_0|+|y_0-y_2|$

由绝对值三角不等式知，这是成立的，所以必有 $d(P,Q)\leqslant d(P,R)+d(R,Q)$。

因此定义这种“直角距离”是符合数学概念体系的，它的基础依然是绝对值三角不等式，其中起支撑作用的依然是“绝对值是距离”这个本质。

3. 图式训练阶段

（1）以识记为目标的训练。可以安排学生解一些简单的含绝对值符号的不等式，例如 $|2x-3|>4$，要求学生多从“距离”的角度来体会，不要机械模仿教材上的解答办法。

（2）以提取为目标的训练。绝对值不等式的深入学习对能力要求比较高，对一些优秀生应该充分满足他们对不同层次知识的需求，可以适当安排一些大难度的训练。

6.4.5 基本不等式

【课程标准（考试说明）要求】

探索并了解基本不等式的证明过程，用基本不等式解决简单的最大（小）问题，能够利用平均值不等式求一些特定函数的极值。

【课程标准（考试说明）解读】

基本不等式经常用来解决多变量的最值问题，它体现了多变量之间既有运动又有不变的特点，它的运用十分灵活，既要观察出哪些量是常量，还要适当给予构造。这部分内容一直都是学生学习的难点，这是因为基本不等式的结构具有内涵丰富的图式特征，在教学中必须以此作为突破口。

1. 图式的形成

首先证明 a，$b\in\mathbf{R}\Rightarrow a^2+b^2\geqslant 2ab$，要特别强调“当且仅当 $a=b$ 时取等号”，

这里“当且仅当”也是一个图式，一定要解释清楚它的两层含义，之后必须这样点拨：字母a，b就像是两个盒子，其中可以装进任何实数，这可以说是绝大多数数学公式都具备的特点。对于有能力的学生可以鼓励他们“随意的在两个盒子里装入其他数字或者是代数式”，要相信学生的创造力，他们很有可能会编制出一些精彩的题目。

当在两个盒子中分别装入$\sqrt{a}$，$\sqrt{b}$时，就会出现$a+b \geqslant 2\sqrt{ab}$，这个过程最好由学生来得到，那么他们自然会明白“a，b必须是正数、当且仅当$a=b$时取等号”这些基本不等式的要求，也就不需要教师再反复强调，因为学生自己获得的知识往往印象会更深一些。

2. 图式的精制

要在a，$b \in \mathbf{R} \Rightarrow a^2+b^2 \geqslant 2ab$上多花一些时间，两个实数和的平方自然是非负的，如果这两个数分别是a，b就是这个不等式。如果这两个数是其他形式的呢？例如是a，$-b$或者是$-a$，b，又该如何呢？基于图式的不等式教学必须沿着这样的思路进行。这样学生就不仅仅知道a，$b \in \mathbf{R} \Rightarrow a^2+b^2 \geqslant 2ab$，可能还会发现有$a$，$b \in \mathbf{R} \Rightarrow a^2+b^2 \geqslant 2ab$，而且知道这两个不等式最大区别在于“何时取等号”，如果在图式中有这样的对立辨析，学生掌握起来会更顺利一些。在教师的启发下学生还可能将这两个不等式进行概括：a，$b \in \mathbf{R} \Rightarrow a^2+b^2 \geqslant 2ab$，再引导学生使用文字语言加以表示“两个实数的平方和不小于它们绝对值乘积的 2 倍。”本书一个重要的观点就是：学生掌握数学图式的水平取决于图式中的概念有多少。对于$a^2+b^2 \geqslant 2ab$，如果两侧同时加a^2+b^2，则会得到这样一个不等式：$2(a^2+b^2) \geqslant (a+b)^2$。对于它有一个更形象的解释：直角三角形斜边平方的 2 倍不小于两直角边和的平方。从上面的叙述，读者可以看到对于不等式$a^2+b^2 \geqslant 2ab$，我们是从字母特征、文字语言、图形特点三个方面加以表示的，这是不等式教学必须遵守的原则。

基本不等式$a+b \geqslant 2\sqrt{ab}$的表征更丰富。可以从平面几何“垂径定理”的角度进行描述，还可以从等比、等差中项的角度来理解。此外教师要从整体教学来把握渗透常见的三种平均数：$\dfrac{a+b}{2}$（算术平均数），$\sqrt{ab}$（几何平均数），$\dfrac{2}{\dfrac{1}{a}+\dfrac{1}{b}}$（调和平均数），它们在现实生活中都有很多的体现，让学生明白数学来源于生活。

同样应该把字母a，b看成是两个盒子，最好不要马上进行题型训练，而是组织学生自己创作试题，很简单，只要在盒子中放入数学表达式即可。对于不等式$a+b \geqslant 2\sqrt{ab}$，要引导学生观察图式特征：左侧是和、右侧是乘的形式，那么该不等式其实就是将和与乘积通过不等关系进行转化。这是不是与指数、对数运算有些相似？指数运算$a^m \times a^n = a^{m+n}$，对数运算$\log_a M + \log_a N = \log_a MN$恰好也联结了和与乘积两种运算，这样我们就可以鼓励学生编制出更精彩的试题，例如：$2^x+4^y=8$，其中x，$y\in\mathbf{R}$，计算$x+2y$的最值。

对于二元的均值不等式，其背景是著名的等周问题，进一步抽象就是“周长为定值的矩形中，正方形的面积最大”，这在很多版本的教材中都有介绍。教师可以适当展开，不妨组织学生进行一些数学实验，用固定长度的绳索任意围成一个封闭图形，猜测哪种图形的面积最大？或者是用固定平方米的钢板焊接成封闭的水箱，水箱设计成什么形状其容积才会最大？这些将对学生精制基本不等式的概念图式产生有利的影响。

3. 图式训练阶段

（1）以识记为目标的训练。考虑基本不等式有很多变形，因此本阶段训练主要以识记基本不等式以及其变形形式为主，训练方式可以多样，例如提问、默写、测试等等。

（2）以提取为目标的训练。可以将学生分成 2 人一小组，互相命制试题进行测试。这个阶段的训练主要针对基本不等式的结构特征，提高学生的“构造”水平。

6.4.6 不等式证明的放缩技巧

【课程标准（考试说明）要求】

通过一些简单问题了解放缩法是证明不等式常用的方法。

【课程标准（考试说明）解读】

放缩法证明不等式是各种测试特别是高考重点考查的方法，从数学能力角度看，因为这种方法有比较好的区分度，可以甄别出数学成绩优异的学生；从非智力因素看，因为在使用放缩法证明不等式的时候，往往目标十分明确，但是达到这个目标却需要精心设计过程，这样可以培养学生坚韧不拔、积极向上的良好心态。

1. 图式的形成

证明不等式的放缩法是一个方法型图式，它的形成要有一个螺旋上升的过程，教师应该立足于高中三年的数学学习来设计，哪个阶段应该达到什么具体的要求都要心中有数。

放缩法图式的形成，可以认为是不等式一个性质的引申。要证明$a<M$，可以将a适当放大，即得到一个不等式链：$a<a_1<a_2<\cdots<a_n<M$，放缩法就是利用不等式的传递性。

2. 图式的精制

放缩法图式的精制主要是若干样例的学习，这些样例分别是：

1）针对$\frac{1}{n^2}$的放缩

$\frac{1}{n^2}$既可以放大也可以缩小，这是因为$\frac{1}{n(n+1)}<\frac{1}{n^2}<\frac{1}{n(n-1)}$，其中$n\geqslant 2$，这个放缩可以与数列求和联系在一起，所以很有用处。

2）针对$\frac{1}{\sqrt{n}}$的放缩

因为$\frac{1}{\sqrt{n}}=\frac{2}{2\sqrt{n}}$，进一步写成$\frac{1}{\sqrt{n}}=\frac{2}{2\sqrt{n}}=\frac{2}{\sqrt{n}+\sqrt{n}}$，显然这个式子既可以放大还可以缩小。例如将其放大$\frac{1}{\sqrt{n}}=\frac{2}{2\sqrt{n}}=\frac{2}{\sqrt{n}+\sqrt{n}}<\frac{2}{\sqrt{n}+\sqrt{n-1}}$，可以与分母有理化联系，这会对解题有很大的帮助。

3）针对2^n的放缩

依据二项式定理有$2^n=\mathrm{C}_n^0+\mathrm{C}_n^1+\cdots+\mathrm{C}_n^n$，那么我们根据$n$就可以将$2^n$缩小，例如当$n\geqslant 2$时，显然有$2^n\geqslant\mathrm{C}_n^0+\mathrm{C}_n^1+\mathrm{C}_n^2>n+\frac{n(n-1)}{2}=\frac{n(n+1)}{2}$。我们知道贝努力不等式$(1+x)^n>1+nx(x>-1$，$n$为自然数），当$x>0$时最形象的解释就是使用二项式定理进行放缩。

4）针对$\frac{1}{2^n-1}$的放缩

$$\frac{1}{2^n-1}=\frac{2^{n+1}-1}{(2^n-1)(2^{n+1}-1)}<\frac{2^{n+1}}{(2^n-1)(2^{n+1}-1)}=2\left(\frac{1}{2^n-1}-\frac{1}{2^{n+1}-1}\right).$$

5）利用绝对值三角不等式进行放缩

很容易证明函数$f(x)=\frac{x}{1+x}(x>0)$是单调递增的，那么$f(|a+b|)\leqslant f(|a|+|b|)$，即

$$\frac{|a+b|}{1+|a+b|}\leqslant\frac{|a|+|b|}{1+|a|+|b|}=\frac{|a|}{1+|a|+|b|}+\frac{|b|}{1+|a|+|b|}\leqslant\frac{|a|}{1+|a|}+\frac{|b|}{1+|b|},$$

这是一个很经典的放缩。

6）利用真分数的性质放缩。

一个有趣的事实：一杯糖水如果再加入一些糖那肯定更甜。这可以抽象出一个不等式：实数$m>0$，$a>b>0\Rightarrow\frac{b}{a}<\frac{b+m}{a+m}$。这实际是真分数的一个性质“真分数的分子分母同时加上一个正数，那么分数的值变大。”利用它我们可以将任意一个真分数进行放缩，例如：$\frac{1}{2}<\frac{2}{3}<\frac{3}{4}<\cdots$。

3. 图式训练阶段

（1）以识记为目标的训练。主要识记组成放缩法的各个样例，这对于学生（特别是程度比较好的学生）是很容易的。

（2）以提取为目标的训练。这是关键，需要学生能够在众多的信息中找到突破点，然后顺利进行图式的提取。例如：已知 $x_n=\dfrac{n}{n+1}$，求证 $x_1\bullet x_3\bullet x_5\cdots x_{2n-1}<\sqrt{\dfrac{1-x_n}{1+x_n}}$。

分析所要证明不等式的左侧：$x_1\bullet x_3\bullet x_5\cdots x_{2n-1}=\dfrac{1}{2}\bullet\dfrac{3}{4}\bullet\dfrac{5}{6}\bullet\cdots\bullet\dfrac{2n-1}{2n}$，就要联系到“真分数的性质”。

6.5 数　　列

数列作为一种特殊的函数，是反映自然规律的基本数学模型。学生通过对日常生活中大量实际问题的分析，建立等差数列和等比数列这两种数列模型，探索并掌握它们的一些基本数量关系，感受这两种数列模型的广泛应用，并利用它们解决一些实际问题。等差数列和等比数列有着广泛的应用，教学中应重视通过具体实例（如教育贷款、购房贷款、放射性物质的衰变、人口增长等等），使学生理解这两种数列模型的作用，培养学生从实际问题中抽象出数列模型的能力。在数列的教学中，应保证基本技能的训练，引导学生通过必要的练习，掌握数列中各量之间的基本关系。教师要借助图式讲清楚数列概念的本质，例如数列通项公式（前 n 项和公式）a_n，必须向学生指明其中的 n 是可以替代的，可以换成 $n+1$，$n-1$ 甚至是任意一个结果为正整数的表达式例如 2^n，这一点对于数学基础比较薄弱的学生特别重要，否则他们可能就不能理解诸如 $a_{2^n}(n\in\mathbf{N}^*)$ 的含义了。

6.5.1 等差数列

【课程标准（考试说明）要求】

通过实例，理解等差数列的概念。探索并掌握等差数列的通项公式与前 n 项和的公式。能在具体的问题情境中，发现数列的等差关系，并能用有关知识解决相应的问题。体会等差数列与一次函数、二次函数的关系。

【课程标准（考试说明）解读】

等差数列中蕴涵的数学方法主要有观察、归纳、猜想、累加、倒序相加以及方程的思想，这些思想方法应该是基本概念教学的衍生物，不可脱离等差数列概念本质而一味训练上述思想方法，事实证明这是不可取的。

1. 图式的形成

课堂上师生互动通过一些具体的实例引出等差数列的概念，接下来进入通项公式的学习，本质说明 a_n 的一次函数（公差不为零）。在前 n 项和公式的教学中通过介绍少年高斯如何计算 $1+2+3+\cdots+100$ 可以激发学生的学习欲望，也可以通过计算一堆钢管的数量来产生“倒序相加”这个方法。这环节是比较顺利的，学生也很容易接受。

2. 图式的精制

等差数列概念图式的精制过程很重要，教师应该通在学生不断的发现问题、解决问题的过程中引导他们进行抽象、概括，提升他们对等差数列概念本质的认识。

对于等差数列定义最终经过精制的概念图式应该是这样的：后一项与前一项的差为常数、前一项加上一个常数等于后一项、后一项减去一个常数等于前一项、任意相邻三项中间一项是前后两项的等差中项。这只是自然语言的表征，还要用符号进行描述，分别是：$a_{n+1}-a_n=d$，$a_{n+1}=a_n+d$，$a_{n+1}-d=a_n$，$2a_{n+1}=a_n+a_{n+2}$。如果把等差数列各项的数值标记在数轴上，那么会产生一系列等距离的点。继续引导学生将点列 $(n,\ a_n)$ 绘制在直角坐标系中又会得到什么样的分布？这些观念有的甚至在学习等差数列通项公式之前就组织学生进行探讨。事实证明，关于等差数列的定义如果学生只知道“后一项与前一项的差为常数”这是远远不够的。

等差数列通项公式的本质是形容一种“匀速递增（递减）”的关系，表示的是等差数列中任意相邻两项“间隔”多少个公差。所以不能停留在用 a_1 表示 a_n，要让学生心算“从 a_6 起，再加多少个公差才到 a_{100}”类似的问题。要让学生自己发现等差数列通项公式 a_n 是 n 的一次函数（$d\neq 0$），鼓励学生猜想“如果 a_n 是 n 的一次函数，那么这个数列是不是等差数列？”“两个等差数列对应项相加或减，得到的新数列是不是等差数列？”“等差数列的每一项同乘以一个常数得到的新数列是不是等差数列？”等。

等差数列前 n 项和公式 $S_n=\dfrac{n(a_1+a_n)}{2}$，$S_n=na_1+\dfrac{n(n-1)}{2}d$ 都具有鲜明的结构特征，前者暗示与首末等距离两项和之间的关系，还可以与算术平均数进行联想；后者再经过变形得到 $S_n=\dfrac{d}{2}n^2+\left(a_1-\dfrac{d}{2}\right)n$，如果从函数角度这表明 S_n 是 n 的二次函数（$d\neq 0$），又可以引导学生猜想“如果数列的前 n 项和为 n 的二次函数，那么这个数列是不是等差数列？”

这些都是对等差数列定义的不同角度的诠释，等差数列概念的教学不是简单的“知三求二”，而是培养学生尽可能用不同的语言来描述，也就是帮助学生形成关于等差数列的多种观念。一个聪明的教师在讲授完等差数列之后，他的学生在谈论起等差数列时应该是“滔滔不绝”，能够列举出关于等差数列的各种不同的信息，这样的教学才是成功的。

3. 图式训练阶段

（1）以识记为目标的训练。主要是训练学生头脑中关于等差数列的观念的记忆，就是说等差数列概念系的建立情况。

（2）以提取为目标的训练。注意等差数列的函数特性。

6.5.2 等比数列

【课程标准（考试说明）要求】

通过实例，理解等比数列的概念。探索并掌握等比数列的通项公式与前 n 项和的公式。能在具体的问题情境中，发现数列的等比关系，并能用有关知识解决相应的问题。体会等比数列与指数型函数的关系。

【课程标准（考试说明）解读】

等比数列中蕴涵的数学方法除了观察（归纳、猜想）以外还有累乘、错位相减等特殊的思想方法，其中错位相减是一种计算数列前 n 项和的办法，它有着很鲜明的图式特征。

1. 图式的形成

可以通过自然数幂（细胞分裂）来引进等比数列概念、通过一些应用问题来启发学生如何计算等比数列前 n 和。当学生初步形成等比数列的概念图式之后，接下来进入概念图式的精制阶段，当然也可以将图式精制作为一条主线，贯穿在教学过程中。

2. 图式的精制

与等差数列相似，一定要启发学生用更多的观念去形容等比数列。要让学生清楚如果一个数列通项公式为 $a_n = M \times q^{f(n)}$（其中 M，q 为非零常数，$f(n)$ 是关于正整数 n 的一次式），那么可以证明这个数列为等比数列。对于等比数列前 n 项和公式，一定要介绍它的两个变形公式：$S_n = \dfrac{a_1(1-q^n)}{1-q} = \dfrac{a_1 - a_1 q^n}{1-q} = \dfrac{a_1}{1-q} - \dfrac{a_1}{1-q} \times q^n (q \neq 1)$，这组公式具有美妙的图式特征，必须讲清楚。

多例举一些数列提供给学生进行辨析，例如两个等差数列的对应项相加（减）产生的数列是不是等差数列？分别将等比数列各项平方或者计算绝对值产生的数列是不是等比数列？

3. 图式的训练阶段

（1）以识记为目标的训练。可以将等差和等比数列概念图式结合在一起进行训练，这样学生可以通过对比（类比）加深理解。

（2）以提取为目标的训练。围绕等比数列概念图式组织试题，例如“数列$\{a_n\}$为等比数列，其前n项和为$S_n = m - 3\times 2^n$，求实数m的值”。

6.6　推理与证明

“推理与证明”是数学的基本思维过程，也是人们学习和生活中经常使用的思维方式。推理一般包括合情推理和演绎推理。合情推理是根据已有的事实和正确的结论（包括定义、公理、定理等）、实验和实践的结果，以及个人的经验和直觉等对象来推测某些结果的推理过程。归纳、类比是合情推理常用的思维方法。在解决问题的过程中，合情推理具有猜测和发现结论、探索和提供思路的作用，有利于创新意识的培养。演绎推理是根据已有的事实和正确的结论（包括定义、公理、定理等等），按照严格的逻辑法则得到新结论的推理过程，培养和提高学生的演绎推理或逻辑证明的能力是高中数学课程的重要目标。合情推理和演绎推理之间联系紧密、相辅相成。证明通常包括逻辑证明和实验、实践证明，但是数学结论的正确性必须通过演绎推理或逻辑证明来保证，即在前提正确的基础上，通过正确使用推理规则得出结论。在教学中，学生将通过对已学知识的回顾，进一步体会合情推理、演绎推理以及二者之间的联系与差异；体会数学证明的特点；了解数学证明的基本方法，包括直接证明的方法（如分析法、综合法）和间接证明的方法（如反证法），感受逻辑证明在数学以及日常生活中的作用，养成言之有理、论证有据的习惯。

【课程标准（考试说明）要求】

结合已学过的数学实例和生活中的实例，了解合情推理的含义，能利用归纳和类比等进行简单的推理，体会并认识合情推理在数学发现中的作用。结合已学过的数学实例和生活中的实例，体会演绎推理的重要性，掌握演绎推理的基本方法，并能运用它们进行一些简单推理。通过具体实例，了解合情推理和演绎推理之间的联系和差异。

【课程标准（考试说明）解读】

“推理与证明”是在选修课程中安排的，但是我们建议一定要在高一开始就渗透常见的推理办法。而某些推理过程需要观察数学概念的图式特征，只有真正讲清楚数学概念的本质，学生才有可能顺利进行推理。

6.6.1　等差与等比数列中的推理

1. 图式的形成

在学习完等差和等比数列知识后，一定要安排学生将两者进行类比。此外还有一种更直接的学习方式，就是将等差与等比数列的学习“平行”进行。具体的操作模式可以是这样：以教师为主导每学习一个等差数列的概念之后，就要求学生独立学习等比数列相应的概念。

2. 图式的精制

必须揭示：等差与等比数列的本质区别在于定义中的关键词。等差的“差”与等比的“比”，相对应的就是运算符号方面的联系。教师可以通过下面的事例来引导学生观察：

在等差数列$\{a_n\}$中，一定有$a_2+a_6=a_3+a_5=2a_4$；

在等比数列$\{b_n\}$中，也有$a_2a_6=a_3a_5=a_4^2$。

启发学生注意观察数学表达式的结构（图式）特征，不难发现等差数列与等比数列之间的类比遵循以下规律，见表 6-1。

表 6-1

	等差数列	等比数列
运算符号	加法	乘法
运算符号	减法	除法
运算符号	乘法	乘方
其他	常数数列公差为 0	常数（非零）数列公比为 1

3. 图式的训练阶段

（1）以识记为目标的训练。重点在组织学生理解记忆等差与等比数列类比的一些规律。

（2）以提取为目标的训练。

可以通过以下题组进行训练。

①在等差数列$\{a_n\}$中有$a_m-a_n=(m-n)d$，其中m，$n\in\mathbf{N}^*$，$m>n$，d为公差，那么通过类比在等比数列$\{b_n\}$中相应的结论为________。

②数列$\{a_n\}$为等差数列，$a_m=a$，$a_k=b$，$m\neq k$，则$a_{m+k}=\dfrac{bk-am}{k-m}$。如果等比数列$\{b_n\}$，$b_m=a$，$b_k=b$，$m\neq k$，通过类比$b_{m+k}=$________。

③在等差数列$\{a_n\}$中，若$a_{10}=0$，则$a_1+a_2+\cdots+a_n=a_1+a_2+\cdots+a_{19-n}$ $(0<n<19,\ n\in\mathbf{N}^*)$。类比上述性质，相应的在等比数列$\{b_n\}$中，若$b_9=1$，则有等式成立。

④若数列$\{a_n\}$为各项均正的等差数列，则$b_n=\dfrac{a_1+a_2+\cdots+a_n}{n}$也是等差数列。类比上述性质相应地在各项均为正的等比数列$\{c_n\}$中，则有$d_n=$________也为等比数列。

⑤设等差数列$\{a_n\}$的前n项和为S_n，则S_4，S_8-S_4，$S_{12}-S_8$，$S_{16}-S_{12}$成等差数列。类比以上结论有：设等比数列$\{b_n\}$的前n项积为T_n，则T_4，______，______，$\dfrac{T_{16}}{T_{12}}$成等比数列。

⑥等差数列$\{a_n\}$中，S_n为其前n项和，d为公差，则$\dfrac{S_n}{n}=a_1+\dfrac{n-1}{2}d$。类比上述性质，在等比数列$\{b_n\}$中$T_n$为前$n$项之（和或积），公比为$q$，则相应的关系式为________。

⑦等差数列$\{a_n\}$中存在性质$(m-n)a_p+(n-p)a_m+(p-m)a_n=0$，其中$m$，$n$，$p$为正整数，请用类比的办法写出等比数列$\{b_n\}$中相应的关系式______。

6.6.2　解析几何中的推理

为了更好说明问题，本节我们通过一些具体的事例来欣赏解析几何中的推理，应该说这里的推理更具备明显的数学图式特征。

1）

（2008 年高考江苏）在平面直角坐标系中，设三角形ABC的顶点分别为$A(0,a)$，$B(b,0),C(c,0)$，点$P(0,p)$在线段AO上（异于端点），设a,b,c,p均为非零实数，直线BP,CP分别交AC,AB于点E,F，一同学已正确算的OE的方程：$\left(\dfrac{1}{b}-\dfrac{1}{c}\right)x+\left(\dfrac{1}{p}-\dfrac{1}{a}\right)y=0$，请你求$OF$的方程：(　▲　)$x+\left(\dfrac{1}{p}-\dfrac{1}{a}\right)y=0$。

【解析】

用百度搜索本问题，出现的解法大多都是直接计算。本题目的设计意图是在考查学生的推理意识以及水平，而不是要求学生去进行繁杂的运算。

首先我们看直线AC的方程：$\dfrac{x}{c}+\dfrac{y}{a}=1$，这是直线的截距式方程，它的图式特征非常明显：等号右侧为 1，两个分母依次为直线AC在x，y轴上的截距。同理直线AB的方程为$\dfrac{x}{b}+\dfrac{y}{a}=1$。

除了推理以外还有“对称轮换思想”，这其实就是数学表达式的一种“结构美”，也属于数学图式的范畴。

绘制好图形之后，还可以变换角度。从左向右观察直线OE的方程为：$\left(\dfrac{1}{b}-\dfrac{1}{c}\right)x+\left(\dfrac{1}{p}-\dfrac{1}{a}\right)y=0$，而题目已经给出直线$OF$的方程：(　▲　)$x+\left(\dfrac{1}{p}-\dfrac{1}{a}\right)y=0$的一部分系数，再从右向左观察，自然会想到应该填写$\dfrac{1}{c}-\dfrac{1}{b}$，

即直线 OF 的方程为 $\left(\frac{1}{c}-\frac{1}{b}\right)x+\left(\frac{1}{p}-\frac{1}{a}\right)y=0$。

四岁的高斯为什么能很快计算出 $1+2+3+\cdots+98+99+100$ 呢？一个流传很广的“传说”是这样的：

高斯将这个式子写在小石板上，一开始他站在左侧，感觉越加数字越大，放弃了。后来他站在右侧，觉得尽管数字越来越小，但还是不方便计算。最后他站在中间左右一扫，有办法了！

这段关于高斯的“传说”也启发我们必须观察数学式子的图式特征，这往往是解决问题的突破点。

2）关于曲线切点弦的推理

过圆 $x^2+y^2=r^2$ 上一点 $P(x_0,y_0)$ 的切线是这样计算出来的：如果切线有斜率而且不为零，则 $k_{OP}=\frac{y_0}{x_0}$，那么切线斜率为 $-\frac{x_0}{y_0}$，则切线方程为 $y-y_0=-\frac{x_0}{y_0}(x-x_0)$，整理得 $xx_0+yy_0=r^2$，再检验其他情况也符合。

所以过圆 $x^2+y^2=r^2$ 上一点 $P(x_0,y_0)$ 的切线方程为 $xx_0+yy_0=r^2$。

很多教师的教学到这里就停止了，真遗憾！失去了一次让学生欣赏数学表达式图式特征的机会。

应该马上向学生提出如下问题：

你能直接写出过圆 $(x-a)^2+(y-b)^2=r^2$ 上一点 $P(x_0,y_0)$ 的切线方程吗？

教师应该能预料到学生会如何来解答，在这里我们也预设一下：

程度 1：

模仿前面的办法，分类，最后验证得到答案。

程度 2：

可以联想到坐标轴的平行移动，将问题转化为圆心在原点的圆。

程度 3：

过圆 $x^2+y^2=r^2$ 上一点 $P(x_0,y_0)$ 的切线方程为 $xx_0+yy_0=r^2$，可认为是这样产生的：将圆的方程改写为 $x\cdot x+y\cdot y=r^2$，再将其中一个 x，y 分别换成 x_0，y_0 即可。

同样，将 $(x-a)^2+(y-b)^2=r^2$ 改写为 $(x-a)(x-a)+(y-b)(y-b)=r^2$，将其中一个 x，y 分别换成 x_0，y_0，即得答案 $(x-a)(x_0-a)+(y-b)(y_0-b)=r^2$。

人民教育出版社必修 2 课后有这样一道练习题：

点 $P(x_0,y_0)$ 在圆 $x^2+y^2=r^2$ 外，自点 P 引圆的两条切线，切点分别为 A，B，求直线 AB 的方程。

一个小技巧是“设而不求”，设两切点 $A(x_1,y_1)$，$B(x_2,y_2)$，则切线 PA，PB

的方程分别为 $xx_1+yy_1=r^2$ ，$xx_2+yy_2=r^2$ ，又两切线交于点 $P(x_0,y_0)$ ，那么 $x_0x_1+y_0y_1=r^2$ ，$x_0x_2+y_0y_2=r^2$ ，接下来就要引导学生来观察这两个数学表达式的图式特征。每一个数学表达式都是一个数学图式，要善于从不同角度去“欣赏”。对于 $x_0x_1+y_0y_1=r^2$ ，可以简单认为是五个量满足的一个关系式，但是更重要的是说明点 $A(x_1,y_1)$ 在直线 $x_0x+y_0y=r^2$ 上，这是最漂亮的形容，对于学生来讲，如果教师的教学平时就很少去关注数学表达式的图式特征，那么他们很难产生这种观念。同样点 $B(x_2,y_2)$ 也在直线 $x_0x+y_0y=r^2$ 上，而两点确定唯一一条直线，那么直线 AB 的方程自然就是 $x_0x+y_0y=r^2$ 了。

真是一个十分美妙的解法，它立足于一个习惯，就是每遇见一个数学表达式，都喜欢用图式的角度去观察。这样一来，对于方程 $x_0x+y_0y=r^2$ ，学生应该至少具备两个“观念”了，一个是切线方程（点 $P(x_0,y_0)$ 在圆上），一个是切点弦方程（点 $P(x_0,y_0)$ 在圆外）。

我们把圆换成抛物线，研究经过抛物线 $x^2=2py(p>0)$ 上一点 $M(x_0,y_0)$ 所引的切线方程。$y=\dfrac{1}{2p}x^2$ ，求导得 $y'=\dfrac{x}{p}$ ，那么切线斜率为 $k=\dfrac{x_0}{p}$ ，则切线方程为 $y-y_0=\dfrac{x_0}{p}(x-x_0)$ ，整理之后得到 $py+py_0=xx_0$ 。

接下来依然组织学生欣赏所得到的切线方程 $py+py_0=xx_0$ ，它是不是可以由抛物线方程 $x^2=2py(p>0)$ 直接演变来呢？

答案是肯定的！我们把 $x^2=2py$ “加工”下：$xx=p(y+y)$ ，将其中的一个 x ，y 分别换成 x_0 ，y_0 后，恰好就是切线方程 $py+py_0=xx_0$ 。

这种处理办法与圆的问题是一样的，学生自然会将问题迁移到椭圆以及双曲线，结合各自方程的图式特征会进行如下推理：

（1）如果自点 $M(x_0,y_0)$ 能引两直线与抛物线 $x^2=2py(p>0)$ 相切，两切点分别为 A ，B ，那么直线 AB 的方程为 $py+py_0=xx_0$ ；

（2）自椭圆 $\dfrac{x^2}{a^2}+\dfrac{y^2}{b^2}=1(a>b>0)$ 上一点 $P(x_0,y_0)$ 引切线，则切线方程为 $\dfrac{xx_0}{a^2}+\dfrac{yy_0}{b^2}=1$ ；

（3）如果自点 $P(x_0,y_0)$ 能引两直线与椭圆 $\dfrac{x^2}{a^2}+\dfrac{y^2}{b^2}=1(a>b>0)$ 相切，两切点分别为 A ，B ，那么直线 AB 的方程为 $\dfrac{xx_0}{a^2}+\dfrac{yy_0}{b^2}=1$ ；

（4）自双曲线 $\dfrac{x^2}{a^2}-\dfrac{y^2}{b^2}=1(a>0,b>0)$ 上一点 $P(x_0,y_0)$ 引切线，则切线方程为

$\frac{xx_0}{a^2}-\frac{yy_0}{b^2}=1$；

（5）如果自点 $P(x_0,y_0)$ 能引两直线与双曲线 $\frac{x^2}{a^2}-\frac{y^2}{b^2}=1(a>0,b>0)$ 相切，两切点分别为 A、B，那么直线 AB 的方程为 $\frac{xx_0}{a^2}-\frac{yy_0}{b^2}=1$。

3）椭圆与双曲线之间的推理

不能将椭圆与双曲线的学习割裂开来，因为它们之间有着微妙的关系，这些关系可以帮助学生进行两者之间的推理。

我们来回顾椭圆和双曲线的定义：

平面内到两个定点 F_1，F_2 的距离之和为常数（大于 $|F_1F_2|$）的点的轨迹为椭圆。

平面内到两个定点 F_1，F_2 的距离之差的绝对值为常数（小于 $|F_1F_2|$）的点的轨迹为双曲线。

教学中不可过分停留在一些细节上，例如有的教师总是喜欢强调常数 $2a$ 与 $|F_1F_2|$ 的大小是如何影响轨迹形状，这固然需要说明，但它们不是椭圆与双曲线定义的本质所在。

图式是揭示数学概念本质的一种重要手段，观察椭圆与双曲线的定义我们可以发现两种曲线的定义中最显著的区别在于“和”与“差”，即“加号”与“减号”上。

我们先例举一些：

椭圆焦点到相应顶点的距离为 $a-c$，双曲线焦点到相应顶点的距离为 $c-a$。

椭圆离心率可以写为 $e=\sqrt{1-\frac{b^2}{a^2}}$，双曲线离心率可以写为 $e=\sqrt{1+\frac{b^2}{a^2}}$。

如果点 P 在椭圆 $\frac{x^2}{a^2}+\frac{y^2}{b^2}=1(a>b>0)$ 上，A_1A_2 为其长轴，那么直线 PA_1，PA_2 斜率乘积为常数 $-\frac{b^2}{a^2}$，其中点 P 不与点 A_1，A_2 重合。

如果点 P 在双曲线 $\frac{x^2}{a^2}-\frac{y^2}{b^2}=1(a>0,b>0)$ 上，A_1A_2 为其实轴，那么直线 PA_1，PA_2 斜率乘积为常数 $\frac{b^2}{a^2}$，其中点 P 不与点 A_1，A_2 重合。

点 F_1，F_2 为椭圆的左右焦点，A_1A_2，B_1B_2 分别为其长、短轴，如果 $F_1B_2\perp B_2A_2$，则该椭圆为“黄金”椭圆，可以计算得到“黄金”椭圆的离心率为 $\frac{\sqrt{5}-1}{2}$。

点 F_1，F_2 为双曲线的左右焦点，A_1A_2，B_1B_2 分别为其实、虚轴，如果

$F_1B_2 \perp B_2A_2$，则该双曲线为“黄金”双曲线，可以计算得到“黄金”双曲线的离心率为 $\frac{\sqrt{5}+1}{2}$。

点 F_1，F_2 为椭圆 $\frac{x^2}{a^2}+\frac{y^2}{b^2}=1(a>b>0)$ 的左右焦点，点 P 在椭圆上，则 $|PF_1|=a-ex_1$。

点 F_1，F_2 为双曲线 $\frac{x^2}{a^2}-\frac{y^2}{b^2}=1(a>0,b>0)$ 的左右焦点，点 P 在双曲线上，则 $|PF_1|=ex_1-a$。

“和”与“差”是相对立的两种运算，是椭圆与双曲线同一类性质的不同表达形式，这是数的特征。这种特征如果是通过图形体现出来的话，那将是另外一种对立与统一。

设椭圆 $\frac{x^2}{a^2}-\frac{y^2}{b^2}=1(a>0,b>0)$S 两焦点分别为 F_1，F_2，点 Q 为椭圆上异于顶点外的任意一点，过 F_2 作 $\angle F_1QF_2$ 外角平分线的垂线，垂足为 P，则点 P 的轨迹是圆（部分）；

设双曲线 $\frac{x^2}{a^2}-\frac{y^2}{b^2}=1(a>0,b>0)$ 两焦点分别为 F_1，F_2，点 Q 为双曲线上异于顶点外的任意一点，过 F_2 作 $\angle F_1QF_2$ 平分线的垂线，垂足为 P，则点 P 的轨迹是圆（部分）。

设椭圆 $\frac{x^2}{a^2}+\frac{y^2}{b^2}=1(a>b>0)$ 两焦点分别为 F_1，F_2，点 Q 为椭圆上异于顶点外的任意一点，$\angle F_1QF_2=\theta$，则△ F_1QF_2 的面积为 $S=b^2\tan\frac{\theta}{2}$；

设双曲线 $\frac{x^2}{a^2}-\frac{y^2}{b^2}=1(a>0,b>0)$ 两焦点分别为 F_1，F_2，点 Q 为双曲线上异于顶点外的任意一点，$\angle F_1QF_2=\theta$，则△ F_1QF_2 的面积为 $S=b^2\cot\frac{\theta}{2}$。

点 A 为定圆 O 内一定点，动点 P 在圆 O 上运动，线段 AP 的垂直平分线与半径 OP 交于点 M，则点 M 轨迹为椭圆。

点 A 为定圆 O 外一定点，动点 P 在圆 O 上运动，线段 AP 的垂直平分线与半径 OP（延长线）交于点 M，则点 M 轨迹为双曲线。

这里“内角”与“外角”、“正切”与“余切”、“圆内”与“圆外”都充分刻画了椭圆与双曲线类比的图式特征。

6.6.3　立体几何中的推理

立体几何中的推理可以从平面几何出发进行类比，具体的类比关系大概有：

1. 基本元素之间的类比关系

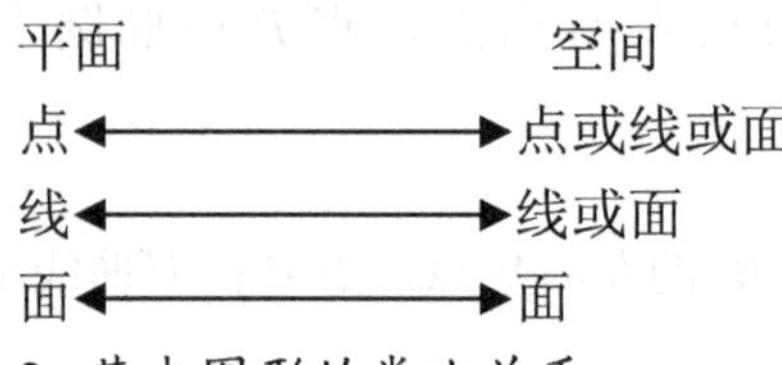

2. 基本图形的类比关系

平面　　空间

正三角形↔正四面体

直角三角形↔三个侧面两两垂直的三棱锥

三角形↔三棱锥

平行四边形↔平行六面体

四边形↔四棱锥

圆↔球

3. 基本量的类比关系

长度↔长度或面积

面积↔面积或体积

4. 以下是近些年各地高考试题（立体几何推理）

（1）平面内的一个四边形为平行四边形的充要条件有多个，如两组对边分别平行，类似地，写出空间中的一个四棱柱为平行六面体的两个充要条件：

充要条件①____________

充要条件②____________

（写出你认为正确的两个充要条件）

（2）半径为 r 的圆的面积为 $S(r)=\pi r^2$，周长 $C(r)=2\pi r$，若将 r 看作 $(0,+\infty)$ 上的变量，则 $(\pi r^2)'=2\pi r$ ①，①式可以用语言叙述为：圆的面积函数的导数等于圆的周长函数。

对于半径为 R 的球，若将 R 看作 $(0,+\infty)$ 上的变量，请你写出类似于①的式子；②式可以用语言叙述为。

（3）在平面几何里，有勾股定理："设△ ABC 的两边 AB，AC 互相垂直，则 $AB^2+AC^2=BC^2$." 拓展到空间，类比平面几何的勾股定理，研究三棱锥的面面积与底面面积间的关系，可以得出的正确结论是：设三棱锥 $A-BCD$ 的三个侧面 ABC，ACD，ADB 两两相互垂直，则______________。

（4）若从点 O 所作的两条射线 OM，ON 上分别有点 M_1，M_2 与点 N_1，N_2，

则三角形面积之比为：$\dfrac{S_{\triangle OM_1N_1}}{S_{\triangle OM_2N_2}}=\dfrac{OM_1}{OM_2}\cdot\dfrac{ON_1}{ON_2}$。若从点 O 所作的不在同一个平面内的三条射线 OP，OQ 和 OR 上分别有点 P_1，P_2 与点 Q_1，Q_2 和点 R_1，R_2，则类似的结论为：

（5）在 $\triangle DEF$ 中有余弦定理：$DE^2=DF^2+EF^2-2DF\cdot EF\cos\angle DEF$。拓展到空间，类比三角形的余弦定理，写出斜三棱柱 $ABC-A_1B_1C_1$ 的 3 个侧面面积与其中两个侧面所成二面角之间的关系式，并予以证明。

几何学是研究现实世界中物体的形状、大小与位置关系的数学学科。人们通常采用直观感知、操作确认、思辨论证、度量计算等方法认识和探索几何图形及其性质。在立体几何初步部分，学生将先从对空间几何体的整体观察入手，认识空间图形；再以长方体为载体，直观认识和理解空间点、线、面的位置关系；能用数学语言表述有关平行、垂直的性质与判定，并对某些结论进行论证。

如何突破立体几何教学难点？一个最好的办法就是教会学生从熟悉的平面几何出发进行直观感知。例如在学习直线与直线、直线与平面以及平面与平面位置关系的时候，不妨先回忆初中所接触到的直线与直线（同一平面内）的位置关系。在平面几何中，两直线同时垂直于第三条直线，则这两直线平行。在空间中是否依然存在类似关系？通过操作确认学生自然发现在空间中如果两直线同时垂直于第三条直线，那么这两直线可能平行，也可能异面，还可能相交。进一步观察就可以得到“两条直线如果同时垂直于一个平面，则这两直线平行”。平面几何中的“线”必须换成空间中的“面”，这就是基本元素之间的类比，组成概念图式的基本元素要有一定的变化。

圆台的侧面积公式尽管不需要记忆，但是应该引导学生去观察其图式特征。$S=\dfrac{1}{2}(C_1+C_2)l$ 与梯形面积公式及其相似，而圆锥侧面积公式 $S=\dfrac{1}{2}Cl$ 又与三角形面积公式如出一辙，数学公式就是这样奇妙。

多面体的外接球（内切球）永远是中等程度以下学生心中的痛，怎么突破？教师强调千遍，不如由学生自行去类比推理。可以让学生回顾正方形的外接圆（内切球），观察直径与正方形对角线的关系，自然就会感悟到正方体与其外接球（内切球）之间的必然结果。

立体几何中数学概念图式的形成一定要考虑学生已经具备的知识结构，让学生主动去建构，精制所形成的图式，这才是有效的教学手段。

6.6.4　向量中的推理

学生完全可以独立完成空间向量的学习，他们只要把握好平面向量与空间向量概念图式的区别与联系。平面向量与空间向量所处的空间分别是二维、三维，那么它们的基本元素就会存在“个数”上的差距，平面向量又可以看做是空间向量的特殊情况，所以只要适当进行推广就可以完成从平面向量到空间向量的过渡。

笔者一直坚持的做法，就是由学生自主进行空间向量的学习，当然这种学习是在教师的主导下进行的，学习之前会印发自主学习提纲（导学稿），具体内容如下。

从平面向量到空间向量

注意：空间向量内容的学习主要由各位同学自主完成！先完成这个表格（见表 6-2），提倡不看课本，若实在没思路，可以看书，但是效果会大打折扣!!!!

学习方法：

（1）类比：将平面向量有关的知识（结论）类比到空间向量中。

（2）推广：将平面向量的有关结论推广到空间向量中。

表 6-2

平面向量主要内容	空间向量主要内容
直角坐标系 xOy	空间直角坐标系______、右手系是什么意思？
平面向量定义以及表示	空间向量定义以及表示
平面向量的模	空间向量的模
零向量	零向量
单位向量、$\frac{\vec{a}}{\|\vec{a}\|}(\vec{a}\neq\vec{0})$ 是单位向量吗？	单位向量、$\frac{\vec{a}}{\|\vec{a}\|}(\vec{a}\neq\vec{0})$ 是单位向量吗？
相等向量	相等向量、空间中任意两个向量都可以平移到同一个平面吗？
平面向量的数乘运算：$\lambda\vec{a}$，其中 λ 是实数。有哪些运算律？	空间向量的数乘运算
平面向量共线的充要条件： 对于平面内任意两个向量 $\vec{a},\vec{b}(\vec{b}\neq\vec{0})$， $\vec{a}\parallel\vec{b}$ 的充要条件是存在实数 λ，使得 $\vec{a}=\lambda\vec{b}$	空间向量共线的充要条件
直线 l 的方向向量为 $\vec{a}=(m,n)(m\neq 0)$，那么该直线的斜率为________	直线的方向向量在空间向量中的定义
共线向量：若存在实数 λ 使得向量 $\vec{a},\vec{b}$ 满足 $\vec{a}=\lambda\vec{b}$，那么向量 $\vec{a},\vec{b}$ 就是共线向量	共面向量
证明三点共线： A,B,C 是平面内三个点，P 是另外一个点，$\overrightarrow{PA}=x\overrightarrow{PB}+y\overrightarrow{PC},x+y=1$，那么 A,B,C 三点共线	证明四点共面

续表 6-2

平面向量主要内容	空间向量主要内容
平面向量夹角、平面向量垂直	空间向量夹角、空间向量垂直
平面向量数量积、运算律	空间向量数量积、运算律
基底、基向量	基底、基向量
平面向量基本定理：$\vec{a},\vec{b}$ 是平面内两个不共线的向量，$\vec{c}$ 是平面内另外一向量，那么存在唯一的一对实数 x，y，使得 $\vec{c}=x\vec{a}+y\vec{b}$	空间向量基本定理
平面向量坐标表示、模的计算公式	空间向量坐标表示、模的计算公式
数乘向量的坐标运算	数量积的坐标运算
平面向量中的柯西不等式：$\lvert\vec{a}\cdot\vec{b}\rvert\leqslant\lvert\vec{a}\rvert\lvert\vec{b}\rvert$	空间向量中的柯西不等式
	读一读课后的“阅读与思考”

事实证明这样的教学方式是可行的，从图式理论角度来讲学生是具备独立精制空间向量概念图式的能力的，只要他的平面向量相关知识达成度比较高。

以上我们从图式角度对高中主干内容（部分）提出了具体的教学建议，与各种版本的教师用书相比无论从理论上还是实践上肯定都存在一定的差距，此外覆盖面也不是很广泛，希望得到广大读者的谅解。我们的目的就是抛砖引玉，如果能够给一线教师一些启发，也是本书最大成功之处。

参 考 文 献

[1] 曹新，曾建国. 中数学课堂教学基本特点的调查分析[J]. 教育学术月刊，2008（8）. 64.
[2] 苏红雨. 高中新课程实施中的双重矛盾[J]. 数学教学研究，2007（10）. 4.
[3] 金立村. 高中数学新课程实施一年来的调查与思考[J]. 数学通报，2005（9）. 13.
[4] 章建跃. 有效改进课堂教学——第五届全国高中数学青年教师观摩与评比活动[J]. 数学通报，2008（12）.
[5] 严士健. 普通高中数学课程标准解读[M]. 南京：江苏教育出版社，2004.
[6] 皮连生. 学与教的心理学[M]. 5 版. 上海：华东师范大学出版社，2009.
[7] 马兰军. 高三数学教学的几点思考[J]. 上海中学数学，2008（11）.
[8] 喻平. 数学问题解决认知模式及教学理论研究[D]. 南京：南京师范大学，2002.
[9] 王林全. 问题解决的有关心理活动及其思考[J]. 数学教育学报，2002（2）.
[10] 弗赖登塔尔. 作为教育任务的数学[M]. 陈昌平，译. 上海：上海教育出版社，1992.
[11] 唐芳贵. 图式研究的历史演变[J]. 重庆教育学院学报，2003（1）.
[12] 湛宣进. 中学数学概念图式教学的行动研究[D]. 上海：上海师范大学，2009.
[13] 魏薇，刘明东. 图式理论的发展及应用[J]. 湖南第一师范学报，2007（3）.
[14] 石向实. 论皮亚杰的图式理论[J]. 内蒙古社会科学，1994（3）.
[15] 郭兆明. 数学高级认知图式获得方式的比较研究[D]. 重庆：西南大学，2006.
[16] 加涅. 学习的条件和教学论[M]. 上海：华东师范大学出版社，2005.
[17] 吴庆麟. 教育心理学[M]. 北京：人民教育出版社，2005.
[18] 康立新. 国内图式理论研究综述[J]. 河南社会科学，2011（7）.
[19] 訾韦力. 近年国内图式理论应用研究述评[J]. 中国农业大学学报（社会科学版），2004（3）.
[20] 王兄，庞国萍. 图式理论及其教学意义[J]. 玉林师范学院学报（哲学社会科学），2004（2）.
[21] 濮安山，史宁中. 从 APOS 理论看高中生对函数概念的理解[J]. 数学教育学报，2007（2）.
[22] 邬云德. 基于“APOS 理论”的课例——圆[J]. 中学数学，2010（18）.
[23] 喻平. 数学学习心理的 CPFS 结构理论[M]. 南宁：广西教育出版社，2008.
[24] 何小亚. 建构良好的数学认知结构的教学策略[J]. 数学教育学报，2002（1）.
[25] 安德森. 布鲁姆教育目标分类学 40 年回顾[M]. 上海：华东师范大学出版社，1998.
[26] 布鲁姆. 学习、教学和评估的分类学：布鲁姆目标分类学修订版[M]. 皮连生，译. 上海：华东师范大学出版社，2008.
[27] 梁娜娜. 中学生数学图式特征的调查研究[D]. 山东：山东师范大学，2009.

[28] 邵光华. 数学样例学习的理论与实证研究[D]. 上海：华东师范大学，2003.
[29] 李士锜. 熟能生巧吗[J]. 数学教育学报，1996（3）.
[30] 王兄. 概念图评价应用分析[J]. 上海教育科研，2006（6）.

附录　平方差公式的教学设计

"东芝杯"中国师范大学师范专业理科大学生教学技能创新实践大赛获奖教学设计

【课题】15.2.1 平方差公式

【教材】人教版八年级数学上册第 151 页至 153 页

【教学对象】八年级（上）学生

【授课教师】华南师范大学　林佳佳

【教学目标】

☆知识与技能

（1）理解平方差公式的本质，即结构的不变性，字母的可变性；

（2）达到正用公式的水平，形成正向产生式：

"（□+△）（□−△）" → "$□^2−△^2$"。

☆过程与方法

（1）使学生经历公式的独立建构过程，构建以数的眼光看式子的数学素养；

（2）培养学生抽象概括的能力；

（3）培养学生的问题解决能力，为学生提供运用平方差公式来研究等周问题的探究空间。

☆情感态度价值观

纠正片面观点："数学只是一些枯燥的公式、规定，没有什么实际意义！学了数学没有用！"体会数学源于实际，高于实际的科学价值与文化价值。

【教学重点】

（1）平方差公式的本质的理解和运用；

（2）数学是什么。

【教学难点】平方差公式的本质，即结构的不变性，字母的可变性。

【教学方法】讲练结合、讨论交流。

【教学手段】计算机、PPT、flash。

【教学过程设计】

一、教学流程设计

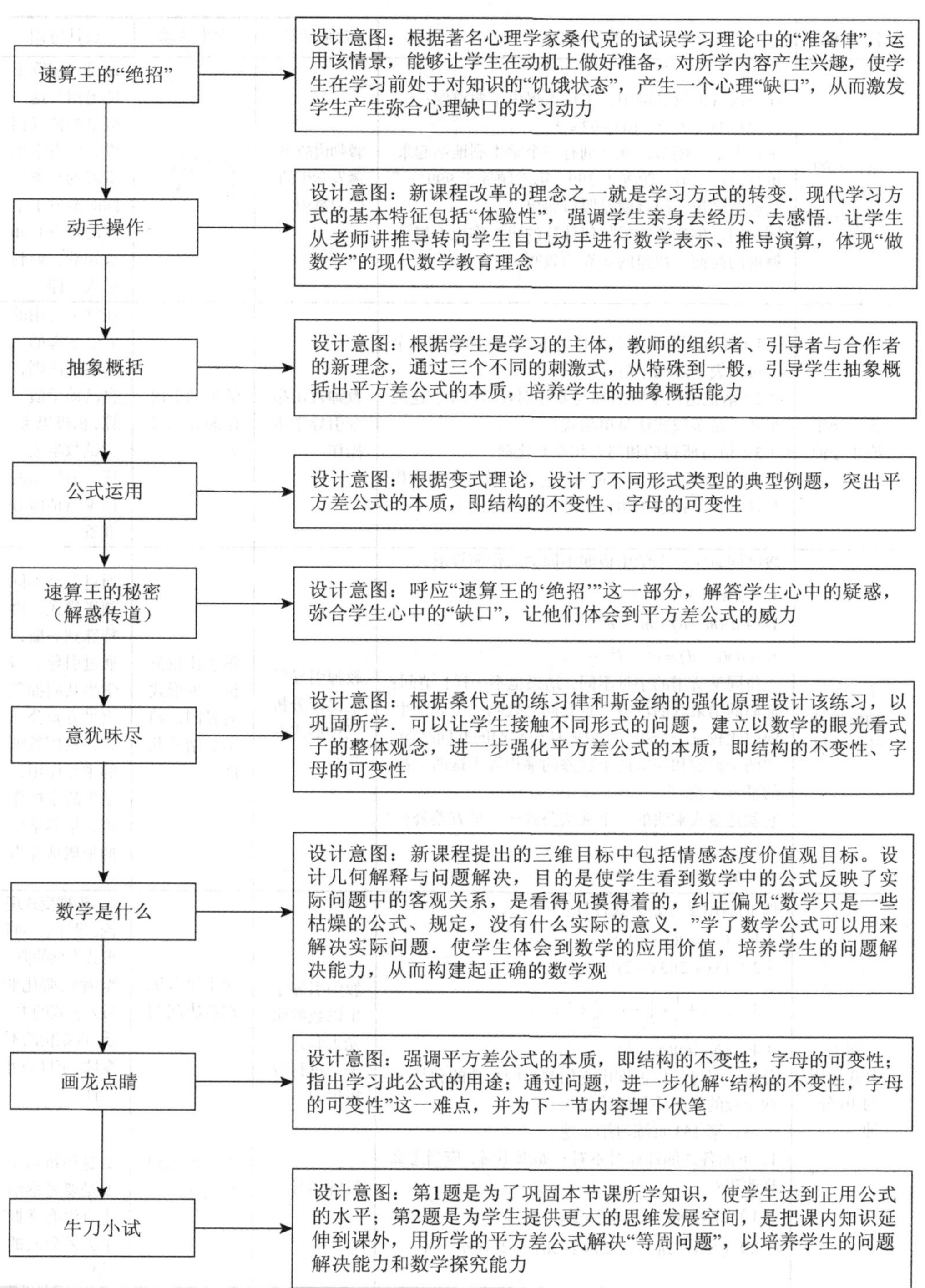
速算王的“绝招”
设计意图：根据著名心理学家桑代克的试误学习理论中的“准备律”，运用该情景，能够让学生在动机上做好准备，对所学内容产生兴趣，使学生在学习前处于对知识的“饥饿状态”，产生一个心理“缺口”，从而激发学生产生弥合心理缺口的学习动力
动手操作
设计意图：新课程改革的理念之一就是学习方式的转变．现代学习方式的基本特征包括“体验性”，强调学生亲身去经历、去感悟．让学生从老师讲推导转向学生自己动手进行数学表示、推导演算，体现“做数学”的现代数学教育理念
抽象概括
设计意图：根据学生是学习的主体，教师的组织者、引导者与合作者的新理念，通过三个不同的刺激式，从特殊到一般，引导学生抽象概括出平方差公式的本质，培养学生的抽象概括能力
公式运用
设计意图：根据变式理论，设计了不同形式类型的典型例题，突出平方差公式的本质，即结构的不变性、字母的可变性
速算王的秘密（解惑传道）
设计意图：呼应“速算王的‘绝招’”这一部分，解答学生心中的疑惑，弥合学生心中的“缺口”，让他们体会到平方差公式的威力
意犹味尽
设计意图：根据桑代克的练习律和斯金纳的强化原理设计该练习，以巩固所学．可以让学生接触不同形式的问题，建立以数学的眼光看式子的整体观念，进一步强化平方差公式的本质，即结构的不变性、字母的可变性
数学是什么
设计意图：新课程提出的三维目标中包括情感态度价值观目标。设计几何解释与问题解决，目的是使学生看到数学中的公式反映了实际问题中的客观关系，是看得见摸得着的，纠正偏见“数学只是一些枯燥的公式、规定，没有什么实际的意义．”学了数学公式可以用来解决实际问题．使学生体会到数学的应用价值，培养学生的问题解决能力，从而构建起正确的数学观
画龙点睛
设计意图：强调平方差公式的本质，即结构的不变性，字母的可变性；指出学习此公式的用途；通过问题，进一步化解“结构的不变性，字母的可变性”这一难点，并为下一节内容埋下伏笔
牛刀小试
设计意图：第1题是为了巩固本节课所学知识，使学生达到正用公式的水平；第2题是为学生提供更大的思维发展空间，是把课内知识延伸到课外，用所学的平方差公式解决“等周问题”，以培养学生的问题解决能力和数学探究能力

二、教学过程设计

教学环节	教学内容	教师活动	学生活动	设计意图
（一） 速算王的绝招 约 1 分钟	在一次智力抢答赛中，主持人提供了两道题： 1. $21\times19=?$　2. $103\times97=?$ 主持人话音刚落，就立刻有一个学生刷地站起来抢答说："第一题等于 399，第二题等于 9991。"其速度之快，简直就是脱口而出。 同学们，你知道他是如何计算的吗？你想不想掌握他的简便、快速的运算招数呢？	教师讲故事，激发学生的学习欲望	学生听故事，思考	通过"速算王的绝招"这一故事的情景创设，引发学生学习的兴趣，同时激发了学生的好奇心和求知欲，顺利引入新课
（二） 动手操作 约 4 分钟	（1）现有两个数，不知其大小，请你随意用两个字母来表示这两个数。 （2）请把这两个数的和与差分别表示出来，这两个式子是多项式还是单项式？ （3）请将所得的和与差相乘并化简。 （4）请思考：两个数的和与这两个数的差的乘积是什么？（让学生用自己的语言描述出来）	教师发出指令引导学生操作	学生动手操作演算思考表达	让学生运用前面已掌握的三个乘法法则，自己动手演算，积极思考，尝试数学表述，为后面的抽象概括做好准备
（三） 抽象概括 约 3 分钟	教师同时叫三个学生板演不同的操作演算形式： $(x+y)(x-y)=x^2-y^2$ $(m+n)(m-n)=m^2-n^2$ $(c+d)(c-d)=c^2-d^2$ 三位同学所用的字母不同，结果也不一样！请问：他们的结果真的没有一点共同之处吗？引导学生横向比较三个结果，抽象概括出它们的共同结构："两个数的和与这两个数差的乘积等于这两个数的平方之差." 它就是整式乘法的一个乘法公式——平方差公式： $(a+b)(a-b)=a^2-d^2$	教师引导学生比较分析三种形式的异同	学生比较分析三种形式的异同，归纳总结其共性	通过三个不同刺激模式，由特殊到一般，通过引导，与学生共同抽象出平方差公式，发挥教师的主导作用，学生的主体作用，培养学生抽象概括能力
（四） 公式运用 约 10 分钟	例 1 运用平方差公式计算： （1）$(p+q)(p-q)$； （2）$(3x+2)(3x-2)$； （3）$\left(-x+\dfrac{1}{2}y\right)\left(-x-\dfrac{1}{2}y\right)$； （4）$(b+ac)(ac-b)$ 。 分析：引导学生识别出它们都是两个数的和与这两个数的差的乘积的形式。	教师引导学生以数的眼光去看式子，进行分析讲解	学生思考识别解决问题	1。根据变式理论，设计了不同形式类型的典型例题，强化平方差公式的本质，即结构的不变性、字母的可变性
	练习：第 153 页练习第 1 题。 1。下面各式的计算对不对？如果不对，应当怎么样改正？ （1）$(x+2)(x-2)=x^2-2$； （2）$(-3a-2)(-3a-2)=(-3a)^2-2^2=9a^2-4$	教师引导	学生思考回答问题	2。这组练习主要是要考察学生有没有掌握平方差公式的结构

续表

教学环节	教学内容	教师活动	学生活动	设计意图
（五） 速算王的秘密 解惑传道 约 1 分钟	2。$103\times97=?$ 解： 103×97 $=(100+3)(100-3)$ $=100^2-3^2$ $=9991$	教师引导讲解	学生听讲思考	呼应“速算王的‘绝招’”这一部分，解答学生心中的疑惑，弥合学生心中的“缺口”，让他们体会到平方差公式的威力
（六） 意犹味尽 约 8 分钟	课堂练习： 1。第 153 页第 2 题 2。运用平方差公式计算： （1）$(a+3b)(a-3b)$ （2）$(3+2a)(-3+2a)$ （3）51×49 （4）$(3x+4)(3x-4)-(2x+3)(2x-3)$	教师巡视观察进行个别辅导	学生独立思考解题	根据桑代克的练习律与斯纳金的强化原理设计该练习，以巩固所学。可以让学生接触不同形式的问题，建立起以数的眼光看式子的整体观念，进一步强化平方差公式的本质：即结构的不变性，字母的可变性
（七） 数学是什么 约 8 分钟	有人说，数学只是一些枯燥的公式、规定，没有什么实际意义！请问数学真的没有什么实际意义吗？请看下面的问题： 1. 几何解释： （1）请表示图 1 中阴影部分的面积。 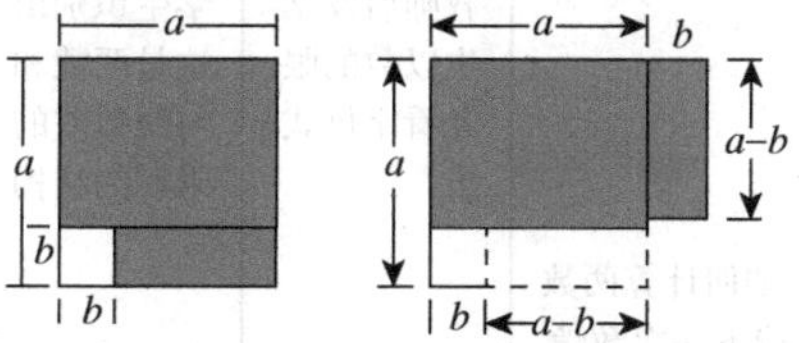 （2）将阴影部分拼成了一个长方形（图 2），这个长方形的长和宽分别是多少？你能表示出它的面积吗？ 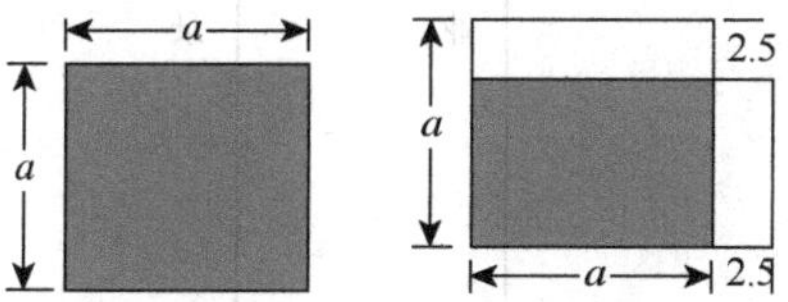 （3）比较前两问的结果，你有什么发现？	教师引导分析讲解演示 教师引导分析讲解演示	学生观察思考领悟 学生听讲思考观察	新课程提出的三维目标中包括情感态度价值观目标。 设计几何解释，目的是使学生看到数学中的公式反映了实际问题中的客观关系，是看得见摸得着的，纠正“数学只是一些枯燥的公式、规定，没有什么实际意义。”这样的偏见

续表

教学环节	教学内容	教师活动	学生活动	设计意图
	$S_{阴}=a^2-b^2$　　$S_{阴}=(a+b)(a-b)$ $\therefore (a+b)(a-b)=a^2-b^2$。 还有人说，学了数学没有用！果真如此吗？请看2。问题解决 宏业住宅小区的花园，起初被设计为边长为 a 米的正方形，后因为道路改造的原因，修改为：北侧向南平移2.5米，而东侧向东平移2.5米。试问修改后的花园面积与原先设计的花园面积相差多少？ 解：如图，原花园面积 $S=a^2$ 修改后的花园面积为 $S_1=(a+2.5)(a-2.5)=a^2-2.5^2$ 所以，$S-S_1=a^2-(a^2-2.5^2)=6.25$ 答：修改后的花园面积比修改前少了6.25平方米			设计问题解决的目的，一是培养学生的问题解决能力；二是使学生知道，学了数学公式，可以用来解决实际问题，从而体会到数学的应用价值，并构建起正确的数学观
（八） 画龙点睛 约4分钟	1. 平方差公式的本质：$(a+b)(a-b)=a^2-b^2$ （1）结构是稳定不变的，即：只要是两个数的和与这两个数的差的乘积，就一定等于这两个数的平方差。 （2）公式中的字母 a 和 b 却可以变脸！可以是字母，可以是正数，也可以是负数；可以是单项式，也可以是多项式。 2. 我们为什么要学习平方差公式，学了它我们能做什么呢？ 在进行某些乘法运算时，利用平方差公式，可以进行简便、快速的运算。 计算：$(a+b+c)(a+b-c)$ 解： $(a+b+c)(a+b-c)$ $=[(a+b)+c][(a+b)-c]$ $=(a+b)^2-c^2$ 那么如何计算 $(a+b)^2=$ 也就是说，如何计算两数的和的完全平方呢？让我们共同期待下一次数学课的到来！	教师引导总结 教师启发学生以数的眼光看字母式子	学生思考体会 学生识别出这是两数和与两数差的乘积的结构	让学生看到公式的本质所在，能突破公式字面意义的局限性，建立起较高层次的有意义的条件反射，而不是机械地记忆公式。 点明学习平方差公式的必要性。 进一步化解“结构的稳定性，字母的可变性”这一难点，并为下一节内容的学习埋下伏笔
（九） 牛刀小试	家庭作业：P156 1. 牛刀小试 运用平方差公式计算： （1）$\left(\frac{2}{3}x-y\right)\left(\frac{2}{3}x+y\right)$； （2）$(xy+1)(xy-1)$； （3）$(2a-3b)(3b+2a)$； （4）$(-2b-5)(2b-5)$	教师布置作业	学生认真记录	由浅入深的练习和灵活的变式练习，能够强化本节课所学知识

续表

教学环节	教学内容	教师活动	学生活动	设计意图
	2. 数学探究—等周问题 宏业住宅小区的花园，起初被设计为边长为 a 米的正方形，后因道路改造，修改为：北侧向南平移 x（$x\leqslant a$）米，而西侧向西平移 x 米，试问： （1）修改后的花园面积和原先设计的花园面积相差多少？ （2）上述两种设计的面积之差与 x 的大小有什么关系？ （3）在周长为定值 $4a$ 的矩形中，什么时候其面积最大？ （4）计算周长均为 $4a$ 的圆的面积、正六边形的面积。由此你有什么新的发现？	教师解释问题	学生思考问题	该环节为学生提供更大的思维发展空间，是把课内知识延伸到课外，用所学的平方差公式解决“等周问题”，以培养学生的问题解决能力和数学探究能力

【板书设计】（略）

本教学设计的创新之处

1. 目标创新

（1）理解平方差公式的本质，即结构的不变性，字母的可变性。这也是数学公式的本质（数学公式的图式特征），初步化解了今后大量数学公式学习的难点；

（2）培养“以数的眼光看式子的整体观念”的数学素养，培养学生的问题解决和数学探究能力；

（3）纠正片面观点：“数学只是一些枯燥的公式、规定，没有什么实际意义！学了数学没有用！”

2. 教法创新

从低认知水平的模仿套用公式转向高认知水平的学生动手操作，教师引导发现，师生共同抽象概括，形成正向产生式：“（□+△）（□−△）”→“$□^2−△^2$”。

3. 数学创新

设计了运用平方差公式来解决实际问题解决的例子，为学生提供运用平方差公式来研究等周问题的探究方式，以培养学生的问题解决能力和数学探究能力，体现了现代数学教育的价值取向。